春秋大外交

乱世外交政局和人物

张程·著

群言出版社
QUNYAN PRESS
·北京·

图书在版编目（CIP）数据

春秋大外交：乱世外交政局和人物 / 张程著 .—
北京：群言出版社，2015.8
ISBN 978-7-80256-740-5

Ⅰ. ①春… Ⅱ. ①张… Ⅲ. ①外交史－中国－春秋时
代 Ⅳ. ①D829

中国版本图书馆 CIP 数据核字（2015）第 164972 号

责任编辑：盛利君
封面设计：美信书装设计

出版发行：群言出版社
社　　址：北京市东城区东厂胡同北巷 1 号（100006）
网　　址：www.qypublish.com
自营网店：http://qycbs.shop.kongfz.com（孔夫子旧书网）
http://www.qypublish.com（官方网店）
电子信箱：qunyancbs@126.com
总 编 室：010-65265404　65267783
编 辑 部：010-65138815　65262436　65276609
发 行 部：010-65263345　65263836
市 场 部：010-65220236　65265832（读者服务）
经　　销：全国新华书店
法律顾问：北京市君泰律师事务所

印　　刷：北京市宏泰印刷有限公司
版　　次：2015 年 9 月第 1 版　2015 年 9 月第 1 次印刷
开　　本：710mm × 1000mm　1/16
印　　张：16
字　　数：253 千字
书　　号：ISBN 978-7-80256-740-5
定　　价：29.80 元

序

我们的“春秋情结”

春秋是我们祖先书写的一段特殊历史。

为什么说春秋历史特殊呢？司马迁在写到这段历史的时候，第一句就是：“平王立，东迁于雒邑，辟戎寇。平王之时，周室衰微，诸侯彊并弱，齐、楚、秦、晋始大，政由方伯。”四个字“政由方伯”恰到好处地点出了春秋历史的特殊之处。天子对天下失去了控制，做不了主了。在天底下吆喝来吆喝去的是那些兵强马壮的诸侯。谁力气大，谁就掌握了天下大权。这些诸侯原本应该是对天子俯首帖耳的奴仆，有些人（比如秦朝的始祖）原本就是天子身边的马夫、杂役。因此在封建礼法中，残酷的现实简直是上下颠倒，令人痛心啊。

司马光在《资治通鉴》第一卷第一段中书写的理想的封建制度应该是这样的：“天子统三公，三公率诸侯，诸侯制卿大夫，卿大夫治士庶人。贵以临贱，贱以承贵。上之使下，犹心腹之运手足，根本之制支叶；下之事上，犹手足之卫心腹，支叶之庇本根。然后能上下相保而国家治安。故曰：天子之职莫大于礼也。”孔子是最讲究“礼”的，认为正常的政治状态应该是：“天尊地卑，乾坤定矣，卑高以陈，贵贱位矣。”五千年的中国历史，绝大多数时间都处在孔子、司马光等人规划的尊卑有序、等级森严的社会之中。这样的社会保守、僵化，故步自封，人们规规矩矩，读书人则沉浸在自己营造的山水诗词的“童话世界”中。平稳是够平稳的，就是了无生趣，没有血性，让人觉得“不爽”。比如南宋时，临安的读书人热衷的是评选“西湖十景”，欢宴聚会，顺便狎妓嬉戏，醉生梦死，直把杭州作汴州，忘记了国恨家仇。而春秋社会却是一个铁血横飞、激情澎湃的社会，人们东奔西逃、寻找功名富贵，统治者们尔虞我诈，整天琢磨着怎么争城夺地。比如秦国的将领们始终忙于征讨西方的戎狄少数部落，努力突破晋国营造的封锁线，寻找东进争霸的道路。

春秋时代是一个没有权威，不讲规则，弱肉强食的时代。这样的时代在中国历史上只出现了这么一次。

我们心中都有一个“春秋情结”。

只要我们搜索一下自己的记忆，都会从中发现有关春秋的记忆。对于老年人来说，这是一个有关传统、礼仪和保守的情结；对于年轻人来说，这是一个能让心情不再平静的情结。不管差别如何，“春秋情结”都是一个有关成功、纷争、奋斗和激情的情结。春秋大幕一拉开，就是著名的“褒姒不好笑，幽王欲其笑万方”的故事。这个“烽火戏诸侯”的故事实在太著名了，以至于后人一讲春秋，都从这个故事开始。千百年来，“春秋”这个词也超越了本意，在后世泛指历史，比如“甘洒热血写春秋”。进而，“春秋”一词进一步抽象化，成为了历史这门学科的通称。春秋史官们耿直刚硬，冒着杀头灭族的危险也要真实地记载事实。当然，他们不是莽撞地去撞枪口，而是间接、委婉地保留真实的碎片，留待细心的后人挖掘真相。一部春秋史，有太多的蛛丝马迹。微言大义的“春秋笔法”令人敬佩，也是后人学习的对象。

然而，春秋的那些事儿千头万绪，看得人眼花缭乱。解读春秋历史的人已经很多了，《春秋大外交》一书选择了“春秋外交”的角度来讲春秋的外交人物和政局，进而表现春秋历史和社会。有读者可能会发出疑问：“春秋时代也有外交吗？”有，春秋时代存在外交，只是我们之前没有注意而已。周总理在建国之初就提出了“把外交学中国化”的要求。可惜直到改革开放后，中国再次面对西方世界的时候，我们脑海中的外交依然是西方主导的外交。我们发现了一个以古希腊、古罗马和中世纪的欧洲历史为理论根源的外交学系统。当代外交学基本上是西方外交学。美国学者斯坦利·霍夫曼（Stanley Hoffmann）干脆把外交称之为“一门美国的社会科学”。

正是我们对古代历史缺乏梳理，没有从中提取出中国特色的外交案例和外交理论，才会出现这样的局面。在春秋时期，我们就可以用理想主义或现实主义去分析其中的外交。西方的霸权、权力、超级大国、两极、多极、一超多强、多边外交、国家利益等西方外交概念或理论都可以在春秋时期找到久远的回响。而中国特有的远交近攻、王道、霸道等名词和齐桓公、管子、秦穆公、孔子、子产、伍子胥、文种、范蠡等外交人物，还等着我们重新去审视他们的价值。春秋外交既有与现代外交的共同之处，更有自己的独特光芒。

如果您脑海中也有“春秋情结”，如果您不嫌我啰嗦，如果您想看看本书中的春秋是什么样的春秋，那就请您翻过这一页，进入正文吧。

目录

第一章

风起春秋三百载

诗经·大雅·下武

下武维周，世有哲王。三后在天，王配于京。
王配于京，世德作求。永言配命，成王之孚。
成王之孚，下土之式。永言孝思，孝思维则。
媚兹一人，应侯顺德。永言孝思，昭哉嗣服。
昭兹来许，绳其祖武。于万斯年，受天之祜。
受天之祜，四方来贺。于万斯年，不遐有佐。

引狼入室的烽火

一

每一次王朝兴盛的原因都各不相同，但导致每一次王朝衰亡的原因却只有那么几个。

历史大多会在王朝末期赐予一位昏庸荒诞的君王，来败坏祖先的基业。末代昏主与落日余晖相配，这几乎成为了中国式王朝末路的鲜明特征。历史赐予西周王朝的“败家子”就是周幽王姬宫涅。

姬宫涅是接替周宣王即位的。他的谥号“幽”，是典型的贬义字，是评价那些政治昏暗、品行败坏君王的专用字。《史记》说周幽王执政期间，“以虢石父为卿，用事，国人皆怨，石父为人佞巧，善谀好利”，造成朝政日坏，上下离心，百姓怨声载道。

在这个情况下总会出现忠臣劝谏昏君。西周就有个叫褒珦的大臣劝周幽王改革朝政，励精图治。周幽王不但不听，还把褒珦打入监牢。褒珦在监狱里一关就是三年。期间，褒家的人千方百计要把褒珦救出来。也不知道是谁想出了一条“美人计”，也就是购买一个年轻漂亮的女子，教她礼仪歌舞，精心装扮后献给周幽王，替褒珦赎罪。褒家的人将这买来的女子冒充是褒珦的女儿，取名褒姒。据说褒姒长得倾国倾城，遗憾的是我们后人无法得见。周幽王见到褒姒后喜欢得不得了，立即将对三千佳丽的宠爱全都转移到她身上。牢里的褒珦因为献女有功，随即被释放了。忠臣褒珦哭笑不得，心想周幽王看来是无药可救了。

周幽王得到褒姒后，千方百计地宠着，朝政更加败坏了。褒姒生了一个儿子，取名姬伯服。周幽王爱屋及乌，要立姬伯服为太子。但是他已经立申王后所生的儿子姬宜臼为太子了，而且申王后还是申国的公主。周幽王不顾反对，一意孤行将废黜宜臼，更立姬伯服为太子，还顺便废黜了王后申氏，改立褒姒为王后。不久申氏就被迫害致死，姬宜臼赶紧逃亡申国，依靠外公申侯去了。

话说那褒姒虽然美若天仙，但有一点美中不足，让周幽王感到遗憾。那就是她整天板着一张脸，从来不会笑。乐工鸣钟击鼓，品竹弹丝，宫人歌舞进觞，褒姒都全无悦色。一个偶然的机会，周幽王发现心爱的褒姒竟然喜欢裂缯之声。他马上下令将国库中所有的缯锦都拿出来撕裂，以博美人一笑。宫人们搬出周朝多年积蓄的缯锦一匹一匹的撕裂，声震宫外。但是褒姒只是看看，依然没有笑。

美人没笑，周幽王很懊恼。他不知道，在宫中撕缯声中，昔日辉煌的西周王朝正在沉沦。

二

最后还是虢石父以国家安全为赌注，博得了美人褒姒一笑。

虢石父的主意是将骊山的烽火台点着，吸引诸侯前来勤王，戏弄一番，让褒姒开心。此前为了防备西方犬戎等少数民族的进攻，西周王朝在骊山（今陕西临潼东南）一带造了二十多座烽火台，每隔几里分布一座。如果西北战事兴起，最先发现入侵的烽火台就点燃烽火，其他烽火台看到烟火后也一起点燃。附近的诸侯看到边疆烽火后，有义务集合军队前来勤王护驾，并将战事转告给更远处的诸侯。从周幽王的父亲周宣王时，西方少数民族力量强盛。西周抵御得就很吃力，全靠烽火台汇聚天下诸侯力量，才勉强在西部维持对峙局面。现在虢石父将这个事关国家安全的制度作为儿戏，遭到了部分大臣的反对。大臣们认为，一旦骊山烽火失去了诸侯的信任，战事真的再起，无人来救，京师和王室就危险了。

周幽王坚定地支持虢石父，说："如今天下太平无事，何来的战事？"

他下令所有烽火台立即点火，然后和褒姒一起摆驾去骊山上观看诸侯军队的到来。

王畿附近的诸侯看到升腾的烽火，以为西部少数民族进犯京师，赶紧集合部队勤王，并将消息传播出去。第二天，附近的诸侯就陆陆续续赶到骊山了。骊山下万马奔腾，将士们长途跋涉，而山上却隐隐飘来奏乐和歌舞之声。诸侯们很吃惊。这时候周幽王派人传旨说，我就是想让美人看看天下诸侯的军队，并没有战事，大家回去吧。

诸侯们只好招呼军队，打道回府。当时的场面非常混乱，有的军队杀气腾腾而来，如今骤然回师，士气低落，队伍不整；有的军队刚赶到骊山脚下，却见前面有军队散漫涌来，一下子乱了阵脚。山上的褒姒看到下面人仰马翻，乱七八糟的景象，哈哈笑了起来。

周幽王大喜，当着诸侯的面赏赐了提出这个馊主意的虢石父千金。

周幽王的岳父、申国国君申侯之前也接到了烽火警报。按制，他也应该出兵勤王。申侯正在犹豫要不要去救那个害死女儿，赶走外孙的昏君的时候，其他诸侯又传来消息说这完全是周幽王"烽火戏诸侯"的把戏而已。这个信息让申侯灵光一现，想到了一条报复周幽王的计策。他决定真的连结犬戎军队进攻首都镐京，为女儿报仇。

犬戎非常赞同申侯的计划，立即出兵和申国军队会合，向镐京杀去。周幽王赶紧命令骊山燃起烽火。但是这一次，没有一个诸侯发兵前来救援。结果镐京的军队在犬戎和申国联军的进攻下溃不成军，首都失陷了。

申侯的本意是想借助犬戎的军力来报复昏君。但他忽视了关键的一点。犬戎的军队远比申国军队强大，怎么可能会受制于申侯呢？果然，犬戎军队杀入城池后，逢屋放火，见人就杀。申侯根本阻挡不了，眼看着西周数百年的首都被劫掠成废墟。犬戎的人马像潮水一样涌进城来，虢石父被杀。司徒郑桓公拼死护卫着周幽王和太子姬伯服向骊山方向逃跑，希望能够在那与一两个诸侯的军队会合。结果路上被犬戎追兵赶上，郑桓公阵亡，周幽王、姬伯服被杀。褒姒则被犬戎军队抢走了。

战争的目的达到了，申侯搜集了金银财宝请犬戎军队退兵。犬戎军队却拒绝退兵，反而大肆劫掠了首都周围的关中地区。申侯终于因为一己之私，引狼入室，引发了国家的大灾难。

关中的大乱终于让诸侯们相信这一回是真的有外敌入侵了，而且镐京和天子都没有了。郑、卫等国赶紧牵头，组织了诸侯联军在申侯的配合下向关中地区进攻。犬戎军队看到诸侯人多势众，一把火烧了镐京，带着西周聚敛多年的物资财宝退回西北地区。

镐京光复了，西周也灭亡了。

三

如果让周幽王一个人来承担西周灭亡的责任，那是有失公允的。

西周数百年的家底不是一个周幽王能够败完的。西周的衰亡是一个长期的过程。《史记·周本纪》历述从周昭王时，西周王道就开始衰微。到了周夷王时期，王室势弱，少数民族和诸侯势强。当时诸侯有来朝的，周夷王都不敢坐受朝拜，甚至还要“下堂而见诸侯”。周幽王的父亲周宣王时期，王室希望通过四出征伐来实现复兴，结果耗费了最后的有生力量。周幽王即位的时候，西周就已经显露出了末世迹象。

西周末年的长期干旱在周幽王时更加严重。周幽王二年，西周三川又发生了大地震，“百川沸腾，山冢崒崩，高岸为谷，深谷为陵”。接连而来的灾难严重破坏了当时的农业经济，引发了严重的饥荒。天灾之外，还有人祸。脍炙人口的《硕鼠》诗说道：“硕鼠硕鼠，无食我黍！三岁贯女，莫我肯顾。逝将去女，适彼乐土。乐土乐土，爰得我所。”诗中可见当时的社会矛盾非常严重，人民逃亡现象普遍存在。风云变幻，一场冲洗大地的疾风暴雨即将到来。

周幽王在这种情况下就变成了压死骆驼的最后一根稻草。

四

周幽王死后，申国、许国、鲁国等诸侯拥戴太子姬宜臼为天子。这就是周平王。

周平王是在一片焦土的镐京城里即位的，不仅没有天子所应该有的尊贵和享受，而且始终处于犬戎军队的威胁之下。王室的军队在之前的战争中受到重创，在与犬戎军队的对峙中更加处于劣势。犬戎自认为在推翻周幽王统治上有大功于周朝，非但没有受到犒赏，还被诸侯联军赶了出来，耿耿于怀，对关中地区发动了更频繁、更猛烈的骚扰进攻。周平王即位初期，时刻担惊受怕，怕重蹈父亲的覆辙。

于是周平王决定迁都。迁都就要找个理由，这个理由当然不能说是因为天子打不过化外蛮夷犬戎，怕被犬戎杀死，所以要找个地方躲起来。周平王迁都的理由是镐京残破，所以要迁到相对繁荣稳定的东都洛邑去。

群臣们都知道是怎么回事，尽管有几个人对放弃祖宗耕耘龙兴的关中地区有所顾忌，但最终同意了迁都提议。周平王君臣一干人等，抛弃关中的百姓，在诸侯军队的护卫下，匆忙迁都到洛邑去了。因为镐京在西边，洛邑在东边，所以历史上把周朝在镐京做国都的时期，称为西周；迁都洛邑以后，称为东周。

周平王被诸侯拥立的同时，虢公翰也拥立王子余臣在携地称王。周王朝一度出现了“两周并存”的局面。周王室无力解决。最后是10余年后，晋文侯仇攻杀了余臣，才结束了两个周王的局面。余臣被称为“携王”。

在这期间，东周王朝是靠着晋国和郑国的辅助才得以立国的。晋国在黄河的北岸，郑国在黄河以南，一南一北护卫着王室；同时有虞、虢国、申国、吕国等国还服从王室。加上当时戎狄尚远，被周朝分封的诸侯国阻挡着，所以东周王室算是立稳了脚跟。

时间是公元前770年，这一年就是我们春秋外交故事的开始。

蹒跚东行的伤者

一

公元前527年，周景王在洛邑宴请晋国的使节。

周景王指着席上鲁国赠送的酒壶对晋国人说："各国都有器物送给王室，为什么唯独晋国没有呢？"晋使的随从籍谈回答说："晋国受封时王室就没有给我们器物，所有现在没有可送的。"周景王愤怒地历数了之前王室赐予晋国的土地、器物加以反驳，使籍谈无言以对。籍谈家在晋国世代掌管典籍，对晋国与王室的关系非常清楚。周景王于是讽刺他是"数典忘祖"。这个成语就是这么来的。

天真的是变了。以前，像籍谈这样的诸侯卿士能够见到天子，就已经是莫大的恩典了。现在他竟然公然顶撞天子，而且是否认事实地顶撞。如果是在周武王时期，籍谈马上就会被推出去砍头。现在，周景王还要亲自出面与他辩论，证明臣下的顶撞是错误的。整件事情背后暴露出来王室尴尬的处境：不仅没有能力惩罚顶撞的臣下，而且还要公然向臣下讨要进贡了。周王室的财政情况已经穷到了不得不向诸侯要钱的地步了。可以说，周景王遇到的顶撞，一定程度上是自取其辱。

东迁后的王室经济情况越来越糟糕。经济窘迫的周王室曾派人去鲁国"求赙[1]"、"告饥"、"求金"。这原本是诸侯国对王室的"贡礼"，现在却要王室反过来去求了。周襄王即位后连乘坐的车子都没有了，只好又派人去鲁国索取。

为什么会出现这样的情况呢？

二

周平王东迁后，王室只拥有现在河南西北部地区，只有大约600里方圆。其后王室又将北部地区赐予晋国，虎牢以东地区给予郑国，陕西给予虢国，而允姓的戎族又占领了南部地区，东周王室直接掌握的地区

1　赙：书面语，馈赠的意思。赙赠：赠送财物给办丧事的人家。

也就在一二百里左右，略相当于一个中等的诸侯国。

土地虽然缩小了，但王室的架势却不得不摆。周王室依然是“天下共主”，维持着名义上统治全国的政府机构，需要按照与天子相配的仪仗、饮食、出巡和参加各种各样的典礼。这笔开支是非常庞大的。在王室权威强盛的时候，诸侯定期向王室进贡财物珍宝，“比年一小聘，三年一大聘，五年一朝”，支撑着这一套机构和礼节。东迁后，周王室权威大减，失去了对天下的控制。诸侯不再按礼向王室述职纳贡。洛邑周边地区的经济情况支撑不了庞大的王室，周王的财政状况随即陷入了危机。

王室的架子又不得不摆，因为这是她仅存的权威体现了。如果连王室的架子都没有了，周王室还算是“天下共主”吗？

于是，周王室就陷入了恶性循环。在春秋时期，周王向诸侯“要钱”的情况很常见。史官们照顾王室的面子，称之为天子“聘问”诸侯。整个春秋时期，鲁国朝见王室只有 2 次，到达洛邑的只有 1 次，鲁国大夫朝见王室 4 次。但鲁君去了 11 次齐国，去了 20 次晋国。这还算是被称为“礼仪之邦”的鲁国的情况。相反，天子聘问了鲁国 7 次。

除了出去“要钱”和之后少数几次被霸主所利用，周天子的活动范围被局限在了洛邑周边地区。东都洛邑在今洛阳市涧河和洛河交汇地带，是周成王时期开始营建的都市。洛邑其实是两个分开的城市。周平王居住的城池被称为王城，里面有王室的宗庙宫寝。在王城的东边，是周公时期参加过“三监叛乱”的商朝遗民聚居的地方。这些人被称为“顽民”，从东方迁徙而来，经过几代人的努力在王城东郊发展出了一座新的城市。因为地处洛水之北而得名“洛阳”。因为王城和洛阳都建成于周成王时期，又合称为“成周”。

公元前 520 年，在周敬王即位的时候，东周王室发生内乱。王子朝争位，和党羽控制了王城，周敬王只能搬迁到“顽民”所居住的洛阳城里。十年后，晋国出兵出力，在东边狄泉这个地方为周敬王修筑了新城。至此洛邑自西向东出现了王城、洛阳、新城并立的情况。

到战国时候，狭窄的洛邑发生了分裂。周王室一分为二，称为西周、东周。王城就成为了西周国君所居地。

可见周天子在洛邑也没有闲着，要钱、逃难和内斗，忙得不亦乐乎。

三

周王朝的先祖们为了预防王权的旁落，曾经设计了自以为“万年永续”的政治制度。

周朝在疆域内实行成熟的封邦建国制度。周朝一建立就分封王室、贵族和功臣为诸侯，加上原来存在的各诸侯王，构成了围绕天子的统治格局。周朝分封制的基础是宗法。国君的嫡长子继承君位，其他各子称为别子或公子。别子分出去自立家族，成为新的家族中嫡长继承系统的始祖，称为大宗。别子的别子再行分立，称为小宗。小宗围绕大宗，卿、大夫拱卫国君，诸侯藩屏周王。这一切构成了封建制度的血缘基础。各国的国君通称为公、侯、伯、子、男。这五等人对周王室负有进贡、护卫、协同征伐等义务。

天子直接治理的地区称为王畿；全国以王畿为中心，扩散到王朝势力所及的边缘，划分若干服，合称畿服。不同的服代表的不仅是地理的远近，更是宗法关系的疏密。王畿和各诸侯国又分国、野。王或诸侯所居都城及其近郊称为国，郊以外称为野。居住在国中的与贵族有宗法血缘关系的士阶层和工、商或其他一些平民被称为国人。他们有议政的权利，有义务参加国家组织的田猎、力役，还是军队的主要组成部分。君主把野的一部分分封给卿大夫，由卿大夫去统治。国中所居者为国人，士在国人中属于主体部分，具有重要的政治地位。野中的居民称野人或庶人、野者，属于具有自由民身分的平民阶层。春秋前期，野人的社会地位较低，不服兵役，仅承担交税和服徭役等义务。到春秋晚期，野人也当兵，地位有所改变。各国的统治集团由国君的宗亲或少数异姓贵族所组成，实行嫡长子继承制，次子则分封出去成为小宗的始祖。由于其贵族身分世代相传，又称之为世族，并享有封邑和田地。卿大夫在其封邑上建立起一套较为完整的统治机构，这类都邑实际上是侯国的一个缩影。

这是一套以血缘为基础，以宗法制为纽带，以周天子为中心的固定、牢固的政治制度。

四

但是世界上没有任何东西可以万年不变，万世永续。

周朝政治制度随着社会的发展日渐衰落，不可避免地走向崩溃。崩溃的原因很多。首先，这一套制度是以周王室的优势实力为基础的。王室地位最高，从中获得了最大的利益，最具有维持制度稳定性的愿望。但是随着王室实力的衰落，整套制度就缺乏强大的维护力量了，难以应付针对制度稳定性的挑战。这种情况在王室东迁后越来越明显。其次，整个制度设计缺乏灵活性，缺乏流动性。也许是先祖们过于关注政治稳定，他们将能考虑到的方方面面都设计好了，却忽视了给后世的实际变化留下调试的空间。就拿宗法制来说，嫡长子、大小宗的设计固然好，但谁又能担保每个家庭都是世代团结和睦呢？谁又能担保其中没有人会产生私心呢？又比如在国与野的分化中，万一野地发展超过了国城，又当如何呢？这些问题在实际发展中都出现了。所以说，西周开国的政治设计者的出发点是好的，但设计的制度很糟糕。

事实上，带头破坏周朝宗法制度的就是天子周宣王。他为了显示自己的威风，强迫鲁国国君废长立幼。

西周礼制，诸侯即位之前要先素衣朝见天子，天子按照他家原来的爵位赐予衣冠和礼器，所谓天子“赐命”，诸侯“受命”。这一赐一受虽然只是仪式，却表明诸侯权力由王室而来。王室东迁后诸侯即位都不去首都“受命”。但千古的制度又不能轻易废除，因此诸侯们就派人去向周天子“请命”，也就是要求对自己的任命。周王也很无奈，只好派大臣将册命送去。最后，有人连这最后的仪式都不顾了。鲁桓公即位后，连表面功夫都不做，根本不理会天子的赐命。他死后，鲁庄公即位，这才去向周王室为已经死去的鲁桓公请命。周王室也睁只眼闭只眼，将承认鲁桓公是鲁国合法国君的册命送到鲁国。当时鲁桓公都已经入土多时了。

至此，西周开国设计的政治制度在春秋时期土崩瓦解，成为了各国争雄的背景点缀。

五

在封邦建国制度瓦解的同时，诸侯国国内政治也脱离了宗法制的制约。

越来越多的地位低甚至与国君没有血缘关系的人进入了权力中心。比如孔子就是“少而贱”的出身，一度做到了鲁国的司寇，掌握国家治安大权；晋国的六卿大多不是公室宗族。朝堂上，世代公卿的卿大夫身边并列着异姓异国的政治家。

春秋时，各国之间的人才流动非常频繁。他们凭着勇敢、智慧和才华南来北往，东征西讨。如孔子率徒数十人曾游于齐、宋、卫、楚、蔡、郑等国，游说各国采纳自己的政治主张。孟子游历天下时，“后车数十乘，从者数百人，以传食于诸侯”。农学家许行到滕国，也有“徒数十人”。有一个成语叫做“楚材晋用”，说的就是楚国的臣子逃到晋国，被晋国使用的情况。其实晋国也有伯州犁等人跑到楚国做事。

其中最传奇的人物当属五张羊皮换来的丞相百里奚。百里奚相传是楚国的宛人，平民出身，家境贫苦。成年后，自信满满的百里奚本想去齐国谋事，后来去了周王室，给王子颓做侍从小官。见王子颓志大才疏后，百里奚去虞国做了大夫，不想虞国被灭，转而成为晋国的俘虏。晋国出嫁公主的时候百里奚成为陪臣嫁妆，逃往楚国养马。秦穆公发现百里奚的才华，用一个奴隶的价格赎回他的时候，他已经 70 岁了，做了秦国的国相。

在自由宽松的春秋氛围中，齐人去魏，魏人入秦，燕人南下，楚人北上，人员四处流动基本上没有什么限制。有才能的人择主而事。谁赏识他们的才干，谁给予的报酬待遇高，他们就为谁效力。合则留，不合则去，“朝秦暮楚”成为很平常的事情，也不被看做是道德上的缺陷。结果春秋时代的人们往往根据社会的需要、行业的冷热、个人的能力喜好，有的从事游学，学习诗书；有的掌握技艺；有的则任侠为奸，不事农商，条条大路都通向罗马，不拘一格。

简单地说，春秋是一个跳槽满天飞的时代。

六

和东周的衰落形成鲜明对比的是，社会经济甩开羁绊，取得了飞速的发展。

“这时代的初期，零星所见的夫耕妇馌的自耕农民，待到后期成群结队出现了；田里不鬻、死徒不出乡，变为可以卖宅圃，弃田事而‘仆赁于野’、自由迁徙了；由政府虞衡之官垄断的山林川泽，逐渐可由民间交税开发了；‘工商食官’演变为‘百工居肆’，个体手工业独立开业了，出郑入周，浮海入齐，治产巨万的私商出现在通都大邑；从前人烟稀疏、聚族而居的邑落之间有了异姓杂处的城市。”[1]

凤鹤翔舞、荷莲出水的自然风采装饰着的青铜器，开始向那些雕铸着饕餮夔龙鼓睛舞爪的神秘严肃的礼器挑战。之前被人轻视的野人们随着经济实力的增长和郊区的发展，越来越多地出现在政治舞台上。他们在春秋的中后期不仅能够参军作战，而且还多次成为国内政变和决策的主导力量。如果把春秋城邑比作城邦，那么野人所在的郊区就是沃野。城乡之间的差别逐渐减少，在沃野中发展出来了新的城池。那些新生的城池没有旧贵族的身影，没有宫殿，更多的是普通市民的乐园。

在周王朝受伤的躯体上，新的社会因素正在萌芽生长。待到一切尘埃落定时，周王室已经逐渐没入历史的深处，新的帝国开始隐现了。

起始的国际形势

一

春秋时代是“王冠纷纷落地”的时代。

司马迁在概述春秋时期的历史时说：“弑君三十六，灭国五十二，诸侯奔走不得保其社稷者不可胜数。”在他统计的春秋二百多年时间里共有 36 名君主被杀，52 个诸侯国被灭，发生大小战事 480 多起，诸侯

1　王贵民等著：《春秋史话》，第 2 页。

的朝聘和盟会450余次。

见于史书的春秋诸侯国名超过120个，但比较重要的不过十几国。《史记·十二诸侯年表》记载了其中12个国家的世系：鲁、齐、晋、秦、楚、宋、卫、陈、蔡、曹、郑、燕、吴、越。它们主要是位于今天山东的齐、鲁，位于今天河南的卫、宋、郑、陈、蔡，位于今天山西的晋，位于今天北京及其周围地区的燕，位于今天陕西的秦，位于今天河南、安徽南部和江西、两湖的楚，位于今天江苏中南部的吴和位于今天浙江一带的越。

在展开春秋外交故事之前，我们先来熟悉一下这些外交“角儿”们。

最西边的大国是秦国。在主要国家中，秦国立国最晚，出身最卑微。秦国，嬴姓，先祖非子是周王室的马夫，因为养马有功，被赐予西戎偏远的一块土地。这块在今天甘肃天水的土地叫做秦，非子于是就取国名为“秦国”，作为西周王朝的附庸，而非诸侯。也就是说天子只是赏赐了非子一块土地，而没有晋升他做诸侯。在西周末年的犬戎之乱中，秦国是最大受益者。一方面，秦襄公勤王护驾有功，被封为诸侯，史称“秦始为诸侯”。东方的诸侯国这才将秦国作为一个对等的诸侯国来看待。另外一方面，东迁后的王室将岐以西的土地和人民都顺便赏赐给了秦国。秦国的面积一下子扩大了好几倍，尽管周王室只是送了一个顺水人情而已。之后的秦国历代国君都埋头去接收、消化王室赏赐的土地，与犬戎等少数民族进行艰苦的拉锯战。到秦穆公时代，秦国这才开始插手东方事务。但在整个春秋时代，秦国基本上算是蜷曲在西戎之地惨淡经营。

秦国的南方，今天的四川重庆地区存在着蜀国和巴国。这是两个独立发展起来的古代国家，并非周朝分封的。它们的存在证明了中华文化多元发展的历史。建国后对三星堆古文明的挖掘情况表明巴蜀地区在春秋时代已经发展出来辉煌灿烂又独特的文明形态。但是在春秋时代，巴蜀两国并没有参予中原的诸侯争霸。

围绕在洛邑的王室周围的是一系列与王室亲近的诸侯国。北方山西地区是周公时代分封的、出自周成王弟弟叔虞一系的晋国。据说当初周成王只是一句玩笑，把一片桐叶递给弟弟叔虞说，我把它封给你。结果天子无戏言，桐叶转化成了真实的土地。叔虞所封国最先称为唐国，其子迁都到今天太原地区，改称为晋国。晋国与王室关系密切，在西周大乱的时候晋文侯出兵勤王，还消灭了与周平王并列的携王。周平王很感激晋文侯，专门写了一篇《文侯之命》的文章来宣传晋文侯的功劳，赏赐了许多车驾等器物。经过春秋初的内乱后，晋国最终崛起，在春秋时长期是中原的超级大国。

卫国在晋国的东南方向，占据着今天黄河两岸的河北南部和河南北部地区。卫国是原先商朝的核心地区，国都就是商朝的旧都朝歌。这块地区本来是被封给商纣王的儿子武庚的，用来延续商朝的血脉。武庚后来叛乱失败，国灭。周武王的弟弟、已经被封在康的康叔被转封到这块地区。因为此地处于王室的卫服地区，因此国名为卫，希望它能够成为王室护卫。卫国国君称公，爵位很高。康叔的九世孙卫武公在犬戎之乱时勤王积极，得到了王室的特别嘉奖。可惜的是，卫国在春秋时一直没发展起来；一度还被少数民族狄人灭国，复国后就半死不活了。

郑国在卫国的南边，占据着今天河南中部靠北地区，紧挨王室。郑国封国很晚，但爵位很高。郑国的始封祖是周厉王的小儿子，名友。友在周宣王的时候受封于郑（今陕西的华县），称郑桓公。郑桓公就是那个在犬戎之乱中护驾被杀的忠臣，在朝廷中担任司徒。他消灭了东方的东虢等国家，举国搬家在此地，以新郑为首都。郑桓公的儿子郑武公积极勤王，有功，继续担任朝廷司徒，郑国在东方继续得到发展。春秋中期后，郑国衰落，左右逢源，勉力支撑才熬到战国。

顺时针往西，在今天河南三门峡地区是封国很早，出自周文王弟弟虢仲的虢国。虢国有东南西北小五国，此处是北虢国。虢国地方很小，实力很弱，但与王室的关系很亲密，国君一直担任朝廷的卿士。虢国也一直作为王室的屏障之国。但在东迁一百多年后，虢国被晋国灭亡，还专门多出了一个成语：假道灭虢。

在王室卫星国南方是强大的楚国。楚国是独立发展起来的非华夏民族国家。西周初年的时候，楚国接收了西周封赐的子爵称号，称“楚子”。楚国每年仅象征性地向强大的西周王朝进贡几车茅草。成语“名列前茅”就出于此。出土的西周甲骨中还有“楚子来告”的记载。但随着王室衰微，楚国和中原王朝的关系日益紧张。周昭王曾亲征楚国，结果溺死在汉水中。王室东迁后，楚国迅速扩张。三十年后，楚君熊通说：“我蛮夷也……王不加位，我自尊耳”，结果公然称王，与周天子平起平坐了。春秋早期，楚国灭亡无数，逐渐进入中原地区，在中后期成为了左右中原政局的超级大国。

在楚国和中原各国之间有周天子为了防备楚国分封的众多小国。比如地处南阳盆地的申国就是其中一国。因为封君主要是出自王族的姬姓贵族，所以被称为“汉阳诸姬”。这些原本防楚的小国在春秋时成为了楚国兼并扩张、壮大自己的对象。春秋后期，这些国家主要就剩下作为楚国服用的蔡国和随国了。蔡国在春秋时期是南北争夺的对象，是耀眼的小国；随国还有一个更有名的国名：曾国。湖北出土的曾侯乙编钟就证明到随国的存在和昔日景象。

燕国是最北边的国家，在今天的北京及周边地区。始封君是姬姓的召公，灭商即封。燕君的地位很高，使周初三公之一，但燕国长期与北方的孤竹、肃慎、北戎等少数民族交往，在春秋时期没怎么参予中原事务。然而在考虑北方力量平衡的时候，燕国是不能忽视的。

齐国在燕国的南边，占据今天山东的北部和东北部地区，首都是临淄。齐国的始封君是灭商有功、大名鼎鼎的姜子牙。周武公将地域广阔，有待开发的东方沃土封给了齐国，为齐国在春秋时期的崛起奠定了基础。整个春秋时期，齐国经济发达，国力强盛，在春秋成为了霸主，在中后期不是霸国也是强国。

鲁国在齐国的西南方向，与齐国隔泰山山脉相对，首都在曲阜。鲁国是开国功勋、一代名臣周公的封国。因为功勋卓著，天子赐予了鲁国全套礼器，鲁国保存周礼作为完备。这就可以解释鲁国为什么被称为“礼仪之邦”，也是宣扬“克己复礼”的孔子出在鲁国的原因之一。但是鲁国在国力上不像在礼制上这么出色，尽管在春秋初期国力尚强，但中期后江河日下，最后沦为看人颜色行事的小国。

齐鲁的西南方向是宋国、陈国、杞国。宋国的是商朝的后裔，始封君是商纣王的异母兄微子，国都在今天河南的商丘；虞舜的后裔胡公被封在陈国，都成在河南淮阳；夏朝的后裔东楼公被封在杞国，首都先是在河南杞县，后来迁移到了山东安丘等地。这三个国家是周朝为了表示对前代王朝的敬意分封的，因此被称为“三恪”。其中宋国地处豫鲁皖交界处，扼南北交通要道，力量最为强大。宋国在春秋初力量尚强，之后就一年不如一年了。因为位置重要，宋国成为了列强争夺控制的目标，成为多次春秋大战的战场。

东南地区有中国历史上著名的吴越两国。吴越两国一北一南，主体并非华夏族人。这一地区现在是中国的经济中心，但在春秋时代还是有待开发的荒野。经过春秋大段时间的开发，吴越两国在春秋晚期逐渐强大，开始登上春秋外交舞台。春秋末期的外交捭阖就聚焦在东南吴越之地。

除了这些外交主角，春秋时期还存在令人目不暇接，难以计数的小国。这些小国存在于列强缝隙之中。比如应国、肥国、极国、共国、凡国、祭国、苏国、茅国、大荔、绵诸、介国、舒鸠、黄国、江国、弦国、厉国、须句、原国、西不羹、东不羹等等。一长串的国家资料给后人提供了研究、猎奇的丰富资源。比如虢国就有东虢国、西虢国、南虢国、北虢国、小虢国五个国家之分；除了燕国，还有南燕。南燕相传是由皇帝的后裔建立的，姞姓，地在今天河南延津的东北。在春秋初年，南燕也还上台跑过龙套。

如何记忆这些外交“角儿”们呢？记住这些主要国家是理解春秋外交的基础。我草拟了一首打油诗，希望有助于读者的记忆：

自西向东百余国，犬戎西秦与巴蜀。
晋卫郑虢护东周，南楚北上随蔡地。
燕国在北连齐鲁，西南三恪宋为大。
吴越争霸东南角，小国存隙列强间。

二

做人难，小国做人更难。

一次，卫国太子蒯聩闲来无事，登城赏景。他望见远方有一处部族，问知是戎州。蒯聩就大咧咧地说：“我，姬姓也，何戎之有焉？翦之！”就这样，戎州被卫国消灭吞并了。这就是春秋时期小国命运的真实写照。

春秋时的外交力量格局是这样的：大致黄河下游开化程度最高，社会最为发达，黄河中游次之，长江中游又次之，长江上游、下游和黄河上游地区最不发达。因此处于黄河中下游的国家力量相对强大。《史记·十二诸侯年表》说最大者则为齐、晋、秦、楚四国。除了楚国，其他三国都在黄河流域。如果从今天的地域上来讲，各国之中楚国最大，大约占据了四分之一的天下；晋国第二，齐国、秦国、吴国次之，越国、燕国、宋国、鲁国又次之。

综合起来看，国力最强的是楚、晋、齐、秦四国，可以看作是天下力量的“四极”。史载：“齐、晋、秦、楚其在成周微甚，封或百里或五十里。晋阻三河，齐负东海，楚介江淮，秦因雍州之固，四海迭兴，更为霸主，文武所褒大封，皆威而服焉。”

列强划定各自势力范围，相互征伐。在各诸侯国势力范围内的小国，则在“弱肉强食”的丛林法则的支配下，不是降为列强的附庸，就是沦为列强贵族的采邑。这些附庸和采邑最后都逐渐沦亡，成为列强的领土。春秋是国家数目急剧缩减的时代。如山东诸小国被齐国兼并，河北、山西诸小国被晋国吞并，江淮、汉水流域各小国被楚国所并，西北各小国被秦国吞并。吞并的速度在春秋后期越来越快，力量格局的对比悬殊也越拉越大。

也有一些小国因为列强追求均势的需要，而侥幸存活下来。

小鱼吃小鱼，小鱼吃虾米；强者越强，弱者越弱；顺我者昌，逆我者亡……不管你用什么类似的词来形容春秋的兼并征伐都不为过。

三

随着天子衰落，诸侯列强兴起，周朝的天下变成了类似于“联合国+列强”的“非政府状态”格局。

东周王朝就是那个“联合国”，是天下名义上的管理机构。但它的权威来自于大国的承认和配合。大国如果都像熊通那样不搭理王室，那王室就什么都不是了。周天子哪凉快，哪待着去。它更多地起着一个标志作用。在以周朝为中心的世界中，中心，次中心，次外围，外围等层次是清楚的。在政治关系上，华夏民族形成中心区，使天下秩序的主要力量，与周王室的关系最为明确，也最为密切；在华夏之外的蛮夷地区是拱卫中心的次外围地区，它们受华夏文化影响，与政治中心形成时紧时松的关系；而不开化的荒凉地区的民族则是最外层，与华夏文化没有什么关系，与政治中心的关系只是偶然发生的关系。

这种格局类似于“同心圆”结构，圆心是周朝，各国按照血缘、地域和强弱的综合考虑环绕在圆心四周。

中心与外围的关系通过联合国大会——“四方民大和会”得到确认。

中国最早的史书《尚书》上记，周公时为打算在东方的洛水营建新的都市，把各地的诸侯召集到一起。“周公初基作新大邑于东国洛，四方民大和会。侯甸男邦，采卫百工，播民和见，士于周。”周公在这次会上向各诸侯发表了著名的《康诰》。这也许是华夏各方国的第一次“联合国大会”。[1]

在这个圆形舞台上，各国上演了缤纷多彩的春秋外交剧目。北大教授叶自成老师给我们描绘了似曾相识的一幕：“美苏两极对抗与晋楚争霸相似；苏联解体后的情况，使人想起晋国瓦解后出现的韩赵魏三国；当今的联合国命运使人想起齐国、晋国等霸权操纵下的周朝；美国的霸权使人想起当年称霸一时的齐国和晋文公时的晋国……甚至西方高涨的所谓新干涉主义，其实和春秋战国时期的外交思想比，在形式上其实也并不新。”[2]

阳光下没有任何新鲜的事物。今天的许多外交事务是与春秋外交相通的。

四

衰微的周王室虽然被渐渐抛弃，但它投射在历史深处的影子始终笼罩在春秋外交身上。

周朝的第一个长影子是它作为“圆心”的象征性作用始终存在。春秋各邦都已自立，弱时不能指望王室的支援，强时也不向王室施舍，但周王朝依然具有各国盟主的影响。绝大多数国君至少对周天子还抱有一丝名义上的礼貌；春秋人在祭祀祖先神灵的时候，还心存几分虔敬。春秋诸侯征伐如果能够得到周天子的授权或者赞同，仿佛就增加了几分“师出有名”。这在春秋初期表现得比较突出。就像联合国安理会是全世界唯一有权采取包括军事在内的行动来维护世界的和平和安全一样，周天子对诸侯和蛮夷进行征伐的权力来源；天下的许多大事名义还是需要向天子汇报，听取意见。

周朝的第二个长影子是它制定的许多礼仪和制度依然被春秋邦交所

1 叶自成著：《春秋战国时期中国外交思想》，第 3 页。

2 叶自成著：《春秋战国时期中国外交思想》，第 11、12 页。

遵守。尽管“礼崩乐坏”，春秋国际交往间相互遵守的公约、礼仪都是发源于西周的。所谓的“周礼”为个人和诸侯国言行树立了标准。鲁国的孔子甚至将春秋乱象和人民的困苦归结为没有严格遵守周礼，将“克己复礼”作为解救困局的良方和毕生追求。宋襄公还煞有其事地举起了仁义的大旗。

周朝的第三个长影子是发生在天下观念方面的。春秋各国对世界的认识，对国际形势的判断是延续了西周的思想观念。西周的宗法分封、华夷观念和天下认识，使春秋诸侯在思想观念和民族文化上形成了“诸夏”的认同感和心理划一的认同感。这就使得尽管在战场上打得死去活来，但多数诸侯都认同是同一个民族。共同的思想观念使春秋走过战国，最终走向了统一。

共同的天下观念表现在中原和周边民族的关系上演绎了华夏族和少数民族的和平与战国。在“凡今之人，莫如兄弟”、“兄弟阋于墙，外御其务”和“非我族类，其心必异”的认识支配下，诸夏各诸侯之间虽然宗法关系已经淡化，可在抵御外敌和对外征伐上的利益和行为是一致的。各国“迁邢救卫”、“救灾恤难”、“迎逃送归”等扶持救助的事例不胜枚举。诸侯普遍认为周朝的礼仪和制度只对诸夏诸侯国有效，对蛮夷外邦无效。

周朝的这些影子使得春秋外交是我们中国的外交，而不是现代的外交。

周朝的这些影子也有投射不到地方。在那些地方，春秋外交突破明显。

第一个暗处就是各诸侯国开始发展成为独立国家。诸侯国从严格意义上来说，都是周天子主导的天下的组成部分，在内政上受到天子的制约，不能展开外交活动。但是王室东迁后，各国独立性越来越强。它们不断拓展领土，发展军队，独立决定自己的内政外交，根本不理睬周天子的约束。其中许多诸侯国的疆域大小和政治独立性并不比现在欧盟框架下的欧洲国家来得少。这样的国家完全能够成为独立的外交主体。

第二个暗处是“诸侯无外交”的禁忌被打破了。西周制度规定外交是天子的专属物。鲁隐公元年（前 722 年）祭国国君出访鲁国。《春秋谷梁传》隐公元年对此记载道：“寰内诸侯，非有天子之命，不得出会诸侯，不正其外交，故弗与朝也。”意思是说：周朝范围内的诸侯们，没有周天子的允许，是不能相互交往的。这可能是在史籍中最早出现的明确的“外交”一词的记载。诸侯外交在这里是贬义的。因为它是天子的特权，诸侯贸然交往就是僭越。但是这并不妨碍诸侯国之间的外交往来的现实存在。诸侯有外交，大夫更是成为了外交的主要人员。春秋时，鲁国大夫就出使齐国 16 次，去晋国展开了 24 次外交活动。

不管承认与否，春秋各国都接收了周朝的外交遗产。

五

在开章的最后，我们来说个题外话：“春秋”这个词是怎么来的？

“春秋”是因为孔子修订鲁国的《春秋》而得名。这《春秋》本是鲁国的国别史。

那时各个诸侯国都有记载时事，修编史书的传统。各国之间还互相通报消息。王朝和列国每发生一件大事，就像现代的新闻报道一样在天下传播。各国负责搜集资料和修史的人兼有今天记者、编辑，甚至是“狗仔队”的职责。每当天下发生“爆炸性新闻”时，狗仔们无不以抢到内幕消息为乐。专门的史官们把这些事件、消息按照年月日忠实地记载下来。因为一年之中有春夏秋冬四季，因此史官们就将自己的劳动成果叫做“春秋”，作为一年四季记录的简称。因此各国都有《春秋》，但是只有鲁国的《春秋》保存到现在。这得归结于孔子这个“超级狗仔”的功劳了。

孔子的《春秋》记载了从鲁隐公元年（前 722 年）到鲁哀公十四年（前 481 年）的历史。为了方便起见，我们将从周平王元年（前 770 年）王室东迁开始，到公元前 470 年代越国灭亡吴国，大规模战事告一段落的这段大约 300 年的时间称为“春秋时期”。

春秋风起，吹过页页书卷。从外交视觉阅读其间，将会别有一番认识和感悟。

第二章

揭开争霸的序幕

诗经·郑风·风雨

风雨凄凄，鸡鸣喈喈。既见君子，云胡不夷？
风雨潇潇，鸡鸣胶胶。既见君子，云胡不瘳？
风雨如晦，鸡鸣不已。既见君子，云胡不喜？

春秋小霸郑庄公

一

春秋历史的第一个主角当属于郑庄公。郑庄公这个人，身上集合了政治家应该具有的所有的优点，也沾染了政治黑缸里所有的缺点。

为了权力，郑庄公可以不顾亲情，抛弃手足。郑庄公名叫寤生，郑庄公母亲、王后姜氏难产生下了长子，受到惊吓，所以给他取了这个奇怪的名字，并且非常厌恶他。寤生之后，姜氏又生下了第二个儿子段[1]。段长得漂亮，人又乖巧，很得姜氏的喜欢。寤生先被立为太子，但地位始终受到弟弟段的威胁。

好在父亲郑武公不愿意废长立幼，寤生顺利在他死后成为国君。

身为太后的姜氏还没有放弃拥立段为国君，取代郑庄公的计划。她强迫郑庄公把京城（叫做京的城池，而不是首都的意思）封给段。京城是仅次于首都新郑的重要城池。郑武公在世时规定京城永不分封。寤生很容易就屈服了，将段封到京城。段到京城后，仗着母亲的支持，招募勇士，整治城郭，储备粮草，训练甲兵，加紧扩展自己的势力，行分裂国家之实。郑庄公漠然处之，段更加肆无忌惮，野心昭然若揭。郑国的大臣们都感到是可忍，孰不可忍，力劝郑庄公早做准备，以免祸起萧墙。大夫祭仲劝得次数最多，最坚决。郑庄公这才吐露真心："段虽不道，但叛逆尚未明显。我若骤加诛灭，百姓不明真情，难免议论纷纷；姜太后必从中阻挠，那我就陷入不友不孝的指责中了。我现在置之度外，任其所为；段恃宠得志，罪行就会日益明显，等他公开造逆的时候，我们再明正其罪。那时，国人必不敢助，姜氏也没什么话可说了。"可见郑庄公一开始就放弃了段这个弟弟，还推着他走向不归路。

段显然没有哥哥这般心机和谋划，只知道与母亲姜氏合谋，做着里应外合篡权夺位的美梦。段开始命令西部和北部的地方官听从自己的命令。大臣公子吕劝谏道："天无二日，国无二君。如果国君不留恋国家，就请把王位让给段叔，并请允许我去侍奉他；如果国君还想把保留君位，那么就请允许我去攻杀段叔。请不要再让大臣百姓有其他想法了。"公子吕的劝谏很直接，很尖锐，表明春秋时期的君臣关系还相当平等、健康。

郑庄公就喜欢这样的臣子。他将公子吕收为心腹，开始暗地里准备

1 这里简单介绍一下春秋时期的人名情况。春秋时期很多人是单名的，比如段。如果一个人是诸侯之子，可以在名字前加"公子"二字，比如段就可以称为"公子段"；如果一个人是天子之子，可以在名字前加"王子"二字，比如"王子孤"、"王子颓"等；如果是诸侯或天子之孙，就可以称"公孙"或"王孙"。但是当兄弟称君了，那么你就不能再叫"王子"或"公子"了，而要根据和国君的关系改名字。比如段在寤生称君后就可以改称"叔段"。此外，还有将封地名加在名字前面的。

军事剪除段。一无所知的段见郑庄公没有反应，进一步将西部和北部的两属地区吞并为封邑。公子吕说："现在可以动手了。段的势力已经很大了，会逐渐得到民心的。"郑庄公还是不急："段谋反始终没有正义，肯定不能号召人，势力再大也会崩溃。"公元前722年，姜氏和段都被憧憬冲疯了头脑，段亲率甲兵万人准备袭击新郑，姜氏计划打开城门接应。郑庄公很轻松就截获了消息，从容地对公子吕等人说："该收网了！"他随即公布了段的罪状和截获的一系列密报、证据，公子吕率兵车200乘讨伐段。京城等地百姓闻讯纷纷叛段。段很快就兵败自刎了。

郑庄公母亲姜氏是兄弟相争的幕后黑手，不仅偏袒小儿子段，还怂恿段政变。在兵变事实和铁一般的证据面前，姜氏无话可说。郑庄公厌恶母亲。段死后，郑庄公发誓和姜氏"不到黄泉，不得相见！"他将姜氏从新郑迁徙到一个叫颍的地方居住。

史载："庄公二十二年，段果袭郑，姜氏为内应。庄公发兵伐段，克段于鄢。"一个"果"字暗示事态的发展完全在郑庄公的掌握之中。郑庄公在内乱中扮演了不光彩的角色，对段的死有不可推卸的责任。冯梦龙在《东周列国志》中就认为郑庄公故意养段作恶，以塞姜氏和百姓之口，使千古奸雄。还做诗曰：

子弟全凭教育功，养成稔恶陷灾凶。
一从京邑分封日，太叔先操掌握中。

二

权力巩固后的郑庄公很快就后悔了，因为他感到了国内的道德压力。

春秋初期的宗法统治秩序虽然开始动摇，但余威仍在。郑庄公将太后幽居在颍，国内难免对国君指指点点。其他国家也议论纷纷。说庄公不孝，说郑国内乱的都有。郑庄公就觉得没必要把姜氏公开地迁居别处，还不如照旧安置在新郑，不见就行了。

但是郑庄公已经立下了"不到黄泉不见母"的誓言，断然不会主动认错，去见姜氏。

就在郑庄公发愁担忧的时候，有个叫做颍考叔的颍谷封人求见，称有野物献给郑庄公。郑庄公就留他吃饭。席间，颍考叔将肉装进袖子里。郑庄公好奇地问他为什么这么做。颍考叔回答说："小人家有老母，都是吃小人做的饭菜；老母没有吃饭国君的美味佳肴，请国君允许我带些回去给老母品尝。"郑庄公感叹说："你有老母亲，就我没有！"颍考叔曰："太后不是生活得好好的吗，国君何出此言？"郑庄公将前因后果告诉了颍考叔，也说了自己的后悔。颍考叔建议说："国君不用担心，向地下挖掘就能见到黄泉了。您只要挖个隧洞与太后相见就可以了。到时候，谁又能再说国君什么了呢？"郑庄公就依颍考叔的计策，掘地见母，平息了舆论纷争。

说了这么多，总之郑庄公不是一个道德君子。

三

但是政治与道德无关。道德品质的欠缺并不能阻碍一个人参政执政。心思缜密，虚伪狠毒相反可能是从政的必要条件。郑庄公就属于这类情况。作为开国的第三位国君，郑国也需要他这样的国君。

郑国的始封祖是周厉王的小儿子友，原封地是郑（今陕西的华县）。友就是郑桓公。郑桓公在周幽王时入为周朝的司徒。当时周室已衰，戎狄强盛，桓公恐怕自己的国家和王室同归于尽，因此去问周朝的太史伯，询问郑国可以去什么地方可以避难。当时诸侯和诸侯国之间还有大量的空间地带。郑桓公就希望去占领这些地区，避免也为拓展。随着兼并日兴，这样空白地带越来越少。

郑桓公向太史伯请教避祸之计："王室多故，予安逃死乎？"太史伯分析了天下大势后建议说："独河雒之东土，河济之南可居。该地地近虢、郐。虢、郐之君贪而好利，百姓不附。今公为司徒，民皆爱公，公诚请居之，虢、郐之君见公方用事，轻分公地。公诚居之，虢、郐之民皆公之民也。"史伯的意思是济、洛、河、颍四水之间的虢、郐两国所在的地方最稳固；教郑桓公先把妻子和财物先寄存在那里，有事的时候可以把这个地方占为己有。郑桓公就按照他的话去办，占领了东方的虢郐地区，举国迁移到了东方。

西周灭亡的时候，郑桓公殉难。他的儿子郑武公拥立周平王有功，依然做周朝的卿士。郑武公干脆放弃了华第，建立了以新郑的新首都，并逐步占有今河南省中北部一带，成为周都洛邑以东的重要诸侯。郑武公先后灭掉了东虢、郐、鄢、蔽、补、丹、依、黥、历、莘、胡等国，纳入郑国版图。他在位的27年，郑国的国力迅速增强。

在宗法制和道德尚未泯灭的春秋初期，郑武公就实行了相当务实的现实政治。郑武公对邻国胡国觊觎很久，一心要吞并。但他还是把自己的女儿嫁给胡国国君，先建立友好的双边关系。在国内，郑武公却问大臣们：“我要用兵，应该先攻击哪个国家呢？”郑国君臣其实都想吞并胡国，大臣关其思就斗胆说：“攻打胡国，兼并人民土地。”郑武公大怒，立即将关其思推出去砍头了。他公开宣称：“郑胡乃是兄弟之国。你竟然要攻打它，是何居心？”胡国君主听说后，认为郑武公推行的友好政策是真心的，也就对郑国君臣失去了防备之心。就在胡国毫无防备的时候，郑国趁机偷袭，一举吞并了胡国。郑武公不惜以大臣的性命，吞并自己女婿的国家，奸诈狠毒可见一斑。

郑武公选择郑庄公为继承人，极可能是看中了郑庄公也是和自己一样轻道德、重实利的现实主义政治家。

四

每一位有作为的君王其实都是幸运的。因为历史为他们的大展宏图准备好了各方面的条件。

郑国的前三位君主在位时间都很长。郑庄公就在位40多年，前人的基础和长寿为他在外交舞台上施展拳脚提供了有利条件。之前郑国一起期待着郑庄公这样的君主的出现。

郑国虽不大，但在半个世纪里积累了雄厚的国力，正寻找爆发的渠道。郑国迁移到交通便利、基础雄厚的中原腹心后，便利了农业和工商业的发展。春秋初期各国经济都取得了发展，为全国市场供应各自的商品。如齐国盛产鱼、盐、铁器、文彩布帛；晋国的矿产、畜产品和池盐丰富；楚国提供杞梓、皮革、鸟羽、象牙等。郑国地处中心，是各国的商业往来的中转站和转销人。郑国充分利用了有利的地理环境和经济形势，执行了以商业为立国之本，齐、楚、晋、秦、东周王室以及其他国家所需要的别国的货物，往往由郑国的商人来转输买卖。郑国境内商旅往来频繁，过境商品的税收、商人所缴的市税不断增多。郑国虽然国小新立，但商税收人却使国家富裕起来。

郑国在举国东迁的时候，商人起了重要作用。郑桓公就打破了“工商食官”的惯例，也就是说废除了国家管制商业，以商人为奴的制度，给与商人相当的经营自由，解除了商人的奴隶身份。这个盟约在春秋时期是一直起着作用的。郑国对商业的这种依赖，使郑国政府给商人以较高的社会地位和人身自由。郑国官府还与商人签订了盟约，规定“尔无我叛，我无强贾，毋或丐。尔有利市宝物，我勿与知”，规定只要商人不背叛统治者，统治者就不强买强卖；商人们有利可图，国君们也不得预闻。商人有了制度保障后，就安心在郑国经商，努力追求利润。郑国商人们往来各城邑，足迹东到齐鲁，西到秦国，南达楚国，北至晋燕。郑国从中抽取商税，每每获得大宗财政收入。

在这里，我插一句话。人们似乎总以为古代中国是个“重农抑商”的社会。其实那是秦朝以后的政策，春秋时期的商业是相当繁华的。商业推动了许多诸侯国的兴起，商人群体在春秋政治中发挥了重要作用。商人们所贩卖的货物，包括丝、布、谷、米、畜牲、木料等一般人的必用品，也有许多珠、玉、皮币等珍贵物品专供贵族们的需求。商人春秋被看成不可少的社会成员，贵族阶层就有“商不出则三宝绝”的评价。

郑国是春秋第一个受商业发展恩惠发展起来的诸侯国。内战时，郑国能够轻易调动二百乘兵车，估计总兵车在千乘以上。当时郑国拥有三军，此外还有徒兵[1]和临时添置的军队，总兵力接近十万人。其中有六万人聚集在都城，由郑庄公直接指挥。

五

郑国崛起的第二个有利条件是优越的外交环境。

从周王朝东迁算起，之后的四十多年时间里，史料异常缺乏，让我们对当时的外交局势不能做出详细准确的分析，还以为当时的国君们都

---

1 这里介绍一下春秋的兵种情况。徒兵是相对于车兵而言的。春秋军队的主力是车兵。一乘车有驭手、射手、枪手三人，是最常用的作战单位。其中驭手是兵车的核心，许多君主亲自作战的时候就担任兵车的驭手角色。徒兵类似于后世的轻步兵，辅助车兵作战。当时也出现了少量骑兵。但在整个春秋时期，骑兵都居于极次要的地位。春秋后期，东南的吴越争霸，水师开始成为主力出现。

在关注内政，喝酒行乐。最大的可能是，周王朝猛然倒塌，天子式微，诸侯们一时还没有彻底转换角色，适应不了。这才在王室东迁后的近半个世纪时间里没有大的外交举措。可这并不意味着没有外交暗流的涌动。

黄河中游地区最为发达，地理最为重要，外交争霸就首先发生在这个地区。当时西方的秦国还在与蛮族争夺王室赏赐的土地；渐渐兴起的南方楚国正在侵略申国、吕国、许国等诸侯国，他们的势力还远没有涉足到中原腹心的黄河中流地区。北方强大的晋国不幸分裂了，分为翼和曲沃两个国家，内乱不止。东方齐国还没有强大起来，正在专心于内政。剩下的就只能看中游地区基础比较好的各诸侯国玩了。

东周王朝初期真正的屏蔽只有郑国和虢国。虢国跟随王室的东迁，迁徙到了现在的河南陕县附近，占据着崤山和函谷关的险要，抵御西戎的侵略。国小事忙，没有参予更东方的争霸。那么剩下来的大国就只有郑国和宋国，次等的当属鲁国和卫国。宋国是“三恪”中最强大的国家，国大爵尊。春秋初期，宋国的东南面是力量较为分散的东夷和淮夷，对其构不成威胁；南面的陈、蔡势更弱，北面的鲁、卫势力也不强，只有西面的郑国国力较强，使之倍感压迫，所以春秋时期，宋郑两国矛盾较大。鲁国和卫国的力量比不上郑国和宋国，但他们的取向决定着中原争霸的走向。与卫国相比，鲁国相对比较超脱。因为它正困于和齐国之间的恩怨。

郑国的国力比这三国稍微强大一点，同时还有一个政治优势。郑国国君的出身很好（天子弟弟），还担任朝廷重臣（司徒，王朝卿士）。这就使得郑国国君天然具有了意识形态上的优势，能够以天子的光芒向对手发动打击。这种打击有的时候是实实在在的，因为郑庄公继承了家族的司徒职位，能够指挥周天子尚且存在的军队。

需要提醒注意的是，当时郑国的国力并没有取得压倒性优势。外交的成功和实力关系密切，但不一定非得取得绝对实力优势才能取得外交胜利。绝大多数情况下，实力就只像是投资者手中的本钱，关键是看他怎么将并不雄厚的本钱和风云变幻的局势相结合，来获得最大的利益。外交成果是从错综复杂的局势中“挤”出来的，而不是依靠实力基础凭空产生的。

现在，就让我们来看郑庄公是怎么带领蓄势待发的郑国参予争霸的吧。

周天子败于诸侯

一

郑庄公将争霸的第一个拳头落在了卫国的身上。

选择卫国的原因很简单。段发生叛乱的时候，曾经派儿子去卫国请求援军。后来段自杀了，但儿子却留在卫国。卫国君臣就簇拥着流亡的公子，夺取了郑国北部边界的一小块地方，扶持了一个流亡政权。郑庄公就以卫国干涉内政为出兵理由，在公元前722年大举进攻卫国。

在出兵前，郑庄公还在洛邑做了朝廷的工作。结果他得以用王室的名义，率领周、郑、虢三国联军队进攻卫国。一贯讲“礼”的鲁国也出兵援助郑庄公率领的援军。

战争的结果是卫国大败，不仅扶持的流亡政权被翦灭了，还被联军一直打到首都的南郊。卫国求和。郑庄公本来是要卫国交出自己流亡作乱的侄子，杀了他。他后来一想，怕承担杀亲灭侄的恶名，就在卫国答应再不干涉郑国内政的前提下允许侄子永久流亡在卫国。

郑庄公其实是在“打狗给主人看”。当时卫国和宋国的关系很好，郑国进攻卫国，就是与强大的宋国过不去。

卫国和宋国关系好的重要原因是两国国君的权力来源都不正。当时宋国的国君宋殇公继承的是叔叔穆公的君位。宋国时兴“兄终弟及”，宋穆公的君位是哥哥宋宣公传下来的，去世时将国君的位置传回到哥哥的一系血脉中。宋宣公的儿子与夷即位为宋殇公。宋殇公的堂弟、宋穆公的儿子、本来很可能继承君位、未来的君位继承人的公子冯让宋殇公很不放心。后者被迫流亡到郑国。郑庄公很慷慨地收留了公子冯。春秋时期，公子流亡是很普遍的现象。挑选、接纳流亡公子也就成为了各国外交的重要内容。挑好了，可以在他国为本国树立亲密分子，获取未来的和现实的外交利益；挑不好，起码也能用来作为干涉、威胁他国的筹码。

当时卫国的国君是臭名昭著、杀了卫桓公自立为君的州吁。卫国州吁当了国君后，国内政治动荡，于是他就想通过对外战争来转移矛盾。刚好郑国几年前进攻过卫国，州吁于是决定发动对郑国的战争来巩固自己的地位。但他又不敢独自发动对郑国的战争，派人约宋国一起出兵。卫国对宋殇公说，您的政敌公子冯可正在郑国谋划着对您不利的事情啊，我们一起伐郑，卫国报酬，宋国消灾。宋殇公同意了州吁的请求。

郑庄公刚得知卫国公子州吁杀死卫桓公自立为君的消息时，就长叹道："我们郑国即将遭受兵灾了！"大臣们问庄公如何预料的，郑庄公回答说："州吁素好弄兵，现在篡逆夺位，肯定要通过用兵来立威扬名。郑卫两国素有嫌隙，卫国用兵的首要目的就是我国。我们应该早做准备。"

事情和郑庄公预料的一模一样。州吁说动了宋国后，宋国又叫上与自己关系密切的陈、蔡两国，四国再出面招呼很爱凑热闹的鲁国，组成五国联军浩浩荡荡伐郑。这是公元前 719 年夏天的事情。联军共有甲车 1300 多乘，在实力上完全压倒郑国。郑国刚发动过一场战争，又突遭重围，一时形势非常严重。

郑庄公在危急时刻体现出了政治家的冷静。郑国硬碰硬与五国联军作战是肯定不行的，只能根据五国出兵的动机的不同分别对待。在五国联军中，作战目的最明确的中坚是宋卫两国，只要满足了这两国的要求，就能促其退兵。宋国无非是冲着公子冯来的。郑庄公于是将公子冯移居长葛。宋兵果然尾随而去，抛弃四国部队走了。卫国继续联合陈国、蔡国进攻郑国都城，围困了东门。郑庄公闭门不出，联军将东门围困了五天。史称"东门之役"。

卫国的出兵是为了给国君立威。郑庄公抓住州吁的心理，派出一支部队与卫军接战，假装战败溃退回首都。卫军取得了"胜利"，州吁也赚到了面子。这年秋天，四国联军驱赶郑国的守卫，抢割了郑国的稻谷，扬长退兵而去。

应该说，郑庄公争霸的第一步走得并不顺利。

二

第二年（公元前 718 年），郑庄公发动了复仇之战。

郑军首先主动出击卫国，很快就逼近了卫国的首都。卫国慌忙联合南燕国抵抗。郑军在前后受敌的情况下，一面在燕军正面摆出传统阵式对抗，一面派出两支军队偷偷绕到燕军的背后，前后夹击。南燕本来是小国，经此大败，一路狂奔回国去了。观战的卫国吓得紧闭城门，高挂免战牌。

得胜的郑军还获得了王室军队的支持。郑庄公打怕卫国后，乘胜率领周、郑联军进攻主要敌人宋国，直趋宋国国都。宋国也不敢硬碰硬接战，转而向鲁国求救。鲁隐公答应救助，但在与宋国使者就军事问题进行讨论的时候，双方发生了口角。鲁隐公一赌气，不发一兵一卒。郑庄公乘机对鲁国展开灵活外交，主动提出将郑国在鲁国境内泰山脚下的一块祭田同鲁国在许国的一块田相交换。郑庄公和鲁隐公会面，正式订立了郑鲁友好关系。

在郑宋争端中，宋卫陈蔡四个国家关系密切，形成了一个不成文的小集团。在结好鲁国、围困宋国的同时，郑庄公为瓦解宋卫陈蔡集团，还向陈国展开和平外交，要求缔结友好关系，瓦解宋国集团。在位的陈桓公倾向宋卫两国，拒绝了郑庄公的橄榄枝。第二年，郑庄公率军抛开闭不接战的宋军，对陈国发动突然袭击，大获全胜。得胜的郑庄公没有要求陈国割地赔款，只是要求郑陈两国讲和结盟。陈桓公很感激郑国，还将女儿许配给郑庄公的儿子、公子忽为妻。郑陈正式结盟，宋国集团瓦解了。郑国在拉拢了鲁、陈两国后，中原争霸的力量天平倾斜向了郑国。

就在郑国和宋国相互攻战时，东边的大国齐国希望发挥影响，出面调停宋郑两国的战争。郑庄公已经处在有利地位，本不愿停战，但又不能得罪齐国，就同意了齐国的调停。公元前715年，齐国、郑国、宋国、卫国四国在瓦屋（今河南温县西北）结盟。在这次盟会中，郑国是当之无愧的主角，外交手段高超，成果显著，历史用“郑昭宋聋”这个成语来形容郑宋两国的外交优劣。

瓦屋盟会是春秋诸侯之间第一次大规模的盟会。原本盟会是天子特权，现在周天子被公开、彻底地抛弃了。

三

和平协定从来都不能制止战争的爆发。

瓦屋盟会的结果很大程度是齐国的面子在起作用。其他三国，尤其是郑庄公，本来就没有实现和平的决心。而齐国得到了外交面子，实现自己倡导的和平后也不把和平协定放在心上了。郑庄公一心要寻找宋军进行主力决战，给予宋国沉重打击。条约签订两年后，郑国就以宋国没有去朝见周天子为理由，在公元前713年的6月，邀集齐国、鲁国共同伐宋。鲁国打败了宋军，郑军占领了宋国两个城邑，联军长驱直入。

这是一场决定黄河中游谁主沉浮的关键战役。宋国自然不敢怠慢，联合卫国组织一支生力军绕开三国联军，偷袭郑国的后方。郑庄公只好紧急回军。

宋卫联军的偷袭战术非常精彩，操作好了能够起到战略效果。但是宋卫联军在途中并没有抓紧时机进攻郑国，却在中途要求蔡军进攻戴国。蔡国非常不满，尽管出兵相助，但在进攻方向问题上和宋卫两军争吵不休。偷袭的最佳时机就这样被三国自己葬送了。

郑庄公很快就得知了三国联军的方位，指挥军队迅速包围，将其全部歼灭。这毕竟是在郑国国内作战，郑军具有天然优势。偷袭和反偷袭战最终加强了郑国的优势。战后，宋国归服，卫国求和，主动承认了郑国的霸主地位。

打败大国后，郑国开始将矛头对准周边的小国，进一步扩大自己的优势。郑庄公以戴国、许国不派兵帮助伐宋为由，进攻两国，还灭亡了戴国。郑庄公的出兵理由是明显的霸权理由。戴国和许国本来就是没有义务追随郑国去讨伐宋国的。但是现在郑国胜利了，就要挟胜问罪了。公元前712年，郑国灭亡了许国。许国是在今天河南许昌附近的一个姜姓小国。该年夏天，郑国会合齐鲁两国军队，进攻许国。郑国军队首先攻入许都，许庄公逃亡卫国。因为相距遥远，鲁齐两国就将许国让给了郑国。郑国占领许国后，让许国的大夫百里侍奉许叔居住在许国东部，以安抚许国人民，服从郑国的统治；又让许国的大夫公孙获居于许国的西部，名义上是协助许叔、百里，实际上是进行监督。同时，郑国还打败了郕国、山戎、北戎。

齐国一度遭受戎族的进攻，还向郑国求援。郑庄公派公子忽带兵救援。战胜后，齐君想把女儿许配给公子忽，作为感谢。公子忽却说："郑小齐大，非我敌。"他不仅拒婚，还对齐君的赏赐公开表示不满。齐君只能好言相劝。郑国当时的威望和气焰可见一斑。

郑庄公终于将郑国带上权势的顶峰，开始功高震主了。

四

周平王当时还活着，对郑庄公很不满。

周平王的不满理由是明显的。首先是郑庄公口口声声以其他诸侯不朝拜天子，不进贡朝廷的理由进攻他国，但他本人也没有对周平王毕恭毕敬，更没有在朝廷上认真上朝，做好司徒的职责。其次，郑庄公老是为了封国的利益，调动周王室的军队四处作战，让周天子为郑国的战争军费买单。当然了，郑庄公因为霸主地位的确立，在朝廷里姿态难免不像以前那么谦恭。这一点让周平王和其他大臣心里很不快。

相反，周王室更喜欢虢公。虢国虽然没有郑国的实力和权威，但虢公天天在朝廷上，在周天子面前混了个脸熟。政治有的时候就是这么简单。很多权势者不看一个人的能力和作为，而看他是否经常在自己身边出现，是否能够经常听使唤。虢公就是这样的人。周平王于是酝酿着让虢公担任王朝卿士，取代长期不上朝的郑庄公。

郑庄公是什么人，很快就知道了周平王的心思。王朝卿士的地位对郑庄公来说非常的重要，它是郑国争霸的意识形态武器。于是，郑庄公决定来个以退为进，连忙驱车赶到洛邑，面见周平王。郑庄公非常技巧地主动提出要辞职让贤。周平王一点准备都没有，因为王室离不开东边紧邻的郑国的支持，所以周平王没有答应郑庄公的辞职。郑庄公于是就说，臣听说天子想任命虢公来取代臣，不知道这是不是小人在造谣。周平王开始害怕了，断然否认了有撤换郑庄公的计划。为了安抚郑庄公，周平王提议周郑交换人质。

于是，周平王的儿子王子孤和郑庄公的儿子公子忽分别作为质子，来到新郑和洛邑。

"周郑互质"是春秋初期外交的大事件。在这里，周平王主动将自己降到了与诸侯对等的地步，以王子作为人质与诸侯达成妥协。西周政制的上下位关系是单向的，除了道德义务，天子不对诸侯承担任何政治义务，天子根本就不需要向诸侯抵押人质。同时按照西周宗法，作为大宗嫡长子的王子孤竟然成为了小宗的人质，这是匪夷所思的事情。千古未有事，却在周平王手中出来了。不知道软弱的周平王作何感想。

不久，周平王就死了，为周朝宗庙中增加了一块牌位。新郑的王子孤自郑国赶回洛邑继承王位。不知道是王子孤悲伤过度还是福分太浅，王子孤竟然在周平王葬礼期间跟随父亲去了，没等到登基就死了。因此，王子孤的儿子王孙姬林登基，史称周桓王。

周桓王和周平王不同，没有经历过苦难，血气方刚，渴望有一番作为。他毫不掩饰自己对郑庄公的厌恶之情。一方面，周桓王继承了周平王讨厌郑庄公的所有情感；另一方面，周桓王觉得父亲姬孤死得比较蹊跷，怀疑郑庄公与父亲的死有关。一想到父亲在新郑的人质生活，周桓王就觉得是一个耻辱，应该洗刷掉。

因此，周桓王一上台就准备以虢公取代郑庄公。

恰好这时，郑国士兵将王室温地的麦子都给抢割走了。这极可能是郑庄公指使的，但也许仅仅是部下一时的鲁莽而已。原本手头就拮据的周桓王对郑庄公恨得牙痒痒。公元前715年，周桓王正式任命虢公忌父为朝廷的右卿士，郑庄公寤生为低一点的左卿士。

五

周天子和郑庄公撕破脸皮开打的火星，是从宋国蹦出来的。

这其实是宋国的一桩桃色事件。当时宋国的孔父嘉担任司马，华督是太宰。华督暗恋孔父嘉的妻子，一心要夺到手。但是孔父嘉作为宋殇公的辅政大臣，又掌管国家兵马，权势在华督之上。华督思前想后，竟然决定采取一招置道德与国家于不顾的险棋。

当时宋殇公好战，宋国战事连年不绝。百姓怨声载道。华督就派人四处散播谣言说：“民不堪命，皆孔父为之。”意思是说现在百姓因为战争弄得苦不堪言，都是因为孔父嘉主战，将国家拖入了战争的深渊。不明真相的国人情绪激动，发生暴动，涌入孔父嘉的家里，杀死了孔父嘉。华督乘乱将孔父嘉的妻子抢到手，如愿以偿。宋殇公知道后，大怒。华督一不做，二不休，将宋殇公也杀死了。

这次弑君事件，人们总将原因归结为华督的男女目的，其实我们可以从外交上来重新解读。华督作为宋国重臣，不可能仅仅为了一个女人闹得这么大动静，也不可能对当时的国际形势缺乏了解。临近的郑国此时已经确立了在黄河中游的霸主地位。宋殇公是反郑的，他的存在也是郑宋关系发展的障碍。华督可能是想改善宋郑双边关系，与民生息，同时也在国内攫取大权。但是他不可能得到宋殇公的支持。孔父嘉作为掌握兵权的实权人物，也是郑宋和睦的障碍，再加上一位倾国倾城的宋夫人的诱惑，华督才铤而走险，成功利用民心民情取得了成功。之后，华督在国内清洗孔氏成员。《史记》记载“十年，华督攻孔父，取其妻。”[1]

内乱后，华督又成功地推动国人同意迎立流亡郑国的公子冯为君，以此改善与郑国的关系。宋国于是从郑国迎回公子冯。公子冯就是宋庄公。公子冯是在郑军的护卫下归国即位的。临行前，他泣拜在郑庄公之前表示，自己成为国君后“当世为陪臣，不敢贰心”。这简直是把郑国当作宋国的宗主国来看待了。宋国也是大国，出身高贵，爵位很高，现在沦落到这个地步令人感慨。宋庄公即位后，郑宋关系改善。郑国的霸主地位更加牢固了。

周桓王对这一幕极为反感，并痛心疾首。诸侯的更替，首先要征得天子的同意，得到天子的册命。现在，郑庄公俨然行使天子之权，操作了他国诸侯的更立。周桓王认定郑庄公这是对天子权威的公开、严重的羞辱，对王室造成了沉重的打击。他要报复，要惩罚郑庄公，以此为突破口恢复王室的权威。这位东周的新天子雄心壮志，摩拳擦掌，跃跃欲试了。

郑庄公还不想撕破脸皮，之前他去洛邑接受左卿士任命的时候恭恭敬敬，还带着盟友、齐国的齐僖公一同前往。周桓王却将这看作是对自己权威的再一次冒犯。哪里有诸侯朝拜天子，还带着另外一个诸侯同来的；又不是老大出面办事，带着一位小弟。郑庄公的低姿态非但没有达到既定效果，反而起到了火上浇油的反作用。此外，周桓王还可能产生了错觉。他觉得郑庄公也不过如此，降了职还主动来朝见了，不像外人说的那么强硬可怕。

公元前712年，周桓王剥夺了郑国4个邑的封地，代之以毫无意义、不在管辖范围内的北方的一块荒地。这一切，郑庄公都忍了。于是到公元前707年，周桓王干脆免了郑庄公的王朝卿士职务。他想，这一回，你寤生总该来认错谢罪了吧。

1 孔父嘉死后，孔氏在宋国无法立足，孔氏子弟四散奔逃。其中有一支逃到鲁国定居在曲阜，孔子就出自这一系。孔氏因为孔子而显要，曲阜也似乎成为了孔氏的原发地。这些都是后话了。说来听听，觉得历史还真是奇妙、有趣。

郑庄公没有来。你不是免去了我的职务了吗，那我就没必要去上朝了。于是郑庄公拒绝上朝了。

六

周桓王最终决定用战争来维护王室的权威。他以讨伐郑庄公不朝天子的名义，调集王室军队，并向四周诸侯征召军队，组织对郑国的进攻力量。有三个国家，卫国、蔡国、陈国，出兵参加了周桓王的军事行动。卫国、蔡国之前虽然降服了郑国，但是在主力军队遭到围歼的情况下缔结的和约，并没有对郑国心服口服。现在有天子出面组织报复，这两国自然很乐意参予。而陈国之前是郑国的盟国，为什么也参加了反郑联盟了呢？原来郑桓公死了，新立的国君政权不稳，难以拒绝天子的征召，勉强出兵参加战争。

周桓王将军队分为三军，亲自率领王室军队组成的中军；周公率领左军，主要由陈国军队组成；虢公率领右军，主要由蔡国和卫国军队组成。一行三军，浩浩荡荡向新郑杀去。

郑国从建国以来从来没有遇到这么严重的威胁。不说在军事力量对比上，郑军对四国联军不存在优势；最严重的是，周桓王以不朝天子的名义号令天下，征讨诸侯，可谓名正言顺。之前的历史记录都表明，诸侯无礼，不是主动请罪，就是战败投降。因此，四国联军士兵情绪高涨，周桓王志在必得。而郑国在战争初期缺乏准备和信心。

郑庄公毅然发兵对抗周朝联军。周桓王见郑庄公非但没有投降，相反主动迎战，怒气更盛，催军前进至繻葛。在这里，周郑军队爆发了繻葛之战。

郑军在不占优势的情况下，大胆采用了新的战术。传统的战斗，对战两军都将军队平均分为左中右三部分。战斗开始后，中军在前，左右两军跟进。现在，郑庄公并没有把兵力平均分为左中右三个部分，平分布阵，而是把主力放在左右两个方阵上，主将所在的中军摆在两个方阵之间靠后的位置。主力所在的左右两阵，像两把钳子，进可攻，退可守。郑国所使用的这个阵法被称为“鱼丽之阵”，意思是像张开捕鱼的网。

郑庄公的阵法调整堪称是春秋军事史上的重大改革，可以与战国时期的赵武灵王的胡服骑射相提并论。他一改传统战阵没有重点，主将亲自提着刀枪冲锋陷阵的缺点，赋予左右主力两军灵活性，激发斗志和创造能力。同时主将所在的指挥部门可以集中精力去观察、思考战场和战略问题。郑庄公的战术改革，起到了革命性的作用。当今世界上一些军事大国，砸下天价军费去更新武器系统，大到太空武器，小到细菌炸弹，无所不能之极，以追求战斗力的提升。殊不知，现有军事系统内部量的重组，顺序的调整，就可以起到质的提升。春秋时的繻葛之战就是例证。

战斗开始后，周桓王亲率三军，整齐地发动进攻。郑庄公约束部队，闭不出战。等到周军斗志开始萎缩的时候，郑庄公突然下令前置的左右两军擂鼓冲锋。郑军主力直扑较弱的陈蔡卫诸侯军队而去。周军左侧的陈国军队本来就没有坚决地斗志，在郑军的冲击下抢先溃退；右侧的蔡卫两军是郑军的手下败将，见陈军败了，也夺路逃跑。得胜的郑国左右两军反过来对前置的周桓王中军压迫过去；郑庄公趁机率领中军推进迎战。周桓王的中军陷入了郑军的合围之中。周桓王斗志旺盛，王室军队也还保存着强大的战斗力。但无奈在三支郑军的合围下最终溃败。

在混战中，周桓王被郑国大夫祝聃一箭射中左肩，也就是心脏偏上的地方。好在周桓王铠甲深厚，没有受重伤。王室败军拼死护卫着周桓王，这才杀出重围。

祝聃正想射第二箭，郑军将士正想乘胜追击王室联军的时候，郑庄公却鸣金收兵了。祝聃等人很不解，哪有不追败军，扩大战果的呢？郑庄公解释说，周桓王毕竟是天子，现在射王中肩，大败王师已经是巨大的胜利了，不能对王室欺之太甚，过头了就适得其反了。大家冷静想想，不禁都佩服郑庄公的见识来。贵有四海的天子已经落荒而逃了，你还要怎么样呢？见好就收吧。

当天晚上，郑庄公还派祭足带着牛羊、粮草去慰问周桓王。周桓王在大臣们的劝谏下，接见了祭足。祭足首先承认了错误，说不应该与王师相对抗，现在还“一不小心”打败了王师，射伤了天子，郑国真是罪该万死，请天子原谅。周桓王听得心里极不舒服，但在战争现实面前不得不表示“宽恕”郑国和郑庄公。不久，双方撤军了事，决口不提往事。这都是公元前 707 年间的事情。

周桓王贵为天子，现在被郑庄公打败，还接受郑庄公的慰问，事实上反衬了郑国的霸主地位。中原诸侯国更加要看郑国的脸色办事了。

时不我待的复兴

一

郑庄公的图霸崛起的过程也是周王室威信扫地、江河日下的过程。一个“礼乐征伐自天子出”的时代正式终结，中国大地进入了大国争霸时期。郑庄公揭开了群雄争霸的序幕。

郑庄公是春秋时期郑国历史上最有作为的一位国君，同时也是春秋早年中原地区最具影响力的诸侯。郑武公趁周王纲不振之际，开疆扩土，吞并附庸，独秉周政，使郑国从中原各路诸侯中脱颖而出。郑庄公治理郑国 43 年，是郑国的极盛时期。此时的郑国，疆土南到栎邑（今河南禹县），东接启封（今河南开封），北与卫、晋交错，西控巩、洛，威服黄河中游和北戎。

郑国的国力其实比不上齐、楚等大国，就是对邻近的宋国也不占绝对优势。郑庄公的巨大成功证明了外交辉煌并不一定和国力成正比。郑庄公实行了正确政策，尤其是在外交上，充分利用王室资源，远交近攻，和齐鲁等远方国家保存良好关系，将斗争的矛头对准有利益矛盾的宋卫邻国。在具体操作上，郑国灵活、务实，弥补了国力的缺陷，还多次化险为夷，终于成就了一个小小的奇迹。

公元前 701 年，郑庄公去世，郑国迅速衰落。

郑国的衰落和诸公子争位有直接的关系。郑庄公死后，他的八个儿子中有四个儿子（公子忽、公子突、公子亹、公子仪）争夺国君之位，兄弟相残，葬送了父亲的霸业。对于君王来说，家务事也许比大政外交更难处理。没有儿子，要日夜担心；儿子太多了，也会时刻烦恼；儿子太笨了，非常尴尬忧虑；儿子太聪明了，又要提防猜忌。郑庄公的儿子就非常聪明，参予了父亲的一系列争霸活动，能力上佳。由于郑庄公生前对所有儿子都十分宠爱，臣工们莫衷一是，各位公子也都发展了各自的势力。郑庄公身前虽然立公子忽为太子，但诸子争位的苗头还是出现了。势力很大的公子突是宋国女雍氏所生，郑庄公晚年就将他送到宋国居住，希望缓解政争。

郑庄公临终时也预料到了身后的乱象，叹气道：“郑国将从此多事了！”

二

从公元前701年到前680年的22年中，内乱一直困扰着郑国，使它无暇他顾。郑庄公所创造的有利形势自然也就失去了。

庄公死后操纵郑国大权的是大臣祭仲。郑庄公死后，他拥立太子忽为君，称郑昭公。

郑国的权力争夺自然没有逃过邻国的眼睛。齐宋蔡等邻国都想趁机干涉郑国内政，获取利益。宋国手中有公子突，希望能够扶持他为郑国新君。于是宋国诱骗祭仲到宋国，逼他立公子突为君。祭仲在生死选择前，只好屈服同意立公子突为君。公子突即位，称郑厉公。郑昭公只好逃亡卫国避难。

宋国立郑厉公，是冲着郑国的财物土地去的。在扶立郑厉公之初，宋国就和他和祭仲说好了价格。郑厉公答应了。此后，宋人不断索取，郑国先是尽量满足要求。但是郑国的国库积蓄也是有限的，加上宋国的要求越来越多，郑厉公和大臣们逐渐起了反抗心理，开始拒绝宋国的索取。郑宋关系就此恶化。

公元前699年，郑国联合鲁国、纪国进攻宋国，和宋国、卫国、齐国和南燕大战，获得了胜利。第二年冬天，宋国联合齐国、卫国、陈国、蔡国大举报仇，郑国难以抵挡。五国联军焚烧了郑国首都的城门，攻入新郑，郑国首都沦陷。宋军在新郑大肆劫掠，甚至把郑国祖庙屋顶上的木椽都拆下运回。联军还进攻郑国的东部地区，割取了牛首及其周边地区。

这一仗，郑国国力遭到严重削弱，国际地位一落千丈。

三

郑厉公其实是一个能力不错、志向远大的君主，一心恢复父亲郑庄公的霸业。

但是他即位之初就遭到宋国的羞辱，在国内又受到权臣祭仲的羁绊，难以施展拳脚。祭仲因为拥立两位国君，在国内专权跋扈。郑厉公忍受不了祭仲的权力限制，一心改变局面。公元前 697 年，郑厉公与祭仲的女婿雍纠密谋，决定利用宴会杀死祭仲。雍纠这个人太差劲，和妻子感情很好，无话不谈。他回家后，就把和郑厉公的密谋告诉了祭仲的女儿、妻子雍姞，并相信妻子不会出卖自己。

雍姞和丈夫的感情非常好，但又不愿意看到父亲被丈夫杀死，因此陷入了深深的心理矛盾。实在受不了了，雍姞当天就跑去娘家，问母亲："丈夫和父亲比起来，到底哪个更重要？"母亲告诉她："傻孩子，当然是父亲更加重要了。丈夫没了，可以再找；父亲却只有一个。"这句话让雍姞下定了决心，将丈夫和国君的密谋全盘告诉了母亲。母亲大惊失色，连忙告诉了祭仲。

祭仲迅速采取措施，将雍纠杀死，尸体抛入城外水池。

郑厉公知道事情暴露，慌忙捞起雍纠的尸体，用车载着，逃亡蔡国。祭仲于是从卫国迎回郑昭公复位。

有了宋国的教训后，郑厉公不愿意成为其他国家的政治工具。不久他就逃离卫国，潜入郑国南部的栎邑，鼓动百姓拥戴自己。郑厉公在国内还很有威信。栎邑的百姓杀死了地方官员，倒向郑厉公。郑厉公就在栎邑积蓄力量，和新郑的郑昭公政权相对抗。郑国分裂了。

新郑的内乱还在继续。归国的郑昭公不久被大臣杀死，公子亹被拥立为国君。但齐襄公又诱杀了公子亹。祭仲最后迎接逃亡陈国的公子仪为国君。

公子仪做了 14 年的国君。在最后一年，栎邑的郑厉公决定孤注一掷，组织军队向国都进军。途中，郑厉公擒获了效忠新郑的傅瑕。傅瑕答应帮助郑厉公杀回新郑，要求以此换取性命。郑厉公果然释放了他。傅瑕回新郑后，果然将公子仪和他的两个儿子都杀死，迎接郑厉公回都即位。郑厉公进城的第一件事就是处死傅瑕，之后宣布要励精图治。

公元前 680 年，流亡了 18 年的郑厉公终于复位。所有竞争对手都死了，郑国内乱也平息了。

四

历史并没有恩惠郑厉公，没有赐予他郑庄公那样的良好基础和有利环境。

郑国的多次内乱早已经消耗了国家的元气，郑庄公奠定的外交环境也已成为过眼烟云。郑厉公还是惨淡经营，抓住“勤王”的旗帜，一度使国家处于有利地位。

公元前675年，周王室发生了王子颓之乱。王子颓在几个大夫的支持下作乱，并得到了卫国和南燕的支持。正统的周惠王一度被赶出了王城。郑厉公敏锐认识到这是一个重振郑国雄风的良机。

第二年，郑厉公出面调解王室之乱。他首先进攻南燕，抓住了南燕的国君仲父，使南燕撤销了对王子颓的支持；同时将周惠王安置在栎邑，恭敬有加。当时虢国也还效忠王室，郑厉公于是说动虢君共同进军洛邑。作乱的王子颓以为天下无忧了，正在庆功的时候，郑厉公和虢国的军队攻入了都城，杀了王子颓一伙。周惠公被迎回王城。为了感谢郑国，虎牢以东的土地被赐给郑国。

尽管有还算辉煌的外交作为，但郑厉公还是没能将郑国带回外交顶峰。因为当时四周的大国已经发展起来了。齐桓公在郑厉公复位前6年已经即位，齐国实力取得了突飞猛进的发展；楚文王完成了对江汉小国的兼并，将兵锋指向了黄河南岸。公元前678年，楚军入侵郑国，打败了郑厉公。

公元前673年5月，有心图强，无力回天的郑厉公逝世了。除了时机不佳值得同情外，郑厉公本身缺乏郑庄公那样的素质也是他个人悲剧产生的原因。他知人不察，用人不当，要杀权臣，怎么能完全寄希望于权臣的女婿呢？而长期的流亡和分裂生活消磨了郑厉公宝贵的青春。大量的时间和精力没有花在外交上，而是耗费在了兄弟争权中。在这些方面，郑厉公本人都有不可推卸的责任。

郑厉公死了，一个天下诸侯都以郑国为强国的时代结束了。一个黄河中游诸侯国主导争霸的时代逝去了。从此以后，黄河中游地区尽管一直是春秋争霸和外交纵横的主要舞台，但外交的大手都是从区域以外伸进来的。

第三章

齐国的道德崛起

诗经·齐风·还

子之还兮，遭我乎狃之间兮。并驱从两肩兮，揖我谓我儇兮。
子之茂兮，遭我乎狃之道兮。并驱从两牡兮，揖我谓我好兮。
子之昌兮，遭我乎狃之阳兮。并驱从两狼兮，揖我谓我臧兮。

雄厚的争霸遗产

一

人和国家的完美结合，攀登上外交巅峰的例子，在郑庄公之后的例子就是齐桓公。

齐桓公做得比郑庄公要成功得多，因为他拥有更为强大的祖国。齐桓公的齐国是一个靠山带海的国家，被称为“海王之国”。《史记》说齐国的开国国君姜太公“至国，修政，因其俗，简其礼，通商工之业，便鱼盐之利，而人民多归齐，齐为大国”。再加上姜太公是西周的开国功臣，被王室寄予了厚望，拥有在东方的拱卫征伐大权。齐国一建立就处于诸侯国的领跑集团中。

但是强大的经济实力、政治实力和崇高的外交地位之间存在一个转化的过程，存在一段时间差。齐国的强大国力就没有立刻转化为春秋初期的崇高地位，当中存在一个超越百年的时间差。

自姜太公开国之后，经过十二世传到齐庄公。齐庄公就是春秋齐国的第一位国君。之前的齐国被各种各样的矛盾冲突牵制在国家竞争的重围之中。先是齐纪两国交恶，齐哀公被烹了；接着就是同室操戈，内乱迭起。用“内忧外患，民疲国困”来形容一点都不为过。齐庄公继位后齐国国政出现了转机。齐庄公在位 64 年，是中国历史上在位时间最长的君主之一。他的儿子齐僖公当政 33 载，父子二人连续治齐近百年之久。他俩对齐国最大的贡献恰恰就是他们统治时间比较长，没有出什么差错，保持了齐国政局的稳定。对于政治来说，没有坏事就是好事。齐国百年无事，元气渐复，国力稳步增长。齐僖公就是那个跟这郑庄公一起朝见周天子的那个诸侯。齐僖公时期，齐国小试牛刀，调解了郑国与宋卫集团的战争，参加盟会，征伐他国，显露出了列强的影子。

春秋初期的齐国百年政治被史称为“庄僖小霸”。

二

齐僖公有许多儿子，其中一个儿子叫小白。小白的幼年眼看着齐国越来越深地涉足中原争霸，目睹了齐国地位地缓慢上升。这可能在他幼小的心中植下了强国称霸的种子。

齐僖公的齐国和郑庄公的郑国关系很好。齐僖公站在郑庄公一边，借支持郑国壮大本国的势力。当时的齐国还处于变强的过程中，算不上一等一的尖子。在它的北边是不发达的河北地区和还算像样的燕国；西边是争霸的中原诸侯国，其中郑国初步建立了霸权，并不弱小的鲁国与齐国关系时好时坏；南边和东边是纪国、夷国和淮夷等诸侯国和异族部落。其中的纪国规模较大，占据今天的近半个山东半岛地区，而且和齐国是世仇宿敌。

纪国，姜姓，与齐国同姓，也都是周武王所封的诸侯，是齐国的东方邻国。国都纪，位于山东半岛中北部、渤海莱州湾的西南岸的今寿光市，疆域地跨寿光、莱阳和烟台等地，并不亚于齐国或鲁国。

纪国是怎么和齐国变成世仇的呢？

《史记》说在周夷王的时候，纪国国君在周夷王面前给齐哀公告状，可怜的齐哀公就被周夷王给烹了。纪国国君在天子面前告发其他诸侯，有可能是周王室派出的监国者。纪国有可能是由诸监发展起来的诸侯。[1]结果齐哀公被杀给齐国带来的混乱延续了相当长的一段时间。两国自然结仇了。实力逐步壮大的齐国，自然不会放过已经衰落的纪国。

齐国将吞并纪国确立为基本国策，报仇自然是重要原因，更大的原因是纪国挡住了齐国扩张图强的道路。在地缘政治上，齐国的扩张不能向西边的中原地区发展。中原地区虽然经济基础好，但各个诸侯国的实力也强。齐国没有实力吞并它们，即使吞并了其中的一两个小国，在四面受敌的中原腹地生存发展的成本也太高了。而齐国东边的山东半岛尖端就不一样了。虽然是没有开发的蛮荒之地，但隔山靠海，渔盐田林资源丰富，是上天赐给齐国的易守难攻的后院。齐国得到整个山东半岛，就可以凭借山海之利，而无后顾之忧，安心争霸中原了。纪国是东方最强大的诸侯国，灭纪就成为了齐国扩张的必由之路。

每一个参予政治博弈的人都不是傻子。纪国的实力不如齐国，不能坐视灭亡，于是纪国紧张地展开了外交活动，希望通过外交来弥补实力的不足，救国图存。这是典型的"弱国靠外交"。

纪国首选的外交对象是齐国西南实力较强的鲁国。齐国没有向西南方向发展的重要原因是鲁国的存在。齐国的国力可以威逼鲁国，并没有力量并吞它。齐鲁两国隔着泰山山脉对峙。纪国结好鲁国，希望借齐鲁两国的矛盾自保。鲁国也愿意将纪国的力量放在齐鲁对峙的己方天平上，抑制齐国的膨胀。于是乎，今天的山东地区出现了"两弱联合对一强"的外交局面。公元前721年，纪国国君迎娶了鲁惠公的长女为妻。六年后，鲁国又将宗室女嫁到了纪国。纪鲁两国联姻，关系密切起来。鲁隐公时代和鲁桓公初年，鲁国国势尚强，三国的天平基本平衡。纪国也就安定一时。

时间慢慢打破了平衡。齐国的实力继续上升，鲁国的实力却在下降。纪国决定给国家安全再上一套保险，希望鲁国利用其与王室的特殊关系，让周天子出面，调停齐国与纪国的矛盾。鲁国是周公之国，奉行周礼最为完备，但此时已经没有能力说动周天子了。即使说动了周天子，周天子也没有了命令齐国讲和的能力了。《左传》说：桓公六年"冬，纪侯来朝，请王命以求成于齐。公告不能"。鲁国当时明确告诉纪国人，

1 这个观点请见李玉洁著：《先秦史稿》，第198页。

让周天子出面挽救纪国危局的办法是行不通的。纪国又请鲁国撮合，将宗室女嫁给周天子。三年后的春天，纪国的季姜就嫁到洛邑去了。纪侯和周天子结为婚姻，希望得到王室的保护。纪国也许是给周王室当“诸监”当长了，在外交上始终奉行依靠强国的思维。及时周王室衰微，纪国还是没有摆脱掉依赖王室的思想。

以纪鲁同盟、周纪联姻为基础，纪国积极开展外交活动。纪国出面调停了鲁国和同地区的莒国的矛盾。在纪国的斡旋下，鲁莒终于和解。纪国先和莒国在密地结盟。六年后，鲁国也和莒国结盟。这样，纪国、鲁国、莒国三国就建立了密切的关系。郑厉公没有满足宋国的物质索取的时候，宋国联合齐国、卫国、南燕伐郑。鲁国站在郑国一边应战，纪国尽同盟义务也加入郑鲁联军，还取得了打败宋齐四国联军的战绩。

应该说，纪国的外交进展得还算成功，也很辛苦。可惜纪国人似乎忘记了，实力始终是外交的基础。成功的外力关系能够帮助一时，不能帮助一世。公元前 694 年，鲁桓公被齐国杀死。纪国的外交处境迅速恶化。

三

杀死鲁桓公的是齐僖公的儿子、小白的哥哥齐襄公。对于齐国来说，齐襄公杀鲁桓公其实是一件见不得人的桃色丑闻，却给国家带来了巨大的客观收益。

齐襄公与妹妹文姜乱伦，后来文姜嫁给鲁桓公为妻。齐襄公和文姜二人还是藕断丝连。齐襄公召鲁桓公来商议军国大事，暗地里却和妹妹私通。鲁桓公知道后，严斥文姜。文姜向齐襄公哭诉，齐襄公干脆在议事的时候将鲁桓公杀死。鲁桓公和文姜所生的儿子公子同即位，称鲁庄公。由于母亲的关系，也考虑到实力对比，鲁庄公的对齐外交比较软弱，不再坚定地支持纪国。鲁国是纪国一系列外交关系的支点，失去了鲁国的坚强支持，纪国与周王室、郑国、莒国的关系就渐行渐远了。纪国的外交保护网消失了。

齐襄公紧紧抓住机会，配合其他外交行动，将纪国逼入了死地。为了消除周王室对齐国并吞纪国的阻碍，齐襄公请鲁庄公充当主婚人，迎娶王室宗女。庄公元年冬，王姬正式嫁到齐国。齐襄公也成为了周天子的姻亲。公元前693年，齐国军队驱走纪国的郱、鄑、郚三邑居民，公然占有了三邑土地。

在国家存亡时刻，纪国内部就救国图存问题产生了分歧。纪侯的弟弟纪季主张依附齐国，做齐国的附庸国以保存宗庙和富贵。纪季在投降主张遭到拒绝后，竟然割据纪国的酅地投靠齐国，成为了齐国的附庸。纪国失去了三个城邑，又发生分裂，形势更加岌岌可危。

鲁庄公此时意识到了纪国局势的严重性。纪国从地图上消失将恶化鲁国与齐国的斗争态势。鲁庄公决定调整策略，出兵救纪。遗憾的是，鲁军战斗力不够与齐军直接较量。鲁庄公转而与郑君公子婴商量保全纪国。"冬，公次于滑，将会郑伯，谋纪故也。郑伯辞以难。"对于郑国来说，纪国毕竟是隔山断河的遥远国家，再加上郑国当时内部的确不稳，公子婴不愿意参予山东半岛的争斗，就以国内不稳为由拒绝了鲁庄公。鲁国救纪一事最后胎死腹中。

公元前690年，扩张得到默许的齐国干脆出兵攻破纪国都城。纪侯出国逃亡，一去不返。逃亡前，纪侯将国家让位给自甘为齐国附庸的纪季；纪季投降齐国。纪国灭亡，疆土全部归入齐国。齐国在吞并纪国后迅速膨大，陆续吞并其余小国，占领了除了西南鲁国以外的全部山东半岛。

齐襄公这个人的品德虽然不怎么样，但他带领齐国吞并纪国，之后又干涉郑国和卫国的君位，侵凌鲁国。在郑庄公死后的几十年中，中原各国首推齐国最强了。

四

无论是用"昏君"，还是用"暴君"，都形容不出齐襄公的荒唐君主生涯来。

《史记》说："初，襄公之醉杀鲁桓公，通其夫人，杀诛数不当，淫于妇人，数欺大臣，群弟恐祸及，故次弟纠奔鲁……次弟小白奔莒。"也就是说齐襄公这个人不仅与妹妹乱伦，而且在国内杀人无数，奸淫掳掠，甚至欺凌大臣，毫无章法可循。在这样的情况下，齐襄公的弟弟们不得不为身家性命担忧了。其中一个弟弟公子纠因为母亲是鲁国人，在管仲的辅佐下逃往鲁国；另一个弟弟公子小白在鲍叔牙的保护下逃往莒国。

公子纠和公子小白兄弟情深，逃亡前恋恋不舍地告别。管仲和鲍叔牙也有很深的友谊，依依话别。前途漫漫，管鲍二人相约将来不论哪位公子即位为君，都要不忘强国争霸。有这样的志向和决心，齐国日后的霸业是有迹可循的。

最后，齐襄公的荒唐行为终于得到了报应。

齐襄公在做国君的第十一个年头命令大夫连称和管至父率兵戍守葵丘（今山东淄博西）。连管两人问什么时候能回首都，齐襄公当时正在吃西瓜，就答应等明年瓜熟的时候派人替回两人。过了一年后，连称、管至父见齐襄公迟迟不派人来替换，连续几次送了西瓜给齐襄公，提醒早派人来替换，结果都遭到拒绝。齐襄公这时候已经弄得天怨人怒，众叛亲离了。连管二人很轻易就利用戍卒的不满情绪，再联合齐襄公的堂兄弟公孙无知，发动兵变，攻入临淄，杀死了齐襄公。公孙无知被立为齐君，不到一年又在政变中被人杀死。齐国经历了连续的政变，到头来出现了无君局面。

齐襄公兄弟围绕君位的争夺开始了。

五

政治就是这么残酷，昔日依依告别的兄弟转眼间就变成了仇敌。

周边国家始终关注着齐国的证据变动。尤其是鲁国手中还握有齐国公子纠，时刻琢磨着如何利用他的外交价值。鲁国听说公孙无知被杀后，发兵送公子纠回国争位。就在鲁国大军浩浩荡荡出发的时候，避难莒国的公子小白事先也得到了从小相好的齐国正卿高傒和大臣国氏的消息，兼程赶向临淄。

公子纠的师傅管仲预料到了小白一行的行军路线，早就带兵堵截在莒国通往临淄的路上。鲍叔牙上前与管仲交谈。管仲趁众人不注意，突然射箭，命中小白胸部。只见小白口吐鲜血，仰面倒地。管仲扬长而去，回鲁军报捷。正在鲍叔牙等人悲伤痛哭的时候，小白活了过来。原来管仲的一箭射中了小白的带钩，小白急中生智，咬破舌尖装死倒地。这一边，小白一行日夜赶路，抢先到达临淄，在高氏、国氏的辅助下即位，称齐桓公。那一边，因为没有了竞争对手的公子纠和鲁军缓慢不慌不忙地行路。六天后，临淄来人说，本国新君已立，不麻烦鲁国大举来助了，请回吧。

鲁国肯定不干，干脆进军临淄，要凭武力以公子纠替换公子小白。小白正等着鲁军呢，立刻发兵拒鲁。齐鲁两军在干时兵戎相见，鲁军大败。公子纠随着败军溃逃回鲁。

不多时，公子纠的人头就送到了临淄。这是鲁国在齐国压力下的外交妥协。

国家力量的成功

一

齐桓公小白让齐国从强国变成了霸国。

霸国与强国相比，不仅存在量的进步，也存在质的飞跃。所谓量的进步是说霸国比强国更加强大；所谓质的飞跃是说霸国除了国力的强盛外，还是一个政治巩固、威望显赫、地位崇高的国家。并不是所有的强国都能够成为霸国，这就好像抓到好牌不一定能够赢牌，大股东不一定能够控股一样。齐桓公的成功是调动了整个国家的力量，结合前世的基础和现世的奋斗实现的。而辅佐他的人是管仲。

管仲就是差点要了齐桓公的命的那位公子纠的师傅。管仲，周王同族姬姓之后。但管仲这一系早已丧失了贵族身份，家道中落。等到管仲出生的时候，管家只是齐国一户贫困商人家庭。他的出身有点类似八百多年后的刘备。管仲知道自己出身卑微，只能通过能力和努力来博取功名富贵，因此自幼刻苦自学，通诗书，懂礼仪，是难得的人才。后来做了大夫，可惜站错了队，成为了齐桓公的敌人。

齐桓公的新政府成立的时候，小白的师傅鲍叔牙是最大主政大臣人选。鲍叔牙不仅教育、拥立有功，而且能力出众，群臣对由他出任新政府的“总理”基本上没有意见。齐桓公在任命前例行征询鲍叔牙的意见，谁料到鲍叔牙固辞不受，反而极力建议国君将国家大权都托付给管仲。

齐桓公立刻把头摇得像拨浪鼓一样，坚决反对由政敌管仲主政。

齐桓公对管仲的排斥，除了射向胸前的利箭和难以却往的仇恨外，更是出于维护齐国政治传统和制度的考虑。管仲出生于商人家庭。在世卿世禄的贵族政治风气还很浓的春秋早期，任命一个商人担任主政大臣是匪夷所思的事情，势必遭到巨大的人力和制度障碍。同时在宗法上，齐桓公姜姓，管仲姬姓，双方没有任何宗法关系。让一个外人来执掌国家大权，齐桓公心理上也不放心。

齐桓公对管仲调查以后问鲍叔牙："我听说之前，管仲和你一起作战的时候，总是躲在阵后，或者抢先逃跑；管仲和你一起做生意的时候，出力少却总是拿的最多；管仲的仕途非常不顺，三次被国君排斥。你凭什么向我推荐这样的人呢？"鲍叔牙的意见是："君将治齐，则高傒与叔牙足矣。君且欲霸王，非管夷吾不可。夷吾所居国国重，不可失也。"鲍叔牙意思是说如果小白只是想让齐国成为强国，那么任命我和高傒就可以了；但是如果想让齐国成为春秋霸国，那就非把国事托付给管仲不可了。鲍叔牙继续说，管仲的确很在意自己的钱财、生命，那是因为他的出身比不上我，需要养家；同时管仲也在等待着历史赋予他施展抱负和能力的机会。齐桓公听从了师傅鲍叔牙的意见，决定将国家托付给管仲。

当时管仲还在鲁国。齐桓公派出骄横的使者，对鲁国人说："管仲用箭射杀我们国君，现在国君要你们交出管仲，斩首泄恨。"鲁国人轻易地就将管仲装在囚车中送回了齐国。一入齐国，管仲就受到了隆重的接待。"桓公亲迎之郊，厚礼相待，任为宰相。旋即又赋三权，即贵为大夫，富有三归，亲如仲父。"齐桓公沐浴更衣，给予管仲极大的富贵和权力，任命为"宰相"。"宰相"是当时崭新的官职，统揽国家大权。它的设立打破了春秋时官职与宗法紧密相连的传统，一直存在到朱元璋时期。齐桓公并且尊称管仲为"仲父"。管仲感慨地说："生我者父母，知我者鲍子也。"

多少政治人物梦想着拥有施展拳脚的权力和平台。现在，管仲奇迹般地得到了。

二

我们在把故事的主导权交给管仲之前，再来看看齐桓公的其他人事安排。

人们似乎习惯于将赞誉之词都堆砌在贤臣、能臣、干吏和清官身上，却忽视了调配使用他们的统治者。齐桓公小白的能力也许不是齐国所有国君中最高的，但在用人方面肯定是历代国君中最擅长的。除了破格任用管仲，齐桓公还为齐国组织了一支能干的执政团队。

根据管仲的建议，齐桓公任命隰朋担任了“外交部长”(大行)。

隰朋是齐庄公的曾孙，出身于贵族世家，自幼接受了良好教育。一般这样的人都知书达理，潇洒大方，擅长交际。隰朋就拥有这些特长，非常胜任大行的职务。管仲病重时，齐桓公前去探视，询问谁是接替相位的最佳人选。管仲就推荐了隰朋。管仲认为隰朋眼光远大而能虚心下问；对于国政该不管的不管，对于家事不必知的不知。总之隰朋拥有非常宏观、清醒的眼光。在外交事务上，保存清醒的判断是非常重要的。隰朋就能够在瞬息万变的外交局势中，抓住永恒不变的规律，分析出什么是齐国需要的，什么是可以退让妥协的。史学家黎东方先生生前曾经询问于右任先生，做个成功的人需要什么样的人。于先生只指出了一点，那就是清醒的头脑。可见始终保存清醒是非常难得的政治素质。遗憾的是，隰朋当时也病重，死在了管仲前面。

整个齐国争霸称霸时期的外交举措都是隰朋执行的。他不仅主持了繁琐的实际工作，还对齐国外交政策的制定提出了许多建议，被齐桓公和管仲所采纳。一个争霸的国家离不开一位能干的外交家，隰朋就是在适当的时候出现的适当人选。

主管经济工作的宁戚的发现和任用，比管仲的任命更具有传奇色彩。

宁戚是卫国人，学识渊博，才华出众。可叹的是，他的祖国卫国内乱外患不断，非但没有提供合适的政治平台，还让宁戚家破人亡，无所归依。宁戚沦落为车夫，替商人赶着牛车来到齐国贸易。这一夜，宁戚一行夜宿临淄东门外。也巧了，齐桓公当夜出东门办事。宁戚想到齐桓公有雄才伟略，正在招揽人才，破格任命，于是决定赌一把命运。宁戚略以琢磨，一只手给牛拌草，一只手拍打着牛角唱道：“南山粲，白石烂，生不逢尧与舜禅；单布短衣适至骭，从昏饭牛薄夜半，长夜漫漫何时旦。康浪之水何时粲，中有鲤鱼长尺半，敝布单衣裁至骭，清早饭牛薄夜半，黄犊上坂且休息，吾将舍汝相齐国，出东门兮厉石斑，上有松柏青且阑，粗布衣兮组缕，时不遇兮尧舜主，牛兮努力食细草，大臣在尔侧，吾将与尔适齐国。”齐桓公见一个车夫在感叹怀才不遇，很奇怪，就载着宁戚一同回去。经过交谈，齐桓公确信自己淘到了一块真金，任命来自异国的车夫宁戚为大司田，掌管农业生产。当时的齐国地广、资源丰富，但人少、土地需要整治，农业既是国民经济的薄弱环节，又是极有潜力的领域。数十年后，齐国农业取得突飞猛进的发展，形成了成熟的农业生产管理经验，为国家的崛起打下了扎实的经济基础。管仲死后，宁戚接任相国。

齐桓公执政集团的另一位重臣就是鲍叔牙了。

鲍叔牙在新政府中的最主要的工作就是与人"抬杠"，以性情耿直，犯颜直谏著称。他对齐国的许多政策和人事提出了中肯尖锐的批评。齐桓公在霸业已成后，常常显露骄矜之色，甚至觉得自己功勋可比尧舜。齐桓公曾经计划铸造大钟，用以铭记自己的功德。鲍叔牙知道后，主动去和齐桓公谈大钟铭文的事情，一件一件地述说齐桓公的过错。结果说得齐桓公恨不得找个地洞钻进去，铸造大钟的事情也就无从谈起了。还有一次，齐桓公和管仲、宁戚、鲍叔牙四人同饮。酒酣耳热的时候，齐桓公责问鲍叔牙："大家都向我祝酒了，为什么就你坐着不动呢？"鲍叔牙捧杯起身说："那我也来向国君祝酒，希望国君不要忘记流亡莒国的贫困担忧，希望管仲牢记鲁国的囚徒生活，希望宁戚记得夜里车下喂牛的时候。"一席话说得大家都感叹不已。齐桓公离席，向鲍叔牙郑重行礼说："我和两位大夫能不忘您的话，国家就一定没有危险了。"

许多领导者都希望拥有一支能干友好的团队，但做得像齐桓公这般成功的想必极少。

三

管仲是个根深蒂固的"国家主义者"，主张国家加强对国民经济的宏观调控，积蓄物力、人力和财力来支撑称霸战争。

春秋之前的经济基本是西周王朝设计的"井田制"。井田制排斥新的经济内容的出现，越来越不能适应春秋早期的经济现实了，出现越来越多的漏洞。管仲转而推行"相地而衰征"的政策，即公开废除井田制的大锅饭，按土地的好坏分出等级来征收租赋。注意，齐国征收的是赋税，而不是井田制下规定的政治经济义务。同时，管仲充分利用齐国资源，组织利用铁和盐。齐国在中国历史上第一次由国家出面提倡和组织开矿炼铁，使齐成为春秋使用铁器较早，较普遍的国家。[1]海盐是齐国的重要资源，是其他国家必需却又缺少的。管仲主张“以负海之利而王其业”，鼓励民产食盐，而官府专卖。民众们在农闲的时候都去伐薪煮盐，官府收购，设官专卖。

鱼盐的生产主要以贸易为目的。齐国食盐贩运到他国的价格差甚至可以超过40倍。为了吸引商人，齐国规定“取鱼盐者不征税”，还提供许多便利。为了方便商人来往，齐国30里设驿站，储备有食物草料并有住宿场所。在生活上，齐国对外商给予优厚待遇。只有一辆车的小商人，官府免费供应食宿；有三辆车的中等商人，加供牲口饲料；有五辆车的商队，官府专门派人照顾其生活。同时，齐国还规定：“征于关者，勿征于市，征于市者，勿征于关，虚车勿索，徒负勿人。”这就是说关税和市税不能同时征收，对商人的空车和挑担子的商贩都不能收税。于是乎，“天下之商贾归齐若流水”，天下的钱财也像流水一样进入了齐国。

为了管理日益繁荣的经济，齐国统一铸币，推行刀币。一直到2600多年后的今天，我们依然能够在山东、河北、京津和中原大部分地区挖掘出刀币来。刀币可能是春秋各国货币中最富有知名度的。由此可见当时齐国经济之发达。

为了集中政治力量，齐国开始整顿行政区划和机构。管仲将国都划分为21个乡。其中工商乡6个，乡民专营本业，不服兵役；农乡15个，乡民平时种田，战时当兵。国都以外推行县制，划分为邑、卒、乡、县，均设官员管理。10县为1属，全国共有5属，设五位大夫管理。五位大夫由齐桓公亲自任免考核，每年初他们都要向齐桓公报告属内情况。

后人很容易从管仲的改革中发现之后两千多年中国社会和政治上许多政策的影子。

四

经济发展和政治巩固的目的是为了维持一支强大的军队。

齐国先前的军队虽然庞大，但还不能纵横天下。管仲认为兵在精

1　钱宗范等著：《春秋战国史话》，第21页。

不在多，将行政上的保甲制度同军队组成紧密结合起来，推行“寓兵于农”。齐国规定士乡的居民必须服兵役。每家出一人为士卒，五人为一伍，每里五十人为一小戎，小戎由里司率领；每乡两千人为一旅，旅由良人率领；五乡一万人为一军。十五乡就能组成三军，其中一军由齐桓公亲自率领，另外两军分配给大臣武将。齐国军队农闲时训练，有战事时出征。

管仲的这一改革极大地提高了军队的战斗力。这么说吧，之前的军队中很多士兵是混日子的，打仗的时候跟在别人后面，逃跑的时候抢在前面。为什么呢？因为齐国这么大，春秋时人口流动性又小，等我回乡后，也没有人会指出我在参军的时候是个懦夫或逃兵。既然这样，就很少会有人玩命地拼杀了。现在不同了，同一个单位里的士兵都是同一个家乡的邻居。谁是勇士，谁是懦夫，不用你说，所有人都看着呢。不仅看着，还立即传回到家乡去。大家都乡里乡亲地住在一起好几代人了，子孙后代可能还要永远同乡下去，可千万不能因为一个人的退缩而让整个家族都在家乡永远抬不起头来。第二，现在齐国同一单位的士兵基本上都是发小，沟通协调的成本也就非常低了。只要一报你的番号，就能判断出你家的门牌号，上级指挥调动起来也就方便多了。因此，再加上雄厚的经济基础提供的战备保障，齐军的战斗力比同时代的诸侯军队的战斗力都要高。

管仲还让当兵成为了一件相当有趣的事情。齐国每年春秋两季都举办大型狩猎，来训练军队。考虑到当时群众娱乐活动很少，人们非常愿意参加军训名下的狩猎活动。同乡之间嘻嘻哈哈好几天，无形中就提高了军队的战斗力。

软件的问题解决了，硬件的完备可不会像软件那样简单了。即使是齐国这样的经济大国，如果要实现武器装备的更新换代和提高将士待遇，也需要好多时日。即使是现在美国这样的超级大国，给自己的军队设定的武器更新计划最短也在十年以上。管仲却在短短几年内装备了一支越来越庞大的军队。齐国规定罪犯可以用兵器赎罪。犯重罪可以用甲和戟赎罪，犯轻罪的可以用盾和戟赎罪，犯小罪可以用金属赎罪。此举聚拢了许多金属，齐国将铜用来铸兵器，铁用来铸农具。而齐国的司法机关承接每件诉讼的手续费用就是一束箭。很快，齐国就拥有了充足的装备新军的武器与装备。

短短四五年工夫，管仲就让齐国兵强马壮，蓄势待发。首都临淄城的人口超过了四万户，有二十多万人口。“在这样规模宏大的城市中，屹立着巨大的宫殿，里巷纵横，屋宇鳞次栉比，肆市林立，男女熙熙攘攘，商贾游人往来其间，是当时我国东方最大的经济中心。”[1]

管仲确立的制度的效果如此之好，以至于被后世的齐国政府牢固继承。《史记》说：“齐国遵其政，常强于诸侯。”一个人，一套制度，就保住了齐国的大国地位。看来齐桓公的破格礼遇是应该的了。

借尊王攘夷之名

一

一件看似很小的事显示出了齐桓公和管仲之间具有不小的政治观念差距。

在改革出现成效，新军编练完毕后，齐桓公急不可耐地要出去争霸天下了。争霸是齐国君臣的共同心愿，但管仲觉得还不到时候，因为齐国还缺乏一个参予中原逐鹿的口号。有了口号就可以师出有名，也有了招呼诸侯的号召，也宣示了本国理想的外交世界。一个成功的口号甚至敌得过一个军。齐国君臣就提出了“尊王攘夷”的口号。“尊王”就是尊崇周天子，是对内而言的；“攘夷”就是抵御、驱逐戎、狄、夷等少数民族的军事骚扰，是对外来说的。

作为齐国君臣深思熟虑的结果，尊王攘夷适应了春秋早期的外交局面。第一，周王室虽然日益衰微，但西周四百年的统治在人们心中形成了周天子是“天下共主”的传统思想。如今尽管王室衰微，周天子在政治上依然具有相当的号召力。想称霸的诸侯国不少，但谁也不敢骤然将周天子取而代之。第二，当时被称为蛮、夷、戎、狄的周边少数民族，乘着中原诸侯纷争，政局动荡的局面，向一些诸侯国发动进攻，威胁着华夏地区的安全。因此，制止少数民族的军事骚扰进攻就成为了多数诸侯国的心愿。这是一个集道德与现实于一身的口号，也是号召诸侯、令

1　王贵民等著：《春秋史话》，第32页。

人难以拒绝的绝好借口。可能是由于眼界、思维的局限和实力的原因，之前还没有人明确提出过“尊王攘夷”的政治号召，也没有人首创、实践过。

能够提出口号本身就是能力的象征。外交口号是一国外交政策的表达，表明该国对国际事务有自己的理想和规划。并不是所有的国家都能够提出自己的政治主张和外交口号的。我们只要看看当今社会上就能明白外交口号的重要意义。尽管一些国家经济发达，军事也不弱，但就是提不出独立的、能为他人接受的外交主张和口号，甚至跟在超级大国屁股后面亦步亦趋。因此这些国家依然成不了独当一面的外交大国。

尊王攘夷就被广为接受，成为了春秋大部分时期霸主和中原大国的君臣们挂在嘴边的外交口号。它成为了政治家和政客都不得不说的词，仿佛不说就不尊王，不攘夷了。只有楚国例外，因为楚国的君臣们知道自己本身就是“夷”，不能自己和自己过不去。就好像乱臣贼子总喜欢嚷着“清君侧”行夺权篡位之实一样，“尊王攘夷”既没有让周天子恢复权威，也没有消除周边少数民族的军事威胁。客观上，举着这个口号旗帜的各诸侯国无疑取得了或多或少的收益。而作为原创作者的齐国，获益最早，也最大。这有点类似于掌握知识产权的那个人获得了收益最早、最大，后来的引用者的收益完全不能与原创者相提并论。

齐桓公和管仲的口号谋划带有浓厚的道德色彩。尽管政治与道德无关，但道德似乎一直就在政治斗争上具有某种不可抗拒的威力。齐国在外交谋划阶段就给国家政策包裹上了一层道德的光芒。

套用孔庆东老师的一句话：“口号万岁！”事实证明，“尊王攘夷”这口号值得齐国人三呼万岁。

二

万事俱备，只欠东风。

公元前 681 年，宋国发生内乱，国君被杀，公子御说被拥立为新君。齐桓公认定这是一个齐国抛头露面的好机会。

已经下定以道德号召天下的齐国君臣在涉足中原的第一仗中就为我们展现了如何实现道德与政治的结合。齐桓公先派了使者去朝见周天子，请周王来干涉宋国的君位。按照西周政制，诸侯国君的更替需要天子的肯定和册立。如果出现纠纷，周天子有最终的决策权。到春秋中期，这一制度早已经名存实亡了。再也没有诸侯会让天子来决定本国的最高权力更替。现在齐桓公为一个诸侯邻国的君位纠纷主动请示天子。周天子的第一感觉是感动，第二感觉还是感动，第三个感觉是无奈。因为周王室已经无力干涉诸侯国的君位更迭了，即使干涉了宋国也不会听。周天子抓耳挠腮，苦无对策。天子总不能向齐国说因为王室势力衰微，已经无法干涉诸侯国了。齐国给周王室提出了一个棘手的问题。周天子灵机一动，既然齐国关心宋国纠纷，那就让齐国去管吧。最后，周天子授权齐桓公代表周王室插手宋国的政治纠纷。

齐桓公要的就是这个授权。

齐桓公以王室的名义，约了宋、鲁、陈、蔡、卫、郑、曹、邾等国在当年的三月初一到齐国西部的北杏开会。实际到会的只有宋、陈、蔡、邾四国。齐桓公进退两难，管仲劝告说第一次号召诸侯能够得到这样的结果已经不错了。于是，齐桓公主持五国君主订立了一个盟约，规定今后要相互帮助，安定王室，抵御外族。在这第一次盟会上，齐桓公公开提出了“尊王攘夷”的口号，作了政策的宣示。这个口号开始越出齐国，成为了国际外交原则。对于齐国来说，这个外交成果远比确定公子御说的宋国国君地位更加重要。

盟约定了以后，齐桓公没有让四国国君归国，而是假公济私，借口鲁国没有参加以周天子名义召开的北杏会议，要发兵讨伐。齐桓公要求组织五国联军进攻。谁想当天晚上，宋国的御说就不辞而别了。御说看穿了齐桓公的心思，不想成为齐国征伐仇敌的工具。齐桓公很生气，决定舍鲁伐宋。又是管仲劝告他说，北杏之会本是为终结宋国的乱局，会后却挥军进攻宋国，之前的道德谋划就功亏一篑了。齐国进攻鲁国原本就是为了杀敌立威，宋国尚强，还不如进攻鲁国容易实现目的。于是，齐桓公按照预定目标率领齐、陈、蔡、邾四国联军进攻鲁国。

鲁军很快就被打败。鲁庄公献出城邑谢罪。齐桓公骄傲地召鲁庄公到柯（今山东阿城附近）举行会盟，让鲁国正式承认齐国的霸主地位。盟会隆重举行时，齐桓公正要让鲁庄公割地立约，没料到鲁国将军曹沫突然拔出匕首，窜上盟坛，劫持了齐桓公。曹沫厉声要求齐桓公：“请齐国返还侵占的鲁国土地！”齐桓公还算镇定，不露声色地答应归还侵地，签字立约。曹沫这才放了齐桓公。会后，齐桓公想要赖，毁约继续进攻鲁国。管仲却认为，齐国要认真归还侵占的鲁国领土，正好借此来树立诚信和平的道德形象。虽然短期失去了土地，却可以获得长期的外交收益。结果齐国按约归还了鲁国的失地。主动归还土地还是春秋首次，此举让齐桓公在诸侯中赢得了很大声誉。鲁国的要求被满足了，也按照盟约承认了齐国的盟友地位。

齐桓公解决鲁国后，又向周天子控告宋国不讨伐没有赴天子盟会的鲁国。周天子就命令齐国讨伐宋国。御说不得不认错。其间，齐桓公还接连征服了谭、遂、莒、徐、莱等国。公元前679年，齐桓公召集曹、宋、陈、卫、郑四国诸侯在鄄（今山东鄄城北）会盟。至此，中原主要国家（宋、鲁、陈、蔡、卫、曹、郑等）都明确认同了齐国的政策主张，加入了齐桓公为首的联盟。短期内，齐桓公没有通过大规模的战争，就成为了公认的霸主。

齐桓公就是公认的“春秋五霸”之首。

三

做霸主是要承担责任的。这就类似于当小弟遇到麻烦时，大哥自然要出面“摆平”。

公元前664年，山戎进攻燕国。燕国向中原霸主齐国求救，希望念在同族情分上出兵相助。齐桓公欣然亲率大军北征山戎。齐桓公的大军大破山戎，以致进击到令支、孤竹两个东北小国，获胜而还。这是华夏族对周边少数民族的首次重大胜利。这次胜利不仅保全了燕国，还遏制了山戎南下的趋势，捍卫了中原地区的安全。

燕庄公异常感谢齐桓公，亲自相送凯旋的齐军归国。他一直送齐桓公进入齐国领土。齐桓公制止说：“诸侯相送不出境，我不可以对燕无礼。”齐桓公将从齐燕边境到燕庄公所到地点的所有齐国领土都割让给燕国。临行前，齐桓公还叮嘱燕庄公要学习召公[1]为政，像周成王、周康王时一样定时朝贡周朝。

公元前661年，另一支少数民族狄人进攻邢国。齐国紧急发动诸侯军队援救。但齐军还没到，邢国就已经被狄人攻打得四散溃败。齐国和

1　燕国是西周名臣召公的封国。召公对周朝有平乱再造之功。

诸侯军队一起打退了狄人军队，找到邢国国君，安顿在齐国。诸侯军队把邢国的器物收集起来，保存好交还给了邢国。齐国又率领诸侯国军在夷仪[1]为邢国修筑城市，邢国国君迁都于此。邢国臣民高高兴兴地迁徙新地，就像回归故土一样。

狄人同时也进攻了卫国。当时的卫国内政不修，卫懿公只知道养仙鹤作宠物，因此卫国失败得一塌糊涂。最后卫国只剩遗民730人逃过黄河，加上残留的没有被狄人占领的共、滕两邑的5000人，在曹（地名而非国名，在今河南滑县西南）这个地方拥立了公子申为国君，称卫戴公。齐桓公派公子无亏帅车三百乘、士兵两千，接手曹地的防卫，帮助卫国立足。齐国又援助卫国乘马、祭服、牛、羊、猪、鸡、狗各三百和过冬的木材。卫戴公即位不到一年就死了，齐国又立卫文公即位，还在卫国故地楚丘（今河南滑县）为卫国修筑了首都。卫国臣民振作起了复兴的希望，高兴地前往新居。

历史将齐桓公救助邢卫的善举称为“邢迁如归，卫国忘亡”。卫国也成为了齐桓公的铁杆盟友，保证了齐国西线的安全。

公元前659年，齐桓公的另一个妹妹、鲁闵公的母亲哀姜竟然和鲁国公子庆父淫乱。鲁国发生内乱，庆父弑杀鲁闵公，哀姜想立庆父，而鲁人想立鲁僖公。齐桓公召回哀姜，大义灭亲杀死妹妹。

这进一步增强了齐国的道德光芒。

四

强中自有强中手。齐桓公在牢固确立中原霸主地位后，面临着崛起北进的楚国的威胁。

如果说齐国的强大是通过内部优化重组的集约型发展道路，那么南方楚国的强盛则是通过兼并他国、拓展土地的粗放型道路。经过上百年的兼并战争，楚国越来越强大，几乎兼并了南方的所有国家，军锋接近现在的河南中部一线，成为一个庞大的富有侵略性的国家。对于中原诸侯来说，楚国是南蛮，是自封的王，和北方的戎、狄没有本质的区别。对于齐国来说，楚国将成为争霸道路的最后一个敌人。在即将来临的齐

1　今天的山东省聊城县西十二里处。

楚战争身上，争霸的私利和攘夷的口号能够有机地结合在一起。

高手过招，点到为止。齐楚两国面对强大的敌手，都不敢抢先发起进攻，先就这么耗着。这可苦煞了夹在齐楚两国土地之间的中原小国。齐桓公时期，郑国、蔡国、陈国等都受到楚国的威胁。出于同族的感情，这三个国家都倒向齐国，依靠齐国的保护。蔡国还将女儿嫁给齐桓公，结好齐国。

蔡国嫁给齐桓公的女儿叫蔡姬，是个活泼任性的女子。一次，齐桓公和蔡姬一同泛舟游玩。齐桓公不会游泳，很担心船的晃动。蔡姬却偏偏把船晃得非常厉害，即使齐桓公一再让她安静点，别晃船了，她也不听。齐桓公生气了，干脆将蔡姬送回娘家蔡国。

蔡国也生气了，将蔡姬打扮打扮，嫁给了南边的楚成王。蔡国开始倒向楚国了。

齐桓公的尊严受到了极大的侮辱。他决定借这一事件，私仇公恨一起报，掀起与楚国的战争。齐国向诸侯发出邀请，要求集合军队进攻楚国。在齐桓公即位的第三十年的春天，以齐军为首的诸侯联军伐蔡。蔡军一触即溃，向楚国求援。楚军出兵，于是在公元前 656 年，中国大地上最强大的两个国家间的战争爆发了。

参予对于楚国战争的有齐、鲁、宋、陈、卫、曹、许等八国联军。齐桓公携得胜之威，放下蔡国，攻入楚国境内。

楚成王派使者责问齐国军队："君处北海，寡人处南海，唯是风马牛不相及也，不虞君之涉吾地也，何故？"楚国的意思是我们两国相距很远，我又不是周朝分封的诸侯，你齐国管不着我。管仲理直气壮地代齐桓公回答道："昔召康公命我先君太公曰：'五侯九伯，若实征之，以夹辅周室。'赐我先君履，东至海，西至河，南至穆陵，北至无棣。楚贡包茅不入，王祭不具，是以来责。昭王南征不返，是以来问。"齐国的意思是我们齐国封藩建国的时候，周王室就赋予了开国的姜太公讨伐不臣，辅助王室的职责。现在楚国有两桩大罪，一是你们楚国已经由多长时间没有向天子进贡茅草了啊？二是当年周昭王来讨伐你们楚国的罪行的时候，你们故意让他做一支事先没有焊接好的船，淹死了天子。因此，我们八国诸侯今天来讨伐楚国。楚国强硬地回答："贡之不入，寡君之罪也，敢不供给？昭王之不复，君其问诸水滨。"楚国承认没有向王室进贡茅草是我们的不对，马上改；但是周昭王的死与我们无关，你们去问水神吧！在这里楚国的外交底线是：希望和中原诸侯讲和，楚国愿意做出的妥协是以后继续按时向王室进贡茅草。但是楚国拒不承认自己与周昭王的死有关。这样的妥协在齐桓公和管仲看来还远远不够，接受不了，因此和谈失败了。

齐军等八国联军继续向楚国内地推进。楚军抵抗不住，联军一直打到陉。夏，楚王派屈完带兵反攻，联军退回到召陵[1]一线。战局就僵持下来。

楚国还是希望能够实现和平。楚成王明白齐桓公如日中天的威望和齐军的实力，并没有获胜的把握，认为暂时实现是对楚国有利的。楚成王指示屈完继续与齐国和谈。

屈完亲自去见齐桓公。齐桓公带着他一起检阅了八国诸侯联军，不无炫耀地问："以此众战，谁能御之？以此攻城，何城不克？"

屈完不卑不亢地对桓公说："君以道则可；若不，则楚方城以为城，江、汉以为沟，君安能进乎？"屈完的这段话意思是：战争还是要讲道理的，楚国已经一再求和了。如果齐国决意进攻，那么楚国就要用方城山作为城墙，用长江和汉水来做护城河，和齐军决一死战。那时候，齐国还有把握能够挺进南方吗？

齐桓公和管仲权衡力量对比和局势，觉得屈完的话并不是讹诈。楚国毕竟是地跨千里的大国，齐国刚到北部地区就僵持不前了，还真没有把握能够直下楚都，逼楚成王投降。屈完的意思是清楚的，楚国可以认错，可以按时纳贡，但是不进入齐国主导的霸权体系。最终，齐国决定接受楚国的外交条件。楚国和中原诸侯在召陵盟会，楚国承认之前的过错，承诺按时向王室进贡茅草，和中原诸侯和睦相处。

召陵盟会虽然没有让楚国投降，也没能让楚国吐出侵占的土地，但是楚国第一次公开认错了，并且承诺了两件事情。楚国向中原的进攻势头被遏制住了，在事实上承认了齐国在北方的霸主地位。齐国的霸国最终得到了巩固，中小诸侯也都欢欣鼓舞。

八国联军高高兴兴地退兵回国去了。

1　今天的河南省郾城东部地区。

五

实力强大了以后，齐桓公都能够干涉周天子的更替了。

授权齐桓公以天子之命征伐天下的周惠王想立爱妃生的王子带为太子，废黜原太子郑。这是与齐桓公倡导的道德主张不符合的。毕竟在春秋早期，道德多少还是与宗法联系在一起的。齐桓公决定出面保全太子郑的地位。公元前 655 年，齐桓公以拜见太子为借口，联合诸侯在首止开大会。太子郑在首止和诸侯会面了几个月时间。齐桓公对他很客气，其他诸侯也不敢不客气。结果动静闹得一大，全天子都知道诸侯们支持太子郑，周惠王不敢轻言废立了。

周惠王很恼火，更加不喜欢太子郑，但又不敢与齐桓公抗争。堡垒最容易从内部攻破。还在首止会议期间，周惠王就偷偷派人劝告郑国不要参加盟会。郑国离开了首止，剩下的七国诸侯订立了共同辅助太子的盟约。会后，齐国进攻郑国。郑国哪抵挡得住，连忙向太子郑宣布效忠。太子郑的地位算是彻底巩固了。

公元前 652 年，周惠王去世。齐桓公会同各诸侯国拥立太子郑为天子，这就是周襄王。

周襄王即位后，对齐桓公的感激无以言表，派人送祭肉给齐桓公以示嘉奖。按制，天子的祭肉只能送给同姓诸侯，现在齐桓公以异姓（姜姓）诸侯的身份获赐祭肉，表示天子对他的特别信任、肯定和恩宠。天子还以齐桓公年老功著为名，特赐齐桓公可以不拜受赐。举行受赐典礼时，齐桓公想不拜，管仲忙劝阻说不可，作为以道德号召天下的诸侯，时刻都要注意自身的言行，要对往事一如既往地恭敬。于是齐桓公决定下拜受赐。使者传周天子命令说："伯舅的年纪大了，加赐一级，不必下跪。"齐桓公恭敬地回答："天威不远，就在面前，小白怎么敢贪受天子的恩命，废掉下跪的礼节。"

第二年，公元前 651 年，齐桓公为君的第三十五年夏天，齐桓公召集诸侯举办了葵丘大会。周襄王派宰孔赐齐桓公文武胙，彤弓矢，大路（诸侯朝服之车），对齐桓公极力表彰。依据管仲的建议，与会诸侯订立了盟约，发誓"凡我同盟之人，既盟之后，言归于好"。这是齐桓公九合诸侯会盟中最盛大的一次，标志着齐桓公的霸业达到顶峰。万邦云集，唯齐国马首是瞻，那是何等的光彩和荣耀。

这年，晋献公死，晋国发生内乱。齐桓公命隰朋统帅诸侯联军平定晋国之乱，与秦穆公之军共纳晋公子夷吾于国，是为晋惠公。齐国还主持了晋国与戎狄之间的谈判，以抵御少数民族乘晋国薄弱进攻。齐桓公又会合诸侯筑城于缘陵，把倍受荆楚淮夷侵迫的杞国迁至那里安置。齐国东奔西跑，忙来忙去。没有人质疑齐国的霸国地位。

葵丘会盟三年后，周襄王的弟弟王子带眼见王位无望，中原诸侯又无法依靠，竟然勾结戎、翟等少数民族军队合谋伐周。王室危机。齐桓公派管仲率军平定王子带的叛乱，驱逐了戎族势力。得胜后，周襄王欲以上卿之礼对待管仲。管仲诚惶诚恐地拒绝说："小臣只是齐国的陪臣，怎么敢接受上卿之礼啊！"他再三推让，最后周朝以下卿之礼对待管仲。

这又是一件给齐国添彩的事情。

葵丘雄风难长久

一

齐桓公和齐国着实让人羡慕。齐桓公营建了一个霸国，成为后世许多国家努力的方向。

春秋外交很大程度上是一个争霸外交。大国都想成为霸权国家。"霸权国家就是相对强大的国家，它由于强大的政治，经济和军事力量，对别的国家具有一种军事威慑，使其他国家不得不在许多问题上顺从它的意志，这个霸权国家在这样一种霸权秩序中的道最大的国家利益。"但是这个霸权是相对的。"在春秋的260多年中，从来没有任何一个霸权国家能够完全控制整个周朝这个东方古代的'联合国'，齐桓公的齐国在中原国家有很大的影响，但它对秦国楚国影响较小；楚国的称霸只是在南方地区，对中原国家的影响很小，虽然中原国家在一段时间内不得不向楚国贡赋。""春秋时期的霸权国家的强权地位影响的时间都较短，只有晋国和楚国时间稍长一些。"[1] 春秋三百年中，列强各领风骚数十年

1　叶自成著：《春秋战国时期的中国外交思想》，第82页。

甚至是十数年。列强轮流坐庄是春秋争霸的一个基本特点。

争霸的中心地区在中原发达地区。中原地区是华夏文化的中心，经济发达，物产丰富，同时战略地位重要，四通八达。齐国地处中原地区、晋国邻近中原地区，称霸时间长，影响深刻；而楚国、秦国虽然国力和战绩不逊色于齐国和晋国，但因为距离中原地区还有一段距离，因此称霸影响并不深。最可怜的是地处如今黄河中游地区的各中小诸侯国，往往成为诸侯争霸的靶子和工具，不能自主地决定本国的命运。

二

霸国和诸侯之间存在规范的权利和义务关系。各种权利和义务关系构成一个霸权秩序。

霸权秩序并不是一个平等公平的秩序。但是如果仅仅因为一个“霸”字就否定霸权秩序是不可取的。对于没有权威，社会动荡，弱肉强食的状态来说，霸权秩序总比没有秩序要强。春秋时期，各大国在外交军事斗争的最终点走向霸权秩序这一点上都没有异议，所争的只是谁的霸权和什么样的秩序的问题上。也就是说，大家都在做游戏，只是在争夺游戏规则的制定权。比如齐国在葵丘盟约中规定的游戏规则是：不准堵塞河流；不准在他国灾荒的时候囤积粮食；不准更换太子；不准以妾代妻；不准让妇女参予国政。这五点带有明显的道德色彩，各国都要执行。执行了，齐国就保证你的安全，让你进入齐国营建的国际体系中来。不然就兵戎相向。你也别不满，这就是齐国的规则。

诸侯和霸国之间还存在常规性的权利和义务关系。作为对霸国服从的象征，诸侯要定期朝觐霸主。朝觐可不能空着手去，诸侯要带着相当数量的“见面礼”向霸主进贡。进攻的数目不一。于是乎，诸侯既要向天子进贡，又要向八国进贡。诸侯对天子的贡赋常常拖延或拒交，天子无可奈何；对霸主的贡品却不敢怠慢，否则会遭到霸权体系的孤立甚至是军事进攻。同时，诸侯还要随时听从霸国的召唤，参予盟会或共同出兵。诸侯履行奉命参战这一义务使霸主常常率数国甚至十余国军队进行征战，或者令某国单独出兵侵伐他国。

朝觐、献贡赋和奉命参战是诸侯对霸主所尽的常规义务。这些义务仿佛就是霸国努力营建霸权体系，为各国提供公共产品所付出的成本的收益。霸国需要诸侯的这些义务来维持霸国地位。比如齐桓公在确立霸权后就多次无偿地向诸侯国征发军役和劳役，而且在攻伐和征役的过程中，所在诸侯国要提供粮草供给。齐国需要集合这些人力、物力和财力用以修建防御少数民族的堡垒、工事。齐国在戎狄和诸夏之间地区修筑了许多关塞，比如晏、负夏、葵兹等要塞和中牟、五鹿、盖与等堡垒。这些义务对一些小国来说是非常沉重的负担。公元前656年，齐国南征楚国归来，计划取道陈国回国。陈国就派大夫以“国必甚病”、不堪重负为理由，请齐军绕道。齐桓公当然知道陈国打的小九九。当年秋天，得胜归国的齐军干脆伐陈，用武力取道回国，作为对陈国不尽义务的惩罚。

齐桓公清楚一味地索取和强硬是维系不了霸权秩序太长时间的。因此，齐国在朝觐和进贡两项常规义务中对诸侯的要求相对轻松，反而施以小恩小惠。齐桓公让前来朝聘的诸侯小国，来朝见时带很轻的布币、疲马、缕綦、鹿皮等轻薄礼物进贡；而齐桓公则给他们很重的酬宾之礼。他们的使者轻松而来，满载而归。《国语》评价齐桓公此举“拘之以利，结之以信，示之以武，故天下小国诸侯既许桓公，莫之敢背，就其利而信其仁，畏其武。”皆大欢喜。这也许是因为齐国经济发达，物资丰富，不在乎诸侯进贡物品的多少。之后的一些诸侯国因为战争消耗了巨大的物资，就像臣服诸侯要求很高的贡物，反而导致了霸权的不稳定。

在齐国的主持下，周王朝一度出现了“诸侯甲不解累，兵不解翳，服无矢，隐武事，行文道，帅诸侯而朝天子”的和平景象。在霸权国家的责任和作用方面，齐桓公的作为为后世树立了榜样：保护小国的独立完整，调节国际纠纷，维护周王室的生存和权威，团结华夏各国抵御“蛮夷”民族或部落的侵略和进攻。

三

我们来为齐桓公算一笔账。

齐桓公在位四十三年，九合诸侯，一战而帅服三十一国。管仲对齐桓公霸业贡献良多，孔子尤其对他提出的“尊王攘夷”称赞不已：“管仲相桓公，霸诸侯，一匡天下，民到于今受其赐。微管仲，吾其被发左衽矣！”“左衽”是指衣襟从左边开口，是当时少数民族的服装式样。孔子的意思是说，如果没有管仲辅佐齐桓公建立的霸权秩序，中原的人民都要被少数民族给奴役驱使了。孔子的这种赞扬态度一直影响着了几千年来人们对齐国霸业的评价。

齐国的霸业始终笼罩在浓浓的道德色彩之下。齐国正是“能宣其德，故诸侯宾会”。尊王也好，攘夷也好，管仲提醒齐桓公注意言行也好，都有道德考虑。齐国主导的霸权秩序可以看作是一个表壳道德，内核实力的秩序。以道德为表，固然是因为道德作用还在，周王室余威尚存，少数民族的威胁激发了华夏族的同仇敌忾，但也表明了隐藏其后的齐国的实力缺陷。齐桓公的力量还没有强大到可以抛弃道德号召，直接用拳头说话的地步。实力限制是齐国总要借用周天子名义来号召天下，试图赋予自身道义合法性的重要原因。当然了，春秋时代不存在任何一个国家强大到可以抛弃所有道德因素，与所有其他国家为敌的地步。但是随着王室的积蓄衰微和少数民族军事威胁的减弱，齐桓公之后的争霸斗争中道德色彩逐渐淡化也是事实。人们坦率地说出了心中的权利欲望。

齐国因为实力缺陷而多少需要依靠道德的事例，在齐桓公后期维持霸权秩序时就一再出现了。在王子带叛乱的时候，中原的形势危急。王子带引入的狄兵灭亡了温国，侵犯郑国和卫国。齐桓公只能联合许国讨伐北戎；同时征发诸侯军队替卫国修筑城郭。最后还是秦国、晋国两大国发兵伐戎，才最终救周安定局势。齐国管仲、隰朋两人分别替周王室、晋国跟戎狄讲和。周朝式微，当时只有齐、晋、楚、秦强大。晋国内乱，秦国偏远，楚王以蛮夷自居。齐国没有与晋国和秦国作战，虽然压服了楚国，也只是暂时的胜利而已。召陵盟约两年后，楚成王以兵北伐许国，许君肉袒谢罪，投向楚国，这才被楚成王释放。六年后，楚国伐黄。十年后，楚国灭英。齐国都没有力量抵制咄咄逼人的楚国。

童书业先生就认为齐桓公的实力“还很单薄，只靠了诸侯的团结，才勉强做出一点场面来。至于他的功绩，约略说来，在安内方面，是有相当的成就的；对于攘外，却多半只做出一些空把戏。然而中原的所以不致沦亡，周天子的所以还能保持他的虚位至数百年之久，这确是他的功劳，至少可以说这个局面是他所提倡造成的”[1]。

1　童书业著：《春秋史》（校订本），第 173 页。

齐桓公在位的倒数第二年，戎军再次伐周，周又告急于齐。齐桓公只能命令诸侯各发士兵守卫周朝，并没有组织对戎军的大规模反击。也就是在这一年，晋国的公子重耳逃亡到齐国。齐桓公很礼貌地接待了他，还给重耳迎娶了妻室。

这是春秋两大霸主（齐桓公、晋文公）的唯一一次交往。不同的是，一个处于垂垂老矣的暮年，一个还在蓄势待发的壮年。

四

齐桓公在后期越来越骄傲。

见过齐桓公的宰孔就对晋侯说："齐桓公太骄傲了。"诸侯开始出现了些许背叛现象，但齐桓公始终以中原霸主自居。他说："寡人南伐至召陵，望熊山；北伐山戎、离枝、孤竹；西伐大夏，涉流沙；束马悬车登太行，至卑耳山而还。诸侯莫违寡人。寡人兵车之会三，乘车之会六，九合诸侯，一匡天下。昔三代受命，有何以异於此乎？吾欲封泰山，禅梁父。"[1]齐桓公坚信自己东征西讨，天下无敌，加上帮助诸侯框定王室，功勋卓著，可以与传说中的尧舜禹相比，所以要去泰山封禅。封禅一般是天子显示功勋的隆重仪式，并非诸侯能够擅行的。管仲还保持了清醒的头脑，劝说齐桓公放弃封禅的计划。可惜齐桓公听不进去。后来管仲借口封禅需要使用远方的奇珍异宝才能进行，现在齐国还不具备封禅所需的物资。因为这个技术性难题，齐桓公才打消了封禅的念头。

事实上，当时整个齐国的决策阶层都已经安于万邦来朝、国富民强的安逸状态，安于现状，丧失了最初的进取精神。管仲也不例外。齐桓公对管仲赏赐尊崇，位极人臣。管仲生活豪华，富可敌国。在贫困环境中成长的人往往在富贵之后生活豪奢，管仲也不能免俗。正是在安逸享乐的氛围中，齐国没有进一步强盛，而是逐渐衰落了。

齐国最大的隐患是齐桓公晚年所用非人。齐桓公晚年宠信竖貂、易

1 这段话的意思是："寡人向南进至召陵，望见熊山；北伐山戎、令支、孤竹；西伐大夏，深入流沙之中；又登上太行山，到卑耳山采返回。诸侯们都不敢违背寡人。寡人三次联合诸侯出兵，六次和诸侯会盟，九合诸侯，一匡天下。如果说以前三王伟大，现在我和他们有什么两样吗？我想封禅泰山。"

牙、开方三个佞臣。这三个小人一个杀了自己的儿子，煮肉给齐桓公吃；一个放弃卫国的公子之为，自愿来侍奉齐桓公；一个则为了得到进宫伺候齐桓公的机会，不惜自我阉割。齐桓公觉得这三个人都是忠臣、干臣。

管仲不这么看，但是已经没有力量驱逐这三个人了。管仲病重了，齐桓公去看望他，询问对国家发展还有什么遗言。管仲郑重警告齐桓公一定要驱逐竖貂等三人出宫，不然三人必然祸乱国家。齐桓公不解地问他为什么这么评价那三个人。管仲说，一个对亲生儿子、血缘宗法和身体都不顾的人，怎么可能会是忠臣呢？齐桓公觉得有道理。

管仲死后，齐桓公一度听从管仲之言，驱逐三佞臣出宫。可离开小人后，齐桓公食不甘味，浑身难受，只好复召三人回宫。当时齐桓公年事已高，已面临立储之事。竖貂、易牙、开方三人付出沉重代价来到齐桓公身边，原本看重的就是齐国的权威和国君的权力，现在纷纷插手立嗣之事，为自己博取权利。

管仲的话不幸被言中了。

五

公元前 643 年，惨淡经营了 43 年霸业的齐桓公与世长辞。

齐桓公的死非常悲惨。他病重的时候，五位公子（公子无亏、公子昭、公子潘、公子元、公子商人）就已经各率党羽争位。竖貂、易牙忙于权力争夺，干脆矫托王命把王宫用高墙围起，只留一个小洞提供齐桓公的饮食。重病的齐桓公每天只能见到一个送饭的小太监。就是这么一个小太监，不久也不再从洞口爬进来了。没有人管齐桓公了，他只能在饥渴中悲惨死去。

齐桓公的死是在冬天。齐桓公的斗室里寒冷似冰，外面的五位公子喊杀声此起彼伏，争斗得热火朝天。国家陷入混乱。齐桓公尸体在床上放了六十七天，直到后来尸体上的臭虫都从窗子里爬了出来，恶臭难闻，人们才注意到国君的死。当年 12 月 14 日，争得君位的公子无亏才把齐桓公收敛。

《管子》描述齐桓公的死是“饥而欲食，渴而欲饮，不可得。……乃援素帷以裹首而绝。死十一日，虫出于户，乃知桓公之死也。”对于这一史实，《史记·齐太公世家》的记述则更到位：“桓公病，五公子各树党争立，及桓公卒，遂相攻，以故宫中空，莫敢棺。桓公尸在床上六十七日，尸虫出于户。”作为中原霸国的齐国，曾经显赫一时的齐国宫廷，竟然因为诸公子争立导致宫中人员逃避一空，没有人给为齐国创下丰功伟绩的齐桓公入殓。这一幕，不得不让人扼腕感叹。

感叹归感叹，历史用实际行动惩罚了齐国。那就是剥夺了齐国的霸国地位，是永久的剥夺。

第四章

第二波尊王攘夷

诗经·王风·君子于役

君子于役，不知其期。曷至哉？
鸡栖于埘。日之夕矣，羊牛下来。
君子于役，如之何勿思！
君子于役，不日不月。曷其有佸？
鸡栖于桀。日之夕矣，羊牛下括。
君子于役，苟无饥渴？

不可复制的旗帜

一

齐桓公称霸后，宋襄公是他的忠实“粉丝”。

宋襄公追星到什么程度呢？父亲宋桓公死后还未下葬，听说齐桓公召集诸侯进行葵丘大会，宋襄公连丧事都没有料理完毕就匆忙赶去参加大会了。齐桓公九次会集诸侯，宋国都是重要的追随者和支持者。宋襄公不是震慑于齐国的强大国力，而是对齐桓公倡导的道德主张打心底里认同、支持。因此，齐桓公在死前的那一年立了一位太子，那就是公子昭，并将他托付给宋国的粉丝宋襄公。

齐桓公将后嗣托付给宋国和宋襄公，是有他的现实考虑的。

因为在春秋早期宋国还算是一个比较强大的诸侯国，同时爵位很高，在齐桓公看来，可以承担托付重任。宋国，国君子姓，位于现在河南商丘一带。[1]宋国的开国国君微子启是商朝帝乙的长子，末代商王帝纣的大哥。只是因为微子是庶出，没有资格继承王位，但也非常幸运地逃过了西周灭商时的杀身之祸。周武王分封诸侯时，不能绝了前代王朝的血脉，因此在前朝的王族中挑选人选封为诸侯，以奉其宗祀。当时的人选一个是纣的儿子武庚，一个就是微子。武庚首先中选，但后来叛乱被杀。结果降周、温顺的微子就被封在商丘，建立宋国。考虑到宋君是商殷天子的贵胄，西周封其为公爵，是周初三公之一。周天子礼其为宾而不为臣。但西周王朝也留了一手，封给宋国的土地是中原东部开阔的平原，四面受敌又难以防守。这一特点在春秋时塑造了宋国多战多灾的命运。春秋初期的宋国多次主动出击，非常活跃，还拥有相当的实力。郑庄公小霸的主要对手就是宋国。

看到齐桓公死后诸公子争位、毫无章法的乱象，宋襄公就在公元前642年联合曹、卫、邾等国，以武力护送流亡宋国的公子昭回国争位。齐国军队在献[2]被打败，公子昭在宋军兵车长矛的簇拥下即位，成为齐孝公。齐孝公和齐国对宋襄公非常感激。宋襄公也非常欣慰，毕竟完成了偶像的托付重任。

事实上，齐桓公既看准了宋襄公，又看走了眼。

二

宋襄公在平定齐国君位之乱后，野心迅速膨胀起来。

效仿偶像，建立像齐桓公那样的霸业成为宋襄公为自己树立的目标。他觉得宋国具有这样的条件。因为宋国为齐孝公复位，召集了一些诸侯，又打败了齐军，证明宋国既具有道德号召力，又具备了强大的军事实力。在宋襄公眼中，扶立齐孝公开始变成了一件惊天动地的大

1 宋朝疆域最大时包括河南东北部、江苏西北部、安徽北部、山东西南部，核心地区在豫皖苏交界处。

2 今天山东济南历城。

事。他想，齐国霸业已经消逝，该是宋国树立威信、称霸诸侯的时候了，“尊王攘夷”的大旗应该落到自己手中了。于是，宋襄公开始以新霸主的名义号令中原诸侯。

谁想，中原诸侯、滕国的国君一开始就对宋襄公的号令不服。自我感觉良好的宋襄公马上出兵，将滕君抓了起来。公元前 641 年，宋襄公正式召集曹、邾、鄫等国国君到曹国的国都会盟。鄫国的国君迟到了。宋襄公认为这正是宋国借机扬威的机会，就把鄫国国君给抓来祭神。也就是说，堂堂的鄫国一国之君竟然被宋国作为祭品，投入了河水之中。此举收到了什么效果吗？有。那就是滕国的国君一看鄫国的国君被投到河里喂了鱼，担心自己成为他黄泉路上的伙伴，慌忙向宋襄公服软。宋襄公高兴了，确信自己行为得当，宋国已经建立了霸国权威。

当时的会盟是在曹国举行的。曹国作为会议的举办国，却并没有尽到地主之谊，为会议提供的物资并不充裕。宋襄公在会馆没有吃到羊肉，就认为曹国无礼，发兵包围了曹国的国都。曹国也只好认错。宋襄公的自我感觉更加良好了。

霸业刚刚起步的宋襄公在该年冬天遭遇了当头棒喝。公元前 641 年冬，在陈国的倡导下，陈、鲁、蔡、郑、楚等国国君在齐国开会，表示纪念齐桓公。会议的规模远远超过了宋国发起的曹国会盟；与会诸侯表面上怀念齐桓公的好，实质上就是在骂宋襄公的不好。的确在齐桓公时期，齐国没有将诸侯喂过鱼，没有动辄就围攻诸侯国都。以道德相号召的齐桓公面对一些不尽符合礼法的行为，宽容而变通。而这恰恰是宋襄公不具备的。

在纪念齐桓公的大会上，楚国的参予格外引人注目。齐桓公是楚成王的死对头，齐国遏制了楚国向北扩张的势头。楚国为什么还要来为齐桓公歌功颂德呢？除了对齐桓公的霸业表示怀念，表达对强者的尊重外，我想楚国与会最主要的还是想借机插手中原事务。这是一个重要的信号，可惜几乎所有诸侯都没有引起深思。

宋襄公不得不对齐桓公的纪念大会进行深思。为什么诸侯没有邀请我参加呢？为什么参加的诸侯要远远多于曹国会盟呢？他得出两个结论：第一是宋国的霸业还没有得到巩固，还有国家对宋国不服；第二是宋国的国力还不够强大，难以号召那么多的诸侯聚拢在周边。宋襄公之前是机械地捡起齐桓公遗留的“尊王攘夷”的旗帜，希望复制齐国的霸业道路。现在在道德和实力的交错认识中，宋襄公也承认必须要通过实力和道德的结合来号召诸侯了。他自信宋国具有号召诸侯的道德力量，但是实力却不是短时间内可以增长的。怎么办？

在许多理想主义者的心中，实力是可有可无的。既然如此，就可以去借用。宋襄公就决定借助强大的齐国和楚国的威势来压服中原诸侯国。当时的中原地区，郑国、许国等国已经投向楚国；陈国、蔡国等还依靠齐国。只要齐国和楚国支持自己，再借助两大国的力量，宋国的霸业不就成了吗？宋襄公觉得自己有恩于齐国，齐孝公是会支持自己的。关键是做好楚国的工作。他的弟弟公子目夷看出了宋襄公心中的小九九，劝谏说："如果让楚国召集诸侯，到时楚君就不会让宋国主盟了。我们是借助楚国的力量来压服诸侯，有求于楚国，凭什么让楚国屈身事宋呢？"宋襄公不听，坚持认为道德旗帜在宋国手中，自己又给了楚国参予中原盟会的机会，楚王是反对不了自己的。

公元前639年，宋襄公将齐孝公召来，在鹿上[1]相会，再一起以宋国和齐国的名义邀请楚王前来相会。楚成王果然如宋襄公所料，赶来相见。寒暄后，宋襄公提议三国出面，召集诸侯大会。楚成王满口答应支持，还约定当年秋天在盂（今天的河南睢阳）地召集各国诸侯开会。会见过程中，楚成王谦恭有礼，宋襄公非常开心。为以防万一，宋襄公还是提议在秋天的会盟上，各国诸侯不带兵车，不携兵器，只身赴会。楚成王表示同意。

宋襄公怀着达成"衣裳之会"一致的愉悦心情回国准备去了。

三

事实证明，宋襄公是个极端幼稚的政治家。

秋天，宋襄公前去赴"衣裳之会"前，公子目夷提醒他楚国并不是一个守信用的国家，建议宋襄公率领军队前去赴会，或者让军队前进到会址附近，以防意外，结果遭到严词拒绝。

宋襄公带着几个随从就去盂地布置盟会了。临行前，为了防止公子目夷在会议期间搞"小动作"坏了自己的道德名声，宋襄公把公子目夷

1　今天安徽阜阳南，或说是在山东巨鹿县东南。

也一起带上了。到达目的地后，宋襄公与楚成王及陈、蔡、许、曹、郑等国国君相见。一直到开会时间，齐孝公和鲁国的鲁僖公都没有到达。

齐孝公的缺席是出于对宋襄公的不满。齐国的国力远强于宋国，齐孝公之前听命于宋襄公是出于报恩的心理。但是宋襄公在国际事务上强求齐国紧跟宋国，同时在外交礼仪上对齐孝公也不尊重，严重透支了齐孝公对宋襄公的感情。齐孝公非常清楚宋国发起盂地会盟的目的，不再希望成为宋襄公的外交傀儡，因此拒绝与会。

宋襄公决定不等缺席的国君了，首先号令诸侯说："今日诸侯会合于此，是仿效齐桓公的做法，订立盟约，襄助王室，停止相互间的争伐，安定中原。各位认为如何？"

楚成王不紧不慢地说："宋公所言极是，但不知这盟主由谁来担任？"

宋襄公心里咯噔了一下，强压住不安说："按礼，有功论功，无功论爵。与会诸侯，谁人爵位最高就由谁当盟主吧。"宋国的爵位是仅次于天子的公爵，而楚国只被周王室封为子爵，如果按爵论位，宋襄公当为诸侯盟主。

话音刚落，楚成王笑着说："宋公的提议很好。楚国先君早已称王，要比宋公的公爵要高，比各国诸侯也要高，所以寡君就勉为其难，担任本次盟会的盟主了。"楚成王说罢，也不谦让，起身要主持盟会了。在座诸侯面面相觑，不敢言语。

宋襄公按捺不住心中的不满、委屈，跳将起来，对着楚成王厉声说道："本国的公爵是天子所封，普天之下谁人不知？而你楚国的王是自封的，是篡逆。天子没有责备你，你还敢自命为盟主？"

楚成王冷冷地说："既然我的王位是篡逆所得的，那你为什么将我请来参加诸侯盟会呢？"楚成王的反驳一下子就击中了宋襄公的要害。如果楚王的爵位是假的，他就没有资格参加诸侯盟会；既然宋国邀请楚王参加，也就是在事实上承认了楚国的爵位。之前，宋襄公"君子讳言利"，想当然地认为自己会被楚国齐国拥戴为盟主，而没有鹿上见面的时候落实这个名分问题，现在终于爆炸出来了。

楚成王的随从子玉这时候又将了宋襄公一军。他喝问在座的诸侯："请问各位诸侯，今日之会，你们到底是追随楚王而来，还是拥戴宋君来的？"郑、许等国国君慌忙赔着笑脸说，我等是拜见楚王而来的。

宋襄公完全被逼入了外交绝经，他想争辩却说不出话来，憋得满脸通红。

子玉不等诸侯再犹豫，猛地撕去长袍，露出里面的全身铠甲。只见他拔出一面小红旗一挥动，那些楚成王带来的家仆、侍者纷纷脱去外衣，转眼变成内穿铠甲、手持利刃的士兵。楚军冲上盟坛，一把抓住宋襄公，拖下坛去。其他诸侯吓得四散而逃，也迅速被楚军制服了。这时楚成王宣布：“请各位诸侯在此处小住几日。宋君无礼，待我率军踏平宋都，再来与各位诸侯会盟。”

原来楚成王早就带领军队而来，计划在盟会过程中羁押宋襄公和与会的其他诸侯，再以宋襄公为挡箭牌，进攻宋国，收灭国和主盟两大功勋。楚国的计划可谓毒辣，宋襄公无疑中成为了整个计划的关键配合者。楚成王一行，押着宋襄公浩浩荡荡杀奔商丘而去。

多亏随行的公子目夷早有准备，趁乱逃回了商丘。他团结军民，组织抵抗，并被临时推举为新的国君。当满怀希望的楚军来到城下，指着宋襄公要求宋国投降时，宋国人高喊道：“我们已经有了新国君了，旧的就留给你们用吧！”楚成王见讹诈不成，宋国又同仇敌忾，一时难以攻破，只好怏怏回到盂地。

进退两难间，迟到的鲁僖公来到盂地，出面为宋襄公说情。楚国见宋襄公没有利用价值了，这才释放了他。宋襄公在短短几天内经历了从中原霸主的幻想，到阶下囚，再到一无是处的平民的转变。亲楚的郑文公适时倡议敦请楚成王登坛主盟。楚成王持牛耳，主持了诸侯盟会，顶着中原盟主的帽子回国去了。

《东周列国志》在写到诸侯各国听任楚国主盟，为所欲为；宋襄公败事受辱的史实时，附了一首诗：

从来兔死自狐悲，被劫何人劫是谁？

用夏媚夷全不耻，还夸释宋得便宜。

四

宋襄公离开盂地后，的确得了一个大便宜。

宋襄公原本计划流亡周地，作为平民过完下半生。谁想，公子目夷主动放弃了新得的君位，迎接宋襄公回商丘复位。宋襄公又成为了国君。

在这里，宋襄公既没有吸取受辱的教训，改弦更张，卧薪尝胆，反而是对盂地之辱念念不忘。当然了，要让一个人，尤其是一国一君忘记那么大的一个耻辱是不现实的。但是聪明的人会将熊熊燃烧的怒火掩盖起来，壮大自己，寻找有利的时机给仇敌以致命的打击。但宋襄公不是这样的。

宋襄公错误判断了形势。他认为自己受辱要归咎于郑国的郑文公。为什么这么说呢？因为郑文公非但没有站在同根同种的宋国一边，而是助纣为虐，时时事事站在楚国一边。尤其可恶的是，郑文公竟然首倡由楚成王担任盟友，不仅彻底葬送了宋襄公年的霸主梦，还将中原盟主的荣誉送给了南方的蛮夷。楚国，宋襄公是惹不起了。但是郑国从郑厉公以后国势就江河日下。宋襄公决定拿郑国开刀，洗刷盂地的耻辱，重树权威。

宋襄公联合卫、许、滕三个小国讨伐郑国。郑国不敌，向楚国求援。楚成王亲自起兵救郑攻宋。宋襄公闻讯回师。宋楚大战一触即发。

战前，主管宋国军事的大司马公孙固认为在对楚国的战争中，宋国没有获胜的希望。于是他劝宋襄公避免同楚国交战。宋襄公却一本正经地说："打仗得胜不全靠武力，也要靠仁义诚信啊！"他依然相信自己是继承了齐桓公道德衣钵的传人，站在必胜的正义一方。

公元前638年11月1日，宋楚两军在泓水（今天河南柘城县北）相遇。

宋军的数量小于楚军，处于劣势。但是宋军占据了河边的有利地形，楚军则正在抓紧渡河。在楚人还没渡完河的时候，宋军已经列阵完毕。公子目夷建议说："彼众我寡，我军获胜的希望不大。不如趁现在楚军还没有完全渡过泓水，我们发动截击，完全有把握扭转劣势。"宋襄公不听，认为截击正在渡河的对手是不道德的，还约束全军不得出击。楚军渡过泓水，正在慌忙列阵的时候，公子目夷又建议道："我们趁敌人还没有列阵完毕，掩杀过去，还有希望获胜。"宋襄公又拒绝说："要等敌人列阵完毕，我军才能出战。"

不久，楚军排列完毕，严阵以待。宋襄公这时候下令对楚军发动全线进攻。他自己亲自驾着兵车，车上飘扬着"尊王攘夷"的大旗，杀向楚国的中军。一场大战下来，宋国惨败。宋襄公精锐的中军全军覆没。宋襄公本人也在乱军中被砍伤了屁股，亏得公子目夷和公孙固等人拼死搭救才逃回商丘。

宋襄公的霸国梦彻底终结了。

五

公子目夷是宋国难得的明白人。宋桓公死后，君位原本要传给目夷的。结果目夷百般退让，把国君宝座让给了哥哥宋襄公。宋襄公确立争霸目标之初，公子目夷就劝宋襄公说宋国只是一个小国，强硬追求霸国地位，是会得祸的。可惜宋襄公不听。

在宋襄公整个争霸过程中，公子目夷都担惊受怕。诸侯会盟盂地的时候，公子目夷预感到："祸其在此乎？君欲已甚，何以堪之！"后来楚国果然抓住了宋襄公来要挟宋国。公子目夷在危难时刻成为国君，宋襄公被释放后又主动退位。宋军伐郑时，他又感觉到："祸在此矣。"秋天，楚军就伐宋以救郑。宋襄公一心迎战，公子目夷劝谏道："上天抛弃商朝已经很久了[1]，不可复兴。"建议宋军避免与楚军的交战。可惜他的正确意见都没有被宋襄公所采纳。《东周列国志》专门夸奖公子目夷说：

金注何如瓦注奇？新君能解旧君围。
为君守位仍推位，千古贤名诵目夷。

泓水战败后，宋国国内笼罩在一片忧伤气氛中。其中也有许多人埋怨宋襄公。

宋襄公听到议论后，公开表示："君子不重伤（不再伤害受伤的敌人），不禽二毛（不捕捉头发花白的敌军老兵），不以阻隘（不阻敌人于险隘取胜），不鼓不成列（不主动攻击尚未列好阵势的敌人）。我虽然是亡国之后，却也要遵守道德礼法，为后人树立一个榜样。"公子目夷这时候公开顶撞说："打仗就是以胜利为目的的，哪里有什么常规礼法可言的！"

我们后人来分析宋襄公争霸的失败，最直接的原因就是他的军事失败。宋襄公遵循的一套战略战术，是陈旧的密集大方阵作战的产物和要求。那时候，士兵聚集为庞大的方阵，协同作战才能发挥效力，因此快

1　公子目夷和宋襄公都属于商朝王室的后裔。泓水之战时，商朝已经灭亡很久了。所以公子目夷这么劝说宋襄公。

速的截击、针对个别士兵的攻击的效果都不大。但是战争发展到春秋时期，武器装备日趋精良，兵车战法不断发展，宋襄公的军事知识已经完全适应不了战争实践的需要了。但是宋襄公却无视现实的变化，拘泥于“不鼓不成列”、“不禽二毛”等旧兵法教条。宋国的军事失败是不可避免的。

在宏观层面来讲，宋国争霸的失败也是必然的。大国称霸离不开国内强大的政治、经济和军事实力的基础，同时实行适应当时形势的政策方针。只靠虚渺的道德是不可能胜利的。宋襄公只是在齐国内乱时，帮助齐公子复国，想代齐作为盟主，但没有军事实力。童书业先生就认为：“宋襄公的一党只有卫、邾、许、滑等寥寥几国，势力实在很是薄弱。宋襄公却不度德，不量力，仍妄想做盟主。”[1]

因此，尽管宋襄公迷恋于霸国梦想。《史记》、《左传》与当时的人都没有将宋襄公看作是霸主。甚至连宋国的大臣们也认为宋襄公离霸的要求相距甚远。他只是带领宋国在霸国的边缘张望了几眼，就付出了沉重的国家代价。宋国在泓水之战中损失惨重，国势从此一蹶不振。就连齐孝公也趁火打劫，借口宋国没有参加由陈国发起的颂扬齐桓公的盟会，起兵伐宋。宋国开始沦为大国的附庸，在楚国、晋国等大国之间艰难摇摆以求生存下去。

一个人葬送了一个国家的前途。宋襄公大概就属于这类人。

六

有人将宋襄公评价为一个自矜仁义，实际凶狠残忍的伪君子。但我宁可认为宋襄公是一个真正信仰道德仁义，相信高尚的道德能够拯救糟糕的现实的政治家。

实事求是地讲，齐桓公死后，齐国主导的霸国秩序土崩瓦解，现实也呼唤重塑新的霸权秩序。尤其是齐桓公身后的国际安全局势持续恶化，四周少数民族对中原地区的军事压力有增无减。楚国锋芒毕露的兵锋让一些小诸侯不寒而栗。中原诸侯也迫切需要一个新的霸主，来维持齐桓公式的霸权秩序。祖先的光荣和迷信道德的性格促使宋襄公站了出来，

1 童书业著：《春秋史》，第180页。

希望自己成为新霸主。

祖先的光荣就不会用了。宋襄公迷信道德的性格对我们认识他这个人和宋国的国家性格非常重要。宋襄公的道德理想主义、不知变通是国家性的，而不是特例。宋国人在其他国家的人眼中，似乎带有一股“愚”气。“宋人之‘愚’，正是中原人民忠厚朴实性格特点的真实写照，其遗风直到西汉不绝。宋人行事由于缺乏变通而显得愚笨呆滞，为人所讥。其‘愚’的性格特点的实质是重义轻利，忠厚朴实。这种性格特点主要是由于殷人遗风和宋国特殊的政治地位以及宋国的地理环境综合影响的结果。”[1] 宋国人民的头脑比较单纯、尊崇道德、原则有余灵活不足。庄子、墨子都是宋国人。古籍中关于讽刺宋人愚笨的例子很多，比如大家熟知的“守株待兔”的主角就是为宋人；“拔苗助长”的那个农夫也是宋人。宋襄公的迂腐做法后来为墨家和儒家学派的“非攻”、“王道”等思想观念提供了实践案例。在考察外交原因时，我们不能忽略了国家性格对外交个体的作用。

现在，我们来为宋襄公归纳出三大错误：明知国力不行，却要充当霸国；明知楚国难以信任，却要依靠楚国；欺凌齐孝公和其他中小诸侯，却总是摇晃道德仁义的旗帜。可见在外交上，成熟的政治家要学会压制内心的冲动，破除迷信，不轻易出头，更不当头，而是冷静的维护和扩大自身利益。

宋襄公在泓水惨败的当年就死去了。

宋襄公临死前，正好晋国公子重耳流亡经过宋国。公孙固劝宋襄公结交素有大名的重耳。宋襄公早就听说重耳能力出众，而且在国内还拥有政治影响，可能成为晋国的国君，因此动用优厚的礼节接待了重耳，希望将来能够得到晋国的援助。重耳方面也非常希望借助宋国的力量回国争夺君位。但是宋国大司马公孙固坦率相告说：“晋国是大国，宋国是小国。再加上宋国刚刚遭遇大败，没有力量帮助公子实现回国梦想。为公子考虑，还是前往大国寻求外援比较合适。”重耳一行从宋国的坦率中看到一个没落国家的无奈，决定前往他国。临行前，病重的宋襄公送给重耳马二十乘作为盘缠。重耳非常感激。

这可能是宋襄公为国家做的最大的一件好事。

1　王云鹏：《浅谈宋人之“愚”》，载于《中州学刊》，2005 年第 4 期。

迎头相撞的两强

一

战胜宋国后，楚成王在中原南部“游玩”了一圈。

楚军获得了郑国的隆重接待。郑文公派夫人去慰劳楚王；楚王陈列了宋国的俘虏和砍下的敌人的耳朵给郑国观看。楚国的兵威震慑了郑国人，乃至于楚军撤退的时候顺便掠走了郑文公的几个女儿。郑文公敢怒不敢言。楚军之后还征服了陈国。

宋襄公死后，继位的是公子王臣，称为宋成公。宋成公完全没有力量和决心与楚国作对，反而主动到楚国去朝见楚王。之后，宋国一直摇摆在楚国和晋国之间。宋国夹在中间，战事连年不断。

并不算弱小的鲁国看到楚国势大，也积极向楚国靠拢。鲁国引楚军讨伐自己的世仇齐国，夺取了齐国的谷邑[1]，在那里扶持了以齐桓公的儿子公子雍为傀儡、奸臣易牙辅助的政权。楚军将领申公叔侯率军驻守，在山东地区营建了楚国的牢固据点。

至此，楚国势力深深地插入了中原腹地。

二

楚国的崛起几乎是一个奇迹。

楚国在西周时期，仅僻居荆山，国小民贫，只有方圆 50 里地，大约相当于现在的一个乡镇规模。而且楚国还不能算是严格的诸侯，因为它是土生土长的，不是周王室分封的。按礼，楚君不能参予中原诸侯会盟，只能与鲜卑酋长一起看守宫廷之火，地位十分低下。后来，周王室看楚国可怜，封楚君为子爵。楚国这才算解决了政治身份问题。

既然周王室对自己不怎么好，楚国也就不怎么搭理周王室，最后发展成与周王室分庭抗礼。西周末期，楚国就逐渐强大，“凌江汉间小国”，迫使巴人从湖北、陕西、豫南地区向川东一带迁移，并同时向濮人地区

1　今天的山东省东阿县。

不断发起进攻。历史翻到春秋这一页后又经过了30年，楚国传到熊通手里。熊通公开宣布："我蛮夷也……王不加位，我自尊耳"，自立为楚武王。

楚武王为了摆脱周王室的束缚，开始了大规模的开拓疆土运动。楚武王、楚文王时期，楚国灭亡了周王室分封在汉水流域的诸侯国。"汉阳诸姬，楚实尽之。"楚国突破了中原势力设置的"汉阳诸姬"防线后，就打通了长驱中原的大门。楚国历史上出现了第一次灭国的高潮。楚国的军锋灭亡了邓、申、息、吕、缯、应、夔等国，臣服陈、蔡，直逼郑、许和洛邑。

楚国的崛起与弥漫全国的尚武进取风气关系重大。楚国无论朝野官民都以能出征疆场为荣。在对敌斗争中，凡是冒险犯难不怕牺牲英勇杀敌的人，都受到举国上下的尊崇；而在战争中失败的楚军将领都主动自杀谢罪。楚国在春秋时期共历十三君，其中除堵敖与郏敖享国短暂，无所作为外，其余十一位国君无不以振军经武开疆拓土为最高职责。在楚王的心目中，军事的胜利是高于一切的。楚武王就死在征伐随国的路上。他的儿子楚文王早期曾一度沉迷于田猎酒色之中。执刑官保申认为应该对楚文王的行为进行处罚，建议对国君抽五十荆条。楚文王自动接受了鞭笞五十下的处罚，从此不再贪图享乐，最后也因为劳累过度死在征讨黄国的路上。

在春秋大部分时间里，楚国上下表现出积极进取、团结一致、青春激昂的精神面貌。这与中原诸侯形成了鲜明的对比。天道酬勤，楚国令人瞠目结舌的崛起是有它的必然性的。

《史记·楚世家》载："齐桓公始霸，楚亦始大。"楚国成为强国几乎是与齐国同步的。从考古材料来看，当时楚国许多地方的生产力水平并不比中原诸侯国低，在有些领域楚国还处于领先的地位。郑文公可能是第一个主动投靠楚国的中原大国诸侯。他不仅迎娶了楚国的宗室女，还在公元前642年去朝拜楚王。注意：这可是出身王室的姬姓诸侯自愿主动、卑躬屈膝地去朝拜南方的蛮夷。楚成王在高兴之余同意向郑国出口一批铜。但是楚成王和郑文公规定：楚国出口的铜只能用来制造铜钟，禁止制造兵器。当时楚国在铜的冶炼上居于全国领先地步，在青铜兵器的制造方面也处于优势地步。铜和青铜兵器是楚国的出口管制物资。

楚国咄咄逼人的进攻态势不能不引起中原诸国的恐惧。《左传·桓公二年》载："蔡侯、郑伯会于邓，始惧楚也。"因为楚国与中原各国并非同根同种，中原诸侯不得不有一种异样的危机感。所谓"非我族类，其心必异"。

楚成王恽即位的第一年（公元前 671 年），派出使臣向周天子进贡奉献。这既是楚成王向天下的宣示：楚国现在是我执政了，另一方面也是向周天子炫耀楚国的实力和威望。这一回，周天子以隆重的礼节接待了楚国的使团，并赐给楚成王一块祭肉。按礼，天子祭肉只赐予同姓诸侯。现在赐予楚成王祭肉，是周王室对楚国大国地位的公开承认和对楚成王的格外恩遇。也许是被楚成王的主动进贡所欺骗，周王室对楚成王寄予希望："镇尔南方夷越之乱，无侵中国。"希望楚成王能够承担起镇服南方夷越等少数民族，不侵扰中原的重任。

遗憾的是，美好愿望总是与历史现实的发展相反。

三

楚国作为持续发展的强国，对原有的霸权秩序和格局非常不满。

和许多后起的政治人物对前任政治人物的处理一样，对前任的政策方针的宏观思想进行肯定和继承，对前任的政策方针的微观措施根据实际进行扬弃或使用，楚国对霸国主导政局，号令天下的格局的框架没有异议。但是楚国对谁做这个霸国非常在乎。齐国不行，中原的任何国家也不行。简单说，只要楚国之外的任何国家当霸国，楚国就不同意。

这样，楚国就把自己放在了所有中原诸侯国的对立面上。齐桓公提出"尊王攘夷"号召之后，中原诸侯各国很自然地将"攘夷"主要定位为"抗楚"。楚国的实力还没有强大到与齐国为首的所有中原诸侯国相敌的程度，因此在召陵被迫同意了尊崇周王室，停止侵压中原地区。但召陵之盟后，楚国的实力保存完好，进取的锐气丝毫未减，加上当时的楚成王和令尹子文都是一时豪杰，楚国只是将军锋转向了江淮平原发展，吞并现在淮河以南的大片土地，成为拥有南方、几乎占据一半中国的庞然大物。在这一波被称为第二次灭国高潮的"死亡名单"中有江、黄、弦、蒋、英、六、徐、樊、沈、顿、群舒、蓼等国。

华夏诸国面对越来越强大的楚国，更加难以安宁了。

召陵之盟后，楚国也开始注意外交的作用。楚成王改变了一味进攻的对外方式，对中原诸侯外交和军事手段并举。比如他将宗室女嫁给郑文公为妻，又与曹、卫联姻，还款待了国际知名流亡人士、晋国公子重耳。楚成王对外交的重视多少减少了中原各国对楚国的偏见，为楚国联系到了许多中原地区的盟友或附庸，总之改善了楚国进军中原的环境。

齐桓公晚年讨伐郑文公的时候，楚成王就公开破坏召陵之盟，出兵围许。齐桓公没有力量与楚军当面对抗，撤围而去。诸侯退兵后，楚成王停师在武城[1]，楚国的仆从国蔡穆侯引许国的许僖公拜见楚成王。许僖公面缚、衔璧，完全是朝见宗主的架势。齐桓公死后，齐桓公七子皆奔楚，楚尽以为上大夫。楚国乘机向黄河流域扩展势力，并在泓水之战中挫败宋襄公图霸的企图，将自己的势力范围发展到长江、汉水、淮河、黄河之间。楚成王发兵围攻宋邑缗，继而配合鲁军攻占齐谷邑。楚国分派重兵防守商密阻止秦国南下楚地，又派重兵驻守谷邑虎视齐国。这几个据点之间的郑、蔡、卫、宋、鲁等众多中小国家纷纷倒向楚国。

楚国至此占领了天下大半的领土，并威慑、监视着几乎所有的诸侯国了。

四

没有被楚国压服的国家中，最强大的国家就是晋国了。

晋国国君的血缘正统而高贵。晋国的最初疆域在今晋南和汾、浍流域一带，表里山河，“景霍以为城，而汾、河、涑、浍以为渠”。在西周时期和春秋初期，晋国因为深居山区，四面都是戎狄小国，虽然地大势固，却没有参予中原地区的争斗。因此，尽管晋国在西周末年就开始强盛，尽管晋文侯曾与郑武公共同辅平王东迁，晋国在中原地区外交事务中说话还是没有多少分量。

在漫长的一个多世纪中，晋国都在山西的山区里忙什么呢？内斗。

春秋初年的六十七年间，晋国的内乱一直没有停息，实际上一分为二。公室的大小宗争夺国家最高权力，最终在公元前 679 年，被封在曲沃的小宗武公灭晋君而自立，并贿赂得到周天子的册封，终于取代大宗

1　今天河南南阳市北。

列为正式诸侯，结束了长期的分裂局面而统一起来。之后晋国吸取教训，为了消除同姓兄弟对国君地位的威胁，采取了“尽逐群公子”甚至“灭公族”的极端手段。与此同时，晋国建立起尊贤尚功制度，提拔非宗法人士进入统治阶层。一般大乱之后就会有大治。晋国就是在经历了一百多年的内乱后巩固了政权，开始正视并释放国家实力。

晋献公开始了祖国的“突围之旅”，专力向外扩张领土。他先后起兵灭掉了耿、霍、魏、虢、虞国，扩充军队，一跃而为北方的大国。齐桓公大会诸侯于葵丘。晋献公还没有力量公开对抗，不敢拒绝参加，但是借口有病而没有及时参加。病好后，晋献公赶往葵丘。路上被周王室的大臣宰孔一劝，听说齐桓公已经骄傲自满了，就打道回府了。齐桓公也没有追究。

晋献公的扩张是有方向的，那就是为晋国寻找通向中原的窗口。地处黄河以北的晋国要想突破黄河的束缚，必须并吞虞、虢两个南边的邻国。攻灭晋西南方的虞、虢成为晋打通南进中原道路的首要任务。公元前 658 年，晋献公采用荀息假道灭虢之计，用良马美玉买通了虞公，借道进攻虢国的道路，攻取虢国的下阳。虢国迁都上阳，拼死抵挡住了晋国的进攻。时隔三年后的公元前 655 年，晋国用国宝璧玉和骏马，又向虞国借道攻虢，并制定了灭虢后灭虞的一箭双雕方案。晋献公本来对两件国宝非常珍爱，想否决这一方案，结果还是在国家利益面前毅然同意了。

这一次，虞国大夫宫之奇用辅车相依、唇亡齿寒的道理说明虞、虢两国关系，主张联虢抗晋，劝说国君千万不能借道给晋君。但是虞公被晋国的国宝迷惑了双眼，不听。宫之奇还要死谏，大夫百里奚轻轻拉拉他的后襟，示意他不要再劝。宫之奇不再劝了，出来问百里奚为什么。百里奚说国君昏庸，虞国灭亡在即。两人感慨不已。

果然在当年 12 月，晋国的里克灭亡虢国后，以休整为名，进驻虞国。晋献公以犒劳为名，率军来助。虞公毫无戒备。晋军突然袭击，前后夹击，轻而易举地灭亡了虞国。这就是“假道灭虢”。之后，晋国南部疆域延伸至黄河南岸地区，打开了前进中原的大门。

南北两大国先后打开了中原地区的前后门，大步迈进了黄河流域。

五

楚国和晋国两辆战车迎头相撞，会发生什么结果呢？

两辆战车的情形各不相同，楚国显得更加光鲜、威武一些。到了春秋中期，楚国已经成为了方圆千里，带甲百万的庞然大物。除了晋国、秦国、齐国三大国外，楚国几乎控制了黄河流域的所有地区。齐桓公的霸业局面早已灰飞烟灭。楚国大有继承齐国伟业，号令天下的架势。中原地区屋漏偏逢连夜雨，北方的狄人也群起南下，与楚国遥相呼应。狄人多次自发或受中原势力邀请，攻入洛邑等华夏腹心地区，多次让天子蒙尘。史称“南夷与北狄交侵，中国不绝如缕”。中原各国已经罕有给南楚北狄以实质打击的人物了。王室和中原地区有被扫荡一空的危险，情况比齐桓公初期面临的局势更严重。

在可能承担尊王攘夷重任的独立的三大国（齐国、秦国、晋国）中，齐国和秦国先后被排除在外。齐国在齐桓公以后国力打了折扣，困于内斗和鲁国、楚国的羁绊；秦国被阻隔在西戎，不仅国力有很大提升的空间，而且在一些中原诸侯眼中，秦人本身就是戎族。齐国和秦国还有一大区别是齐国始终没有再出现齐桓公那样雄心壮志的有为君主，秦国则正好是有志霸业但时不所佑、总是与机遇擦肩而过的秦穆公执政。但是秦国的领土和中原地区之间阻隔着晋国的领土。在客观发展过程中，齐国和秦国都没有起到遏制楚国战车的作用。

最后的站出来“尊王攘夷”的国家还是被寄予厚望的晋国。

天降大任于斯人

一

晋国的勇敢不仅来源于不断崛起的国力，更来源于一个人。他就是重耳。

重耳是晋献公的儿子，原本生活得好好的，虽然算不上在晋国呼风唤雨，也不是太子，但也是前拥后簇的贵公子。后来重耳遭遇了典型的

“后母迫害”。这个后母就是晋献公续弦的骊姬。晋献公后期在继承人问题上一再出错，就是被骊姬所迷惑的。公元前656年，包括重耳在内的晋献公成年儿子遭到骊姬的迫害，都离开了晋国都城绛出守地方。其中重耳到蒲城驻守。骊姬的迫害有增无减，太子自杀。晋献公派勃鞮来蒲城取重耳的脑袋。重耳机灵，跑得快，爬墙侥幸逃走了，勃鞮只割断了重耳的一只袖子。从此，重耳有家不能回，成为了在各诸侯国流亡飘荡的“知名流亡人士”。

这一年，公子重耳43岁。在平均年龄不到30岁的春秋时期，重耳已经算是老年人了。

因为重耳的母亲是狄人，重耳首先逃到了今陕西渭水一带的狄族地区。他在那里娶妻生子，还聚拢了一批跟随他逃难的晋国文人武将。这些对晋国历史发生重大影响的追随者中较有名的是狐毛、狐偃、赵衰、贾佗、胥臣、魏仇、狐射姑、颠颉、介于推、先轸等。

重耳在狄人地区一住就是12年。我们不知道重耳他个人是否对国君的位置念念不忘。或许他希望父亲能体悟儿子的忠心和艰难，召回自己，重新过上衣食无忧的富贵生活；或许他为能够苟活在狄人部落就非常庆幸了，毕竟狄人对他款待有加。但是他周边的文人武将们一直激励着他早日登上君位，承担国家的责任。

其间，重耳有一次问鼎君位的机会。那是在晋献公死后，重耳已经55岁的时候。

晋献公临死时将权力指定给了骊姬的儿子。晋国的推贤任能政策造成了许多权臣。以大臣里克为首的权臣集团接连杀死了骊姬相继即位的两位儿子，并血洗了统治集团。晋国君位后继无人了，只能从逃亡外国的晋献公诸公子中寻找。里克等人想到的第一人选就是名声还不错的重耳。满头白发的重耳仔细考虑了权力的利弊后，拒绝回国接位。他认为国内权臣势力太强，自己回去能够掌握实权不说，连性命都堪忧。

另一位流亡的公子夷吾不这么想。他也年过半百了，认为如果不掌握好机会，就再也没有机会了。夷吾联络秦国势力，借助秦军力量首先回到国内，被立为晋惠公。秦穆公支持夷吾不仅是看上了夷吾实现承诺割让的河西五个城的土地，更是想以此结好巾帼，把握住一个插手中原的机遇。机遇对于秦穆公来说，是最稀缺的政治资源了。

感情遭遇权力后，总是那么无力。夷吾成为晋惠公后，迅速成为一个六亲不认的人。他不但和秦穆公反目，赖了许诺的土地；还对国内拥立他的权臣集团大开杀戒。对于重耳这个亲兄弟，晋惠公害怕他回国争夺君位，派人到狄国去行刺。重耳被迫继续流亡。

临行前，重耳对狄人妻子说："待我二十五年不来，乃嫁。"（等我25年，如果我那时候还没有回来，你就改嫁吧。）

妻子苦笑着说："犁二十五年，吾冢上柏大矣。虽然，妾待子。"（25年以后，我坟墓上的柏树都枝繁叶茂了。不论如何，我都会等待公子的。）这就是"行将就木"成语的出处。

重耳在悲惨的离别声中踏上了前途渺茫的流亡路途。

二

重耳流亡的路线是向东游历中原，再从齐国折向南方的楚国，最后西入秦国。

这一路上，重耳品尝的冷眼远远多于款待。重耳等人最先到达了卫国。卫文公根本就不搭理他们。吃了闭门羹的重耳一行盘缠用尽，饮食无着，散去了好多人。剩下的人，连同重耳，顶着酷日，饿着肚子，徒步跋涉在黄河南北的野地里。到达卫国五鹿这个地方的时候，他们实在太饿了，"饥而从野人乞食"。正史的记载总有粉饰的成分，估计现实情况是重耳等人向当地劳作的农民甚至是奴隶们乞讨他们随身携带的粗粮充饥。《东周列国志》说重耳他们的乞讨还没有成功，并遭到了农夫们的讥笑。这种小说手法可能是符合史实的。

据说，重耳太饿的时候，随行的介子推割下了大腿肉给他充饥。

经历贫困的煎熬后，重耳终于来到了齐桓公晚年时期的齐国。齐桓公作为一代宗师，对落魄的流亡公子非常礼遇，不仅给重耳置办了宅第，还将宗室女嫁给他。重耳在临淄生活得非常惬意，一住就是五年，颇有点乐不思蜀的意思。这一下，随行的文人武将们不干了。赵衰、狐偃等人聚集在桑树林中密商，认为齐桓公之后的齐国江河日下，自顾不暇，对重耳回国争位的帮助不大，决定离开齐国另寻援手。他们又怕齐国君臣不会同意重耳离去，所以决定不辞而别。谁知道齐女侍者当时就在桑树上，听到了晋人的密谋后告诉了主子。重耳那齐国妻子却杀了侍女，劝重耳离开齐国。重耳却说："人生安乐，孰知其他！我想老死在临淄，不去其他地方了。”妻子说：“你是一国的公子，穷困来此，身边聚拢了一群效忠你的士人。你不想着回国，回馈拥护你的人，整天呆在安乐窝里，我都替你感到害羞。你这样什么时候才能建功立业啊？”重耳就是不听。

齐女有她的办法，与赵衰等人密谋，将重耳灌醉了，装进车里掩护一行人逃离临淄。

在颠簸的路途中，重耳酒醒了，见景大怒。他跳下车来拿起长戈就要杀狐偃。众人忙来劝解，说了一大通国家大义。重耳才恶狠狠地对狐偃说：“事不成，我食舅氏之肉。”狐偃就说：“事不成，犯肉腥臊，何足食！”重耳这才无奈地踏上征途。作为流亡贵族，到底是做寄人篱下的安乐公，还是做不断进取、寻求机会夺国的勇士，重耳多多少少是被逼上梁山的。

重耳一行人的第一站是曹国。曹共公本来不想搭理他，但听说重耳有骈胁，也就是肋骨畸形，连在一起。曹共公很好奇，想看看，所以就给重耳一行安排在简陋的宿舍，供给粗茶淡饭。重耳在洗澡的时候，突然涌进来曹国的君臣，围着他的肋骨指指点点，又讥又笑。重耳被当了一回玩物。

重耳一气，离开曹国投靠宋国。宋襄公对重耳倒是非常款待，只是实在没有能力助他一臂之力。重耳只好折向西南的郑国。

亲楚的郑文公对重耳这样的人非常不耐烦，说：“每年诸侯流亡的公子经过郑国的难以计数，一一款待，我要搭理到什么时候去啊！”大夫叔瞻看出了重耳的能力和价值，说：“君不礼，不如杀之，且后为国患。”他建议郑文公杀了重耳，以绝后患。郑文公也没同意，只是下令各地紧闭城门，禁止搭理重耳等人。

走投无路的重耳不得不南下蛮夷的楚国。

三

重耳在楚国的经历对他个人、对历史都产生了相当大的影响。

楚成王认为握有重耳是插手中原的一个很好机会，所以动用诸侯礼节来对待流亡的公子重耳。重耳开始还不敢接受。赵衰对他说：“公子流亡在外十几年，小国轻慢公子，更何况是大国了？现在楚国这样的大国如此礼遇公子，公子不应该退让。这是上天对公子的礼遇啊。”因此重耳坦然地接受了楚成王的款待。

楚成王对重耳的招待非常优厚，重耳非常感激。一次，楚成王半玩笑半认真地问重耳：“日后你回国后，怎么报答寡人啊？”重耳回答说：“羽毛齿角玉帛，君王您已经数不胜数了，重耳不知道怎么报答您。”楚成王说：“你说的有道理，但为什么一定要用物资报答呢？”重耳就说：“那么如果将来万不得已的时候，重耳不幸要与君王以兵车会战于平原广泽，我主动躲避您三舍土地。”

这段对话很值得玩味。倒不是楚成王付出必有所求的心理，而是重耳在心底里始终存在着楚国和中原诸侯国迟早有所一战的思想观念。当时重耳日夜受到楚国的款待，吃的是楚地的肉，喝的是楚国的酒。但在他的思想观念里，楚国始终是和他来自的中原诸侯国有区别的。随着楚国的北上运动，一场战争是不可避免的。

楚国的令尹子玉听出了重耳的画外之音，认为重耳傲慢无礼，劝说楚成王杀掉他。楚成王却认为“晋公子敏而有文，约而不谄，三材侍之，天祚之矣。天之所兴，谁能废之？”楚成王和子玉只考虑眼前利益不同。他显然也意识到了重耳的弦外之音，但相信重耳有才有德，日后会有所作为，像放长线钓大鱼。楚成王还积极为重耳的归国出谋划策。因为楚国毕竟和晋国相差遥远，对重耳复国的帮助不大，不直接，刚好当时秦国有意延请重耳入秦扶立他，楚成王干脆送个顺水人情，将重耳礼送入秦。

楚成王想做长线投资，把宝押在了重耳身上。

四

公元前 636 年，亡命 19 年，辗转 8 国的重耳在秦军的援助下回国即位，称晋文公。

重耳即位时已经 62 岁了，可能是除了姜子牙以外“大器晚成”的典型。史称“晋人多附焉”。晋文公重耳自小好士。父亲晋献公还作太子时，他就已长大成人。晋献公即位后，重耳与太子申生、公子夷吾均以“贤行”闻名于世。客观地说，当时重耳充其量只是比较有名、有点小才能的诸侯公子而已。这样的公子天下各国很多，单单晋国不就有三位吗？

重耳为什么能够从一个安逸享乐、养尊处优的诸侯公子，蜕变成为春秋时代显赫一时的霸主呢？因为他经历了19年非凡的流亡生活，饱受了磨难。在19年里，重耳目睹了齐桓公的榜样、楚国的崛起、宋国的荒唐与无奈、秦穆公的雄心；忍受了常人难以忍受的坎坷、挫折、无助、彷徨、苦难、孤独、绝望、屈辱、恐惧等等。“险阻艰难，备尝之矣，民之情伪，禁知之矣。”只有重耳本人才能理解其中的生离死别、酸甜苦辣，也只有他本人才能刻骨铭心地观察体验现实的国计民生和外交风云。19年的漫长完全可以将一条蛇变幻成一条龙。

当秦国护送重耳归国，船至黄河中心时，狐偃对重耳说：“臣从君周旋天下，犯下了许多过错。臣犹知之，况于君乎？请让我就此离开吧。”重耳坚毅地说：“归国以后，如果我重耳不与各位同甘共苦，河伯为证！”说罢，他把一块稀世玉璧投入河中，以示贞信。重耳在齐国耽于安乐时，就是狐偃主计灌醉重耳，装上车子拉着上路的。当时的重耳醒来后还操起长戈来要杀狐偃，并要吃他的肉。前后判若两人。流亡过程帮重耳洗练出了一批忠实能干的追随者，这是上天赐予他的宝贵财富。这些人或为其出谋划策，或对其时加劝勉，组成了日后的晋国执政集团。这是晋国日后崛起的人才积累。

《东周列国志》在论及重耳的流亡经历时说：

凤脱鸡群翔万仞，虎离豹穴奔千山。
要知重耳能成伯，只在周游列国间。

流亡生活也给赋予了重耳现实主义的特性。我们很难想象九死一生、从底层跃升最高权力宝座的晋文公能够真心实意地奉行仁义道德。重耳近距离地感受到了“礼崩乐坏”的现实，是在现实政治的平衡中登上权力尖端的。他不会成为第二个宋襄公，而只能成为马基雅维利希望的狐狸和狼并存一身的政治家。这也许是“流亡公子”的职业病。

对重耳来说，苦难就是一所大学。他以优异的成绩毕业了。

第五章

城濮是个转折点

诗经·唐风·葛生

葛生蒙楚，蔹蔓于野。予美亡此，谁与？独处？
葛生蒙棘，蔹蔓于域。予美亡此，谁与？独息？
角枕粲兮，锦衾烂兮。予美亡此，谁与？独旦？
夏之日，冬之夜。百岁之后，归于其居。
冬之夜，夏之日。百岁之后，归于其室。

漂亮的外交亮相

一

秦穆公原本是支持重耳的敌人公子夷吾的。

秦穆公雄心壮志，一意要深入东方，争夺中原盟主。夷吾当时归国争位的时候派人到秦国请秦穆公发兵护送。他许诺在事成之后，把晋国黄河以西的城池都割让给秦国。“始夷吾以河西地许君，今幸得入立。”等到秦穆公派使者要求即位后的晋惠公夷吾实现诺言的时候，晋惠公假借大臣的口说：“国家土地是先君所有，当时现任国君还流亡在外，怎么有权擅自许诺秦国土地呢？”晋惠公于是对秦国使者说：“你看，寡人也爱莫能助啊！”秦穆公被晋惠公着实耍了一把。

晋惠公四年（公元前 647 年），晋国发生饥荒。晋惠公厚着脸皮，请求秦穆公卖给晋国一些粮食。秦穆公在百里奚的建议下，宣布："其君是恶，其民何罪？"（晋惠公虽然不是什么好东西，但晋国人民是无辜的。）秦国不计较晋惠公悔约的前嫌，沿渭河入黄河转汾河再转浍河，将大批粮食从秦国都城雍（今陕西凤翔南）运到晋国都城绛。当时，秦国的运粮船满载粮食，给晋国人运来络绎不绝的希望。这是中国历史上第一次大规模的水运工程，被称之为"泛舟之役"。第二年，秦国反过来发生了灾荒，赤地千里。秦国君臣就请求晋国支持一些粮食。晋惠公却认为自己背约没有割地给秦国已经让秦晋两家成为了仇敌，如果现在给秦国救灾，无疑是助长了敌人的力量，于是断然拒绝支持秦国粮食。他不但不给，反而乘机派兵挑起边境摩擦，蚕食土地。一来一往，人品高低立现。连一些晋国人都觉得晋惠公无耻。

公元前 645 年，秦穆公率领渡过灾荒的秦国子弟兵大举伐晋复仇。晋惠公整军抵御。因为理不在晋惠公的这一边，再加上他平时杀戮过重，无恩于百姓，结果君臣不和，士气不振。秦晋两军战于韩原[1]，晋军大败。晋惠公也作了俘虏。秦穆公囚禁了晋惠公。晋国的将领们都认为国君被俘是奇耻大辱，垂头丧气，跟随在囚车后面。棋高一着的秦穆公向他们保证不会伤害晋惠公。当时秦穆公夫人是晋惠公的姐姐，以自焚要挟秦穆公释放弟弟回国。秦穆公于是让晋惠公和秦国订立盟约，并留下太子姬圉做人质后，礼送晋惠公回国复位。

太子圉虽然是人质，但在秦国的日子过得比较舒坦。秦穆公将宗室女怀嬴嫁给他，希望能够继续维持秦晋和好，并通过晋国打开通向中原的大门。谁知道太子圉和他爸爸一样是一只白眼狼，在父亲晋惠公病重时，抛弃怀嬴，潜逃回国争位，成为晋怀公。

秦穆公不得不承认，他在晋惠公、晋怀公父子身上的政治投资都惨遭失败了。

二

公元前 636 年，重耳回国即位的时机终于来到了。

1 旧说在今陕西韩城西南，清人考证在今山西河津与万荣之间。

晋国经过晋惠公、晋怀公父子两代的统治，权臣尽去。重耳不用担心归国后被权臣夺权，无法掌握实权了。同时当时晋国国内人心向重耳，许多大臣偷偷写信到秦国，向重耳表示效忠。秦穆公于是派遣大军护送重耳回国，跨过黄河，迅速占领晋国黄河沿岸。部分晋军倒戈，首都被攻陷。重耳即位，成为晋文公。晋怀公不久被杀。

秦穆公对重耳非常重视。第一，重耳一进入秦国，秦穆公就亲迎亲送，一下子就嫁给60出头的重耳五位宗室女子。其中就包括秦穆公的女儿文嬴和被太子圉抛弃的怀嬴。秦穆公之前娶了重耳的姐姐，是重耳的姐夫，现在又成为了后者的老丈人，心里好长时间都调试不过来。重耳虽然接受了怀嬴这位前“侄媳”，但是心里也老有一道过不去的坎。最后还是怀嬴点醒了他。怀嬴说:“我怎么说也是秦国的宗室女，你需要依靠秦国。”重耳这才改颜接受了这桩政治婚姻。第二，重耳刚即位的时候，君位并不巩固。吕甥等晋怀公旧臣发动叛乱，被秦穆公诱杀。秦穆公还送3000士兵作为晋文公的卫士，帮助稳定晋文公初期的政局。可以说秦穆公对晋国三代贡献很多，尤其是有大恩于晋文公。

晋文公在秦国问题上处理得比前两任都要好。他讲信用，对秦国友好。

重耳即位后实行“通商宽农”、“明贤良”、“赏功劳”等政策，整顿内政，任用赵衰、狐偃等人，发展农业、手工业，迅速出现了“政平民阜，财用不匮”的局面。早在晋惠公被俘时期，晋国进行了影响深远的“国难改革”。在将公田分为耕种者，进行土地重新分配的同时，晋国还改革军制“作州兵”也就是取消居住在野鄙中的人不能服兵役的限制。这样，晋国无论城里、乡里的人都有权服兵役，既提高了野人的社会地位，也扩大了国家的兵源，军队数量激增。后来晋国军队，人数最多，常常拥有五个军，最多时达到了六个军，就是这次改革的结果。晋文公上台后，深化了之前的改革，一时间晋国国力大增。

其实在晋文公之前，晋国已经具备了强大的各方面的因素，强大的欲望也随着各项改革的推行在萌动，重耳只是进行了内部资源的优化重组。经济学上“管理出效益”在春秋外交历史上也是适用的。重耳就像是一位接手了一家规模庞大的、发展平缓的百年老字号后，短期内经过精密管理挖掘出巨大效益的经理人。

一个久经考验的花甲国君和一个跃跃欲试的老大国家的结合给春秋

历史带来了巨大的惊喜。

三

历史在晋文公即位的第二年就提供了一个巨大的机遇。晋文公成功地把握住了。

公元前 635 年，周王室发生了王子带之乱。周襄王带着几十个随从逃到郑国汜地[1]。史书上粉饰说是天子出居，其实就是避难。王子带和先前的王子颓一样，也是王位竞争的失败者。他不惜借用周边少数民族的力量，引入中原，也要和周襄王一争高低。这让早已经成为"光杆司令"的周襄王怎么抵抗得住。周襄王在郑地立住脚跟后，要求各国诸侯护送他回洛邑去。命令发出去后，搭理他的诸侯还有很多。有的诸侯派人来慰问天子，有的诸侯送来了食物，免得天子饿着。但一谈到发兵攻打勾结狄人的王子带，帮助周襄王复位的实质问题时，各国诸侯都明哲保身，不愿意出一兵一卒。我估计多数诸侯是没有获胜的把握，不敢出兵。

后来有人告诉周襄公说，现在可以依靠的只有晋国和秦国这两大国了。周襄王连忙派人到秦、晋求援。晋文公君臣认为这是获得勤王的绝好机会。秦穆公自然也不想放弃这个天赐良机，在接到天子勤王命令后立即整军出发。"二年春，秦军河上，将入王。"也就是说，秦军已经抢在了晋文公的前面，即将进入勤王的第一线了。

赵衰紧急劝谏晋文公说："求霸莫如入王尊周。周晋同姓，晋不先入王，后秦入之，毋以令于天下。方今尊王，晋之资也。"赵衰的这段话很值得分析。当时晋文公的新政府刚站稳脚跟没几天，晋文公的护卫工作还需要秦穆公派来的三千士兵承担，但是晋国君臣早就立下了"求霸"的宏伟目标。赵衰认为求霸最好的方法就是"尊周"。晋国国君出自周朝王室，而秦国国君是周朝王室马夫出身，晋国在勤王问题上不能落在秦国的后面。不然晋国的勤王就失去了意义，也就失去了挖掘求霸第一桶金的机会。

晋文公觉得非常有道理，赶紧出兵勤王。晋国比秦国勤王有利的地方是晋国的领土距离周王室比秦国要近。秦国必须出现在的三门峡地区，

1　今河南襄城县境内。

经过晋国的西南领土才能到达洛邑。晋国的勤王军队就抢先占领了黄河边上东进的要塞桃林塞，阻挡住秦军东进的道路。晋文公派出使者对亲自率队的秦穆公说，我们晋国已经出兵勤王了，就不麻烦秦国再长途跋涉了。秦国的将领们眼看就要到手的桃子被别人摘走了，气愤难当。一些人还建议攻打桃林塞，继续东进。这时候，秦穆公淡淡地说："重耳新立，迫切需要这样的机会来立威扬名。我们就做个人情，把这次机会送给他吧。"秦军于是驻军不前。

行文至此，我们不禁感叹秦穆公的好心。在秦穆公的一生中，他曾经有过多次机会，但都没有把握住；他曾经有过多笔杰出的著作，但都为人做了嫁衣裳。我毕业的时候，有一位长辈曾经语重心长地告诫我：年轻人要把握住机会。千万不要以为时间会在将来赐予你许多机会，实际上每个年轻人一生遭遇的机会并不多。我想，肯定没有人给过秦穆公这样的告诫。

这一边，辞掉秦师后，晋文公迅速兵分两路，一路出兵杀死王子带，击退狄人；一路从郑国迎回周襄王复位。周襄王为了酬谢文公的功劳，赐他阳樊、温、原、欑矛四邑。这些地区是原来王子带控制、周襄王难以管辖的土地。但是晋国得到这片土地后，将原有黄河以南地区的零星领土大大拓展。"晋于是始起南阳"[1]，对日后的发展大为有利。当晋文公风光地出入洛邑的时候，有围观的百姓喊出了"又一个齐桓公"的口号。的确，人们期待匡扶王室，击退少数民族的壮举已经太久了。

晋文公即位之初就在国际舞台上进行了一场成功的亮相。

四

晋国在中原地区的第一个真正的、可靠的盟国是宋国。

宋国在宋襄公死后，在外交上倒向了仇敌楚国，成为楚国的附庸。但是从心底里，宋国君臣是仇视楚国的，倒向楚国是无奈的选择。一方面，宋国离上帝太远，离强大的楚国太近；另一方面，即使在遥远的远方，宋国也找不到可以依靠的那位上帝。中原地区找不出可以为宋国张目，对抗楚国的角色，宋国只好委身事楚了。

1　今河南西北位县、济原一带。

现在好了，晋文公执政的晋国出现了。晋国血统正规，和宋国感情亲近。早在宋襄公晚年，宋国君臣就产生了接好重耳，以便日后依靠晋国的思想。现在强大的晋国已经将触角伸入中原，宋国可以依靠了。公元前 634 年，宋国叛楚亲晋，在外交、军事上全面倒向晋国。

宋国的一百八十度外交大转变引起了天下外交格局的质变。因为宋国地处楚、鲁、郑、卫之间，鲁、郑、卫三国都是倒向楚国的，宋国偏偏倒向晋国。这就打破了连成一片的楚国势力，在楚国势力范围内嵌入了一颗钉子，极大地震动了楚成王的外交棋局。楚晋两国之间的矛盾围绕对宋国的控制权全面激化，最终演变成中原诸侯国集团和楚国南方集团的"世界大战"。

在宋国向晋国一边倒的第二年冬天，楚成王就率领楚、郑、陈、蔡、许多国联军进攻宋国，很快围困了宋都商丘。东方的鲁国国君也率军赶到宋地，与楚国结盟，在北边与楚军遥相呼应。宋国局势危如累卵。宋襄公的儿子宋成公在危急中派重耳的老朋友、大司马公孙固杀出重围去到晋国求救。

围绕要不要救宋，晋国内部展开了激烈的争论。救宋就意味着和强大的、之前还没有任何战败记录的楚军直接作战。刚刚稳定下来的晋国做好准备了吗？

大夫先轸认为这是"报施救患，取威定霸"的良机，力主晋文公出兵。狐偃进一步建议晋文公先攻打曹、卫这两个楚国的北方胁从国，调动楚军北上，破解宋国之围。曹、卫两国阻隔在晋国和宋国之间。如果绕开曹卫远征宋国，晋军就有腹背受敌的危险；况且楚军联军实力强大，晋军与之正面交锋也无必胜把握。狐偃的建议不失为是一个好建议。

起先还踌躇犹豫的晋文公坚定了出兵的决心，以狐偃的建议为战略方针。晋军在出兵前还征兵扩军，将原来的两个军扩编为上中下三个军。周朝制度，诸侯小国一军，中等诸侯国两军，诸侯大国才能有三军。晋国就此成为了军事大国。两军对阵时，晋军部署为上军在右，下军在左，精锐的中军居中。晋文公还分别任命了由才能、忠诚的大夫担任三军的正副元帅。这是中国历史上最早使用元帅称号。[1]晋文公加强军事化的同时还实行军政合一的制度。元帅既是正卿，也是最高行政长官，地位

1　王贵民等著：《春秋史话》，第 47 页。

重要。这是晋国为应付复杂的军事斗争形势的需要，但也很容易形成独立实力，晋国公卿实力因此非常强大。春秋后期，晋国六卿轮流执政，演变成“公室卑，政在家门”的结果。当然，这些都是后话了。这个制度在建立之初，不久就向我们证明了有效性。

晋国整装待发了。晋楚对决正式开始。

五

晋文公应战了。曹国和卫国的国家机器在晋军的打击下迅速土崩瓦解。

公元前632年1月，晋文公统率大军渡过黄河，进攻卫国，很快占领了整个卫地，卫成公逃亡；3月，晋军攻占曹国都城陶丘（今山东定陶），俘虏了曹国国君曹共公。卫成公和曹共公在品尝颠沛流离和牢狱之苦的时候，一定为当年没有好好招待重耳一行后悔得连肠子都青了。尤其是曹共公，当年讥笑重耳的生理缺陷，现在连逃亡的机会晋文公都不给他。现在看来，领导干部还真不是一般人能做得了的。单单眼光这一点，就很少有人能做到从东来西往，络绎不绝的流亡公子中慧眼识英雄，发现日后的霸主。

话说晋军在两个月内就横扫了黄河南北，重兵前进至卫、齐、曹、鲁四国边界的战略要地敛盂。在军事打击的同时，晋国派使臣到齐国展开外交，缔结晋国和齐国的友好关系。齐昭王同意两国缔结友好同盟。晋国寻找到了东方的强大盟友，军威更加雄壮了。

在攻曹的战斗中，中军元帅病故，晋文公破格提拔在战争中显露才华得下军副帅先轸为中军主帅，由他负责即将到来的对楚决战。

然而楚成王也不是凡人。他并没有像晋国君臣所希望的那样，撤去宋国的包围，去救援北方的曹卫两国，反而下令加紧对商丘的攻击，毕其功于一役。当然了，当大哥的对小兄弟也不能没有一点照顾。晋军攻曹卫的时候，楚成王命令东北方向、有一定实力的鲁国派兵援卫存曹。

鲁国在晋国进攻曹、卫的时候，早就派公子买率军卫戍卫国。但鲁国没有想到晋国的进军会那么迅速。鲁僖公眼见晋军兵力强大、齐晋又在自己国境边上联盟，形势朝着不利于鲁国的方向发展，自度没有单独对抗晋文公的实力。他既想缓和与齐、晋的矛盾，又不敢得罪楚国。卫国灭亡后，鲁僖公慌忙将公子买的军队撤退回国，不久又杀了公子买，向晋国示好；同时又通知楚成王说公子买不能完成守护卫国的任务，擅自撤退，替楚国杀了他，以讨好楚方。之后，鲁国在晋楚决战中采取了观望态度，并不构成对晋国的侧翼威胁。

一个回合下来，楚国在中原北部的外交布局全面萎缩。晋文公旗开得胜。

春秋惨烈第一战

一

宋国开始受不了了。

晋军攻打曹、卫两国，原来的意图是想引诱楚军北上，破解宋国的重围。然而楚军却不为所动，依然全力围攻宋都商丘。宋国作为晋国盟国，长期独自承受着楚国及其胁从国军队的全部压力，几乎到达了国力能够承担的极限。

宋国派出求援的第二批使臣门尹般几乎是声泪俱下地请求晋国赶紧南下，驰援商丘。

晋文公陷入了进退两难的困境。如果任由楚国在宋国猖獗，宋国力不能支，必然会叛晋降楚。到时候，晋国称霸中原的计划会受到直接挫折，而且外交信誉和形象也会受到沉重打击；如果现在驰援南下，不仅诱使楚军北上，在曹卫之地决战的原有战略意图将落空，而且晋国在兵力上并不占优势。南下宋国将使兵力薄弱的晋军远离本土，在楚军的势力范围内与以楚军为核心的强大军事集团直接交战，恐怕取胜的希望不大。

到底如何救宋，如何战楚，晋文公拿不定主意。

在关键时刻，还是新提拔的主帅先轸提出了一个妙计。先轸仔细分析了形势后，建议宋国表面上同晋国疏远，缓解直接的军事压力；然后由宋国出面，向齐、秦两国各送厚礼，请求齐秦两国出面调停，请求楚军撤兵。但是晋国又不能让齐秦的调停成功，让宋国真的就成为了楚国的附庸。为此，晋国将占领的曹卫两国的部分土地赠送给宋国，壮大宋国，坚定宋国抗楚的决心。楚国同曹卫本是盟国，现在看到曹卫的土地归入宋国名下，必定会拒绝齐秦的调解。齐秦既接受了宋国的厚礼，又见楚国拒绝和解，不仅会觉得楚国蛮横无理，而且会对楚国不断北上的扩张态势忧心忡忡，极可能跳入晋国的战壕，出兵与楚军对抗。

晋文公非常赞赏先轸的计策，马上给宋国土地，让宋国依计而行。这一回，聪明的楚成王和秦穆公都中了晋文公的圈套。楚成王果然拒绝了齐秦的调停，不愿意轻易放弃曹卫；齐秦在调停失败后，对楚国一心扩张的姿态非常担心，便放弃之前的中立立场，都象征性地出兵与晋军会合。秦国和齐国都是次于楚国的区域大国，它们的转向使得晋、楚双方的力量天平发生了剧烈的抖动。

在第二回合的过招中，晋文公又赢了。

二

楚成王不愧为是高手。他一看连输两回，决定避晋锋芒，全面收缩。我让你打不着我。

当时晋、齐、秦三大国结成联盟，组成联军盘踞在北部，鲁国观望，宋国坚持，形势明显不利于楚国了。楚成王下令楚军及其胁从军撤出商丘战斗，其中楚国主力退到楚国的申地。为了防止东北方向戍守谷邑的楚军成为孤悬敌后的“弃子”。楚成王命令该处驻守将领申叔迅速撤离齐国，迅速与主力靠拢。

楚成王给前方主将、令尹子玉的命令是：楚军主力迅速南撤，避免与晋军交战。楚成王针对子玉的个性，还专门告诫说：晋文公不能等闲视之，我们算是遇到强敌了，你凡事要量力而行，适可而止，知难而退。

子玉拒绝了楚成王的命令，偏偏不撤军。

子玉的抗命，首先是在对晋文公重耳的认识上与楚成王存在冲突。与楚成王将晋文公看作是劲敌和高手不同，子玉一直就不重视晋文公。当年重耳逃亡楚国的时候，子玉就认为楚成王对重耳过于厚待，还因为重耳“退避三舍”的承诺要求干脆杀了重耳算了。虽然楚成王没有同意，但子玉对重耳的偏见也一直没有消退。在他看来，晋文公重耳就是一个不知天高地厚、夸夸其谈的糟老头子。现在他要在血与铁的战斗中狠狠地教训重耳，发泄一下之前的怨气，也让楚成王承认先前的判断是错误的。

子玉坚决要求楚成王允许他与晋军决战的深层次原因是他迫切需要通过一场大战的胜利来巩固自己的地位。李玉洁在《先秦史稿》中提出一个重要观点。子玉和前任令尹子文都是楚国若敖氏子弟。本来楚国的令尹是由楚王任命的，但若敖氏的势力膨胀，竟然可以绕开楚王自己挑选令尹。子玉就是子文快要卸任时挑选的下任。子玉一上台就遭到了国内的反对。楚国群臣对子玉评价不一，名士蔿贾就公开反对子玉说："子玉刚而无礼，不能治民。如带领三百乘以上的军队去作战，不会安全返回。"现在子玉身为前线主帅，他自然不会放弃用自认为并不难得的胜利来消弥有关他无能的批评。[1]

因此，子玉非但没有撤军，还向楚成王要求增调兵力。

在重要关头，楚成王变得优柔寡断起来，最终同意了子玉的决战请求。也许楚成王心中也是期待一场辉煌的胜利的，因为军事胜利是一直流淌在他们家族血液之中的兴奋剂。但在实际操作上，楚成王却又不肯给子玉增拨充足的决战兵力，只派了西广、东宫和若敖之六卒等少量兵力增援子玉。[2]

楚国的这一决策反复马上被证明是一个致命的错误。

三

第三回合一开始，得到楚成王允许和少量援军后的子玉采取了主动。

子玉坚定了同晋军作战的决心，他现在缺少一个借口，一个出师的名义。外交人士都是寻找借口的高手。通常的做法就是提出令对手难以接受的条件，将破坏和平的罪行扣到对方头上。子玉就派遣使者宛春向晋文公提出了一个"和平方案"：1. 晋军撤出曹卫，曹卫复国，继续亲楚；2. 楚军解除对商丘的围困，撤离宋国。按照子玉的方案，外交格局将重新回到爆发商丘围困战之前的情况。这不仅意味着晋国主动放弃之

1　关于若敖氏希望通过战争来巩固自身地位的观点还见于李玉洁所著的《楚国史》。

2　有观点认为楚成王向前线增调的援兵也就是 600 人，认为援兵不足是日后楚国在前线战败后就迅速溃退的重要原因。

前的战果，而且要重新缩回到黄河以北的山区去；而楚国付出的代价只是放弃在宋国的战果。如果晋文公接受这一方案，就等于放弃了争霸中原、号令诸侯的努力。

别忘了，晋文公也是外交高手。他采纳了先轸的建议：1. 同意曹卫复国，但是前提必须是建立亲晋政府，同楚国绝交；2. 曹卫的复国必须在私下进行，让楚国察觉不到；3. 扣留了楚国的使者宛春。宛春没有回来，子玉根据各方面的信息得出了错误的结论：晋文公拒绝了自己的方案，强迫曹卫附庸晋国，同时扣押了楚国的使者。

子玉既高兴，又愤怒。高兴的是晋国终于理亏，楚国师出有名了；愤怒的是晋文公做得太过分了。被激怒的子玉纠集楚、陈、蔡等国联军主力，撤去对商丘的围困，气势汹汹地杀奔曹国首都陶丘而来，寻求晋军进行战略决战。

晋文公这些天在曹卫故地也没有闲着，早已经为战略决战寻找到了理想的地点：城濮[1]。面对汹涌而来的楚军，晋军避其锋芒，诱敌深入，后撤到城濮。从原来的前线到城濮，晋军一共后撤了 90 里路，正符合重耳当年向楚成王的承诺：退避三舍。

晋军的“退避三舍”不是晋文公简单的报恩，而具有政治和军事上的现实意义。在政治上，“君退臣犯，曲在彼矣”，晋文公赢得了舆论上的同情；在军事上，晋文公集中兵力，抢先占领了有利地形。而一鼓作气而来的楚军扑了一个空，士气大减，又不得不继续北上，疲劳进攻以逸待劳的晋军。这一正一反地优势激发了晋军的士气。

晋文公棋高一着。

对晋军的主动后撤，楚军中有人也嗅到了其中的异常，主张停止连续追击，寻找更有利的战机，可惜遭到了子玉的训斥。满脑子胜利前景的子玉将晋文公的后撤理解为聚歼晋军、夺回曹卫的良机，亲自督军追击到城濮一带。

驻扎在城濮南北的两军情况是这样的：北边是以晋文公率领、先轸指挥的晋军为核心，汇合了陆续抵达的宋成公、齐国大夫国归父和崔夭、秦国公子小子慭带领军队的联军。番号虽多，但其他国家的军队都

1 一说在今河南濮城，一说在今山东鄄城西南，一说在今河南陈留附近，一说在今河南范县临濮集。

是象征性的，绝对主力还是晋国的三军。联军在数量上处于劣势。士兵们高唱着“原田每每，舍其旧而新是谋”，等待着一场心知关系重大却前途未卜的死战；南北是楚、陈、蔡组成的联军。经验丰富的子玉将精锐的楚军分为中、左、右三军，与晋军的三军相对应。中军为主力，子玉直接指挥；右翼军由楚军搭配陈、蔡军队组成，楚军将领子上（他后来成为了楚国令尹）是指挥官；左翼军则是子西统帅的楚军。

大战一触即发。

四

“请与君之士戏，君冯轼而观之，得臣与寓目焉。”

这是在决战前，楚军使者子上送达晋文公手中的挑战书。轼借指马车，得臣是子玉自己的名字。在这封挑战书中，子玉轻蔑地对晋文公说：“请让我们和您的士兵们戏耍。国君您只要在一旁的车里观赏就可以了，子玉我陪同您观看。”

晋文公派栾枝回挑战书说：“寡君闻命矣。楚君之惠，未之敢忘，是以在此。为大夫退，其敢当君乎！既不获命矣，敢烦大夫谓二三子：戒尔车乘，敬尔君事，诘朝将见。”意思是“我们国君知道了。楚王以前的恩惠，我们国君始终没有忘记，所以自动退避到这里。我们对子玉大夫你都主动退让，怎么还敢抵挡楚君呢？我们得不到楚国退兵的命令，只能麻烦大夫你转告贵国将士：准备好你们的战车，肩负起国君托付的重任，出现在明天早晨的战场上吧。”这是两篇充满文采的战书，也是一次针锋相对的交锋。

战前，晋文公登上古莘旧城的遗址检阅了军队，看到晋军的七百乘战车车马装备齐全。晋文公悠长地感叹道：

“我们可以和楚军一战了。”

五

必须承认，子玉是个杰出的政治鼓动家。他为楚军提出了一个响亮的、绝妙的战斗口号：“今日必无晋！”

也就是说，子玉号召南方联军让明天的太阳看不到晋军，因为他们都将在今天被楚国的战车全部埋葬。这一天就是公元前632年的4月4日。

楚军将士们高呼着“今日必无晋！”的口号，抢先对晋军发动了冲锋。当天，城濮地区上空战云翻滚，地面上战车隆隆。这是春秋历史上规模最大的一次战斗，也是中国历史上规模最大的一场战车大会战。楚军主帅子玉首先命令左右两军分别向晋军进攻，中军紧随其后，向晋军中军进攻。一时间，楚国的战车震动了整块大地，卷起的尘土弥漫了南边的天空。在楚军如此惊人的人海战术和战车轰鸣中，不知有多少异国的武士成为了车下冤魂。

晋军持掌帅旗的将领祁瞒在凶猛的进攻面前，惊慌失措，竟然握不稳帅旗，几乎波及晋军全阵。要知道，帅旗是一军的象征和灵魂。帅旗不稳对将士们的心理冲击极大。司马赵衰当机立断，斩杀了祁瞒，转命大夫茅筏持旗。茅筏手握大旗，任凭大旗迎着楚军的呐喊和尘土猎猎飘扬，纹丝不动，这才重新稳住了阵脚。

晋军指挥集团判断出楚国中军较强，而冲锋在前的左右两翼理论上较弱，确定了先击翼侧，再攻中军的作战方针。当楚军冲锋过半的时候，晋军的下军突然对楚军的右军发动了反冲锋，迎头硬碰硬地作战。下军的副帅胥臣将所部战车的所有马匹都蒙上虎皮，专门寻找楚军右军中的“软肋”——陈、蔡两军冲将过去。陈蔡军队是楚国的胁从军，战斗力难以与楚军相提并论，战斗意志也不坚定。陈蔡军队在晋国下军出其不意的打击下，丧失了理智，冲锋被遏止，纷纷败下阵来。陈蔡军队的失败冲击了同处右军的楚军。整个楚国右翼就这样迅速地溃败下来。

子玉不愧为一位杰出的将领。他并没有因为右翼的失败而停止冲锋，而是一边严令右翼楚军收缩败兵，稳住阵脚，一边要求中军和左军发动更猛烈的冲锋，企图用中军和左军的胜利来挽回整个战局。

子玉的战术调整也在晋军的意料之中。晋军采取了诱敌深入的对策。上军主帅狐毛故意举着大旗，引车后撤，装出抵挡不住晋国进攻而退却的样子；下军主帅栾枝也故意后退。只是他做得更逼真，命令少数假装后退的战车拖曳着树枝，一路飞扬起地面的尘土，假装晋军全军撤退的假象。实际上，绝大多数晋军战车正隐藏在满天尘土中，等待着不明就里的楚军的到来。

子玉果然下令楚军左军绕开正面战场转入追击战，只留自己的中军。晋军中军主帅先轸见楚军已经上钩了，立即指挥晋军最精锐的中军从尘土中横空出世，截击楚国左军。这时候狐毛乘机率领上军回军夹攻。楚国左翼猛然受到优势兵力的夹击，前后道路都被切断，陷入了重围，很快就被全部歼灭。晋方的上军、下军分别胜利后，转入主战场，意图围歼楚军的中军精锐。

子玉在左右两翼全部失败的残局面前，恢复了理智，迅速率领中军脱离战场，沿途也不恋战，只找道路一路向南逃去。晋军的合围因为被子玉提前看破，而没有成功。子玉最终得以保全中军，率领残留的楚军撤退到西南方向的连谷。城濮之战以晋国大胜楚国而告终。

城濮之战是春秋历史上最惨烈的一场战役。战后，晋军收拾战场，单单焚烧楚军尸体的火焰就数日不息，遮天蔽日；晋国缴获的楚国军粮就让北方联军大吃大喝了三天三夜。

晋国取得了惊人的胜利，楚国则伤到了元气。

感谢命运的公平

一

第一个为城濮之战付出代价的人是子玉。他付出了生命的代价。

楚成王听到子玉大败的消息，激动地派人对他说：“你活着回来，还有何面目见申、息父老啊？[1]”子玉继承楚国将领的血性传统，当即自杀谢罪了。当鲜血喷薄而出的时候，不知道子玉有没有意识到，正是由于他的私人情绪和指挥失误，楚国前辈用百余年心血积累起来的楚国国际地位和“楚军不可战胜”的光荣都在瞬间轰然倒塌了。到了九泉之下，他怎么去面对楚国的列祖列宗呢？

在这场战争中，楚军在实力上是占有优势的，也继承了祖先奋发进取的精神，没料到却遭遇了扩张历史上的第一次惨败。战前，也许楚国国内有人已经开始在做“饮马黄河”的美梦了；战后，楚国上下都在思考着首先要固守汉水—淮河一线的问题了。晋国的胜利不是简单的军事

1　楚军在城濮之战中阵亡的将士很多是楚国申、息一带的子弟兵。

胜利，而是个人素质、外交运作和伐谋伐交的综合胜利；同样，晋国的胜利不单单是为中国军事历史增加了一个以弱胜强、诱敌深入、后发制人的成功案例，更具有重大的外交意义。晋国的胜利粉碎了楚军雄踞中原的梦想。之前中原地区在南楚和北狄交相入侵下，都快成为惊弓之鸟了。如果说北方的少数民族还没有形成国家形态，对中原诸侯的骚扰和进攻是零星，尚不构成致命威胁外，那么楚国目的明确，组织严密的联系扩张势头才是心腹大患。现在好了，楚军被打败了；狄人随之意识到了华夏各国的实力还是很强大的，只是因为没有领头的人把各国团结其来，现在有了晋国，也就不敢猖獗了。自城濮一战后，蛮族的势力一落千丈，中原转危为安，“进一步动摇了西周的宗法统治秩序，开始了晋、楚争霸中原的历史。”[1]

这可能是将晋文公推向霸主地位的最大政治资本。

二

城濮战后，晋文公开始以天下霸主自居。

晋文公首先向各国发出通令：“各复旧职”，要求诸侯国恢复对周王室承担的义务和责任。收到晋文公通令的各国诸侯反应各异。原本晋国的盟友们扬眉吐气，自然没有话说。那些依附楚国的诸侯国慌忙改弦更张，向晋国靠拢。比如著名的亲楚分子郑文公赶紧与楚成王划清界限。郑国知道楚国战败后，第一感觉是震惊，第二感觉是恐惧。稳定情绪后，郑文公连忙派出了九批使者出使晋国，向晋文公示好，极尽吹捧之能事。考虑到晋国和郑国都是姬姓诸侯，郑国又是近邻楚国的较大诸侯国，晋文公也不想与郑国搞僵关系，于是派大夫栾枝回访郑国。当年五月丙午日，晋文公和郑文公在衡雍缔结了盟约。观望的鲁僖公也赶紧投向晋国，诚恳地检讨了自己的错误。晋文公出于同样的考虑，也原谅了鲁国。

每位春秋霸主都需要通过大规模的诸侯盟会来给自己的地位“盖章定论”。公元前 632 年 5 月，晋文公在践土（今河南郑州西北）召集诸侯前来朝觐周王。齐、宋、蔡、郑、卫、莒、鲁等国诸侯先后赶到。周襄王也赶过来参加。

1　钱宗范等著：《春秋战国史话》，第 43 页。

晋文公先带领诸侯朝觐了赶到践土的周襄王，再向周襄王呈现了城濮之战的战利品，献上俘获的楚国兵车一百乘和楚兵一千名。“献俘天子”是象征性味道很浓的举措。此举既显示了晋文公的辉煌战绩和对中原的贡献，同时也是对天子的尊重，让周襄王过了一回君临四海、征服蛮夷的瘾。周襄王的祖先周平王就是因为被西边的戎族逼迫，才不得不东迁洛邑的。从此以后少数民族的军事威胁，主要是戎族和狄族的屠刀，仿佛噩梦般如影随身。现在有一个接受蛮夷俘虏的机会，周襄王很乐意去扮演华夏族领袖的角色。这也是他在城濮战后赶往践土的原因，不仅是接受朝拜，更是宣示华夏族的胜利。

改投门面的郑文公替周襄王主持典礼仪式。在践土，周王室以140多年前，前周平王接待晋文侯的礼节来对待晋文公。当年晋文公的祖先晋文侯、郑文公的祖先郑武公、秦穆公的祖先秦襄公为首的诸侯，护卫着周平王到达了洛邑。现在晋文公继承了祖先的荣誉，而郑文公则变成了司仪，而秦穆公则没有来到践土。对于有志于霸主地位的秦穆公来说，人生最难受的事情就是看着梦寐以求的地位落入他人囊中。他虽然是晋文公的盟友，但断不会来为后者锦上添花的。

5月14日，周襄王大会诸侯，用甜酒接待晋文公，尊称晋文公为叔伯，并亲自向晋文公劝酒。周襄王赏赐给他一辆大戎车和整套服饰仪仗，红色大弓一把，红色弓箭一百支，黑色弓箭一千支，黑黍米酿造的香酒一卣，勇士三百人。周襄王要求晋文公“尊崇服从王室，安抚四方诸侯，监督惩治不法”。这就正式承认晋文公为侯伯（诸侯的领袖），赋予了他以王命征伐四方的特权。晋文公按惯例辞让了三次，才接受了王命。

当各诸侯在践土觥筹交错的时候，原本跟随楚国的陈国国君陈穆公这时候也厚着脸皮赶来与会。但是晋文公没有给与陈穆公参加诸侯大会的待遇，只让他在宾馆带着思过。亡国之君卫成公先后流亡楚国和陈国。卫国政府就由大夫元咺辅佐叔武暂代君位，也来到了践土，希望参予晋国与诸侯的盟会。晋文公接纳了叔武和元咺。

5月16日，城濮之战胜利后的44天，晋文公和齐、鲁、宋、卫等七国之君正式立约，发誓说：“皆奖王室，无相害也！有渝此盟，明神殛之，俾队其师，无克祚国，及而玄孙，无有老幼。”（各国诸侯都要匡扶王室，禁止互相残杀。如果有人违背盟约，让神明的上帝严惩他，让他全军覆灭，让他的宗室不能享有国家，让惩罚延续到他的子孙后代，不论长幼都深陷惩罚的苦海。）

这就是晋文公规定的霸权秩序。

三

“践土之盟”安定了黄河以南各国以后，晋文公便北渡黄河，荣归晋国。

在晋国，晋文公轻轻启动棋子，进行了战后外交布局。在胜利者眼中，巩固权力最有效的方法就是惩罚敌人。楚国在战败后全面收缩了触角，还向晋国求和，并不构成对晋国的直接政治威胁。晋国还不具备主动南下，进一步压缩楚国的实力，只能见好就收，不能再对楚国惩罚。而楚国集团中剩下的较大个体就是鲁国和郑国了。

鲁国虽然在战前亲楚，也与晋国出兵相对了，但并非楚国的中坚盟国。在晋国军事胜利之后鲁僖公马上、积极、卖力地亲近晋国，得到了晋文公的好感。晋国刚建立霸权的时候，也需要鲁国这样大的追随者。两国战后相近。鲁国反而获得了大量曹国割让的土地。

郑国则受到了惩罚。虽然郑文公战后对晋国表示友好，但并没有彻底断绝楚国，也没有得到晋国的真正信任。公元前630年，晋国联合秦国共同讨伐郑国。后来秦国退兵；郑国则答应接受逃亡晋国、被晋文公认可的公子兰为太子，晋郑两国这才媾和。实际上晋文公改易了郑国国君。

曹国被灭后，晋文公迫于同姓相煎的压力，不久释放曹共公归国。曹国复国。但是曹国就严格限定在晋国划定的领土范围内。曹国领土被分割。

卫成公在战争期间逃亡。楚国战败后他不但不向晋国示好，还难逃楚国。卫国大夫元咺，扶立了新君，执行亲晋政策。卫国复国，但领土也遭到分割。晋文公分曹地给了在城濮之战中非常配合、功劳不小的宋卫成公。后来卫成公通过流血政变复国。遭到卫成公迫害的元咺跑到河阳大会上控告国君，乞求晋文公支持正义。晋文公不愿意卫成公回国执政，于是把卫成公抓了起来关押，并密令医生下毒杀死卫成公。卫国大夫宁俞贿赂了医生。结果下的毒很轻，卫成公才幸免于死。到晋襄公时，卫成公才得到了晋国的原谅。当时时有卫成公朝拜晋襄公的记载。

一朝天子一朝臣。站错了队，遭受迫害，看来古来有之，似乎是难以避免的规律。

四

让我们从更加宏观的角度来看城濮之战的意义，它简直就是春秋外交的重大转折点。

城濮之战的第一个转折意义在于：中国大地进入了一个周王室彻底衰微，诸侯霸国主政的现实政治时代。外交开始不是一个天子的附属名词，诸侯霸主则名正言顺地主导外交。

城濮之战当年（公元前632年）的冬天，晋文公再次召集诸侯在温地盟会，商讨讨伐不服的国家。齐、鲁、宋、蔡、郑、陈、莒、邾、秦等国应邀而来。为了使这次盟会“合法”，晋文公“邀请”周襄王也来见证诸侯大会。当时诸侯已经汇聚在温地了，周襄王再从洛邑赶到温地就太没面子了，明显是作为“橡皮图章”来给温地会盟追认的。于是周襄王到底离温不远的河阳就止步了，晋文公则率领与会的诸侯去朝见天子。孔子在编写《春秋》的时候，认为“以臣召君，不可以训”，用曲笔写成了“天子狩于河阳”，以维护周襄王的面子。因此，理想主义色彩浓厚的孔子对晋文公很没有好感，认为“晋文公谲而不正，齐桓公正而不谲”。可是连周襄王都不敢说什么，你孔子急有什么用呢？

《左传》载“五月，盟于践土；冬，会诸侯于温，天王狩于河阳；壬申，公朝于王所。”晋文公一共朝见了周襄王三次，在当年冬天就逝世了。他在公元前632年的短短一年时间中，将“诸侯无外交”变成了陈旧观念，将外交的主动权从继续沉沦的周王室转移到了诸侯手中。

城濮之战的第二个转折意义在于：它标志着春秋政治的理想主义色彩逐渐褪去，现实主义的政治思想开始茁壮成长。这一思想转变波及了外交领域。

晋文公虽然高扬着第二波尊王攘夷的旗帜，但他心中到底有多少对周王室的尊重，就很难说了。在重耳最苦难的时候，颠沛流离的时候，周王室并没有给他这个同姓贵族任何帮助，哪怕是道义上的。重耳完全是靠自己的政治技巧成为晋文公和之后的霸主的。我们很难要求这样人时刻以王室为念。在平定王子带叛乱后，晋文公似乎成为了道德偶像。但他当时曾经向周襄王请求允许自己死后用带“隧道”的坟墓下葬。天子的葬礼可以在地下挖掘地道，将灵柩送入坟墓内安葬。晋文公的请求暴露了他的非分之想。周襄公认为这是原则问题，没有答应，而代替以赐予土地。

周王室赏赐的阳樊、温、原、欑茅之地，居住着许多王室贵族、朝廷卿家和一些有头有脸的人物。晋文公即便不承认这些人的贵族身份，保留他们的宗法待遇，也起码要承认他们的国人身份。但是晋国用强力接收这些地区后，非但不承认百姓的国人身份，还摧毁了统治阶级，全部降为野人，完全看作是征服民。四地被降级为邑。

现实主义的这个之思想观念波及到外交上后，晋文公虽继承了齐桓公的霸位和盟会，但完全丧失了扶危济困、尊王攘夷的真正霸主精神。弱肉强食的前奏已经被人们公开承认了。晋国日后的执政赵鞅就说：“疆场之邑，一彼一此，何常之有？……自无令王，诸侯逐进，狎（更）主齐盟，其又可壹乎？恤大舍小，足以为盟主，又焉用之？封疆之削，何国蔑有？主齐盟者，谁能辩（治）焉？”有枪就是王，拳头里面出规则的游戏规则在赵鞅的话中明白显现，哪里还有和平共存的精神影响。如果之后没有晋国这样的霸国继续存在的话，春秋外交将会完全是名正言顺的残杀征伐和蛮横无理的兼并战争交替的外交。

晋国灭亡虞国时，开始还担心外部舆论压力，替虞国向周天子进贡。后来见诸侯国没有反映，晋国就正式将虞国和虢国的土地划入晋国内政管辖。称霸后，晋国不断表现出对其他国家的不敬。强迫诸侯朝贡，拘留诸侯的事件时有发生。

叶自成老师认为春秋外交思想以理想主义为主，但在春秋时期的理想主义外交思想发展过程中，现实主义的外交思想也在不断发育。春秋理想主义外交思想赖以存在的根源有二：一是“周礼”的存在。虽然礼也崩了，乐也坏了，但仁义道德在人们的心中还是有影响的；二是人们对战争还有一种道德罪恶感。战争一开始还处于羞答答的状态。但是城濮之战前后，战争成为国家明白宣示的政策选择。理想主义根源的动摇就在城濮之战的前后。

五

城濮之战的第三个转折意义，也是最大的意义就在于：它奠定了之后的百年外交格局。

晋文公在位只有短短的五年，在取得城濮胜利的当年冬天就死了。虽然晋文公只做了几个月的霸主，但晋国的霸权体系相当牢固地圈入了当时所有的重要国家。儿子晋襄公即位后，依然以霸主身份对诸侯国发号施令。后代晋君继续推行霸业，在长达一百多年的时间里，先后灭掉20余国，征服40余国，使晋国始终保持着中原的全部或者部分霸业。叶自成老师认为从公元前633年到前546年的八十多年时间里，晋国都是称雄的霸主。[1]

晋国的霸权地位也遭人眼红，多次受到挑战。但晋国都挺了过来。春秋时期能够挑战晋国霸业的国家只有三个：楚国、齐国和秦国。楚国实力最强，对霸主地位也最眼红。城濮大败后，楚国遣使向晋国告和，也只是争取几年的停战备战时间而已。之后，"晋、楚争霸约百年，楚国虽多次想打开进攻中原的道路，却一直未能如愿。城濮之役后，北方国家形成一个以晋为核心的稳定的集团，成为阻止楚国北上的劲敌"[2]。虽然在楚晋邲之战中，楚成王的孙子楚庄王大败晋军，成为了新的霸主。但晋国依然保持在中原北部的霸主地位，尤其是黄河以北地区始终是楚国难以染指的禁脔。晋国在与楚国的多次大战中，胜多败少。晋国的霸国地位没有动摇。后期，晋国联合东南方向的吴国，夹击楚国，更是获得了晋楚斗争的主动权。

齐国也想重振齐桓公的光荣，试图挑战晋国的霸主地位，起码是在北方的霸主地位。齐国也将妒忌转化为了实际行动，可惜连连失败。尤其是后期晋国联合齐国的宿敌鲁国攻入齐国境内，终于让齐国认识到了究竟谁才是黄河中下游的霸主。

黄河上游的秦国是不断崛起和有抱负的大国。秦穆公具备成为霸主

1 李孟存、李尚师著的《晋国史》则认为晋文公开创的霸业持续了一个半世纪之久。见该书第108页。

2 李玉洁著：《先秦史稿》，第222页。

的所有素质，可惜没有赶上称霸的时机，成为历史的悲剧人物。他是离霸主地位最近的秦国国君，可是连他也没有成功，更何况其他能力和寿命都不如他的国君了。被东邻晋国牢牢堵在崤山以西的秦国在春秋的绝大部分时间奉行孤立主义外交，专注西戎，不参予东方的恩怨。

楚成王也是一个悲剧性人物。他在位 46 年，拥有历史赋予的充足的时间、强大的国力和便利的起始态势去争夺霸主的耀眼荣誉。楚成王的悲剧性就在于他接连遇到了世间豪杰。他第一次雄心勃勃进取中原的时候，不想在召陵受到人中蛟龙的齐桓公的阻挡；齐国衰落后，楚成王乘着泓水的凯旋之风威震中原，不想又在城濮遭到上天空降的晋文公的沉重打击；等晋文公死后，楚国也逐渐恢复元气了，可是楚成王实在太老了，迈入了暮年。对手实在太强大了，我们后人实在不能苛求楚成王。换一个角度来看，楚成王又是一个幸运的人物。他竟然能够和齐桓公、宋襄公、秦穆公、晋文公这些历史伟人直接过招，且有不俗表现！

因此，楚成王可算是一位悲剧性的历史伟人。

第六章

擦肩而过的霸业

诗经·秦风·无衣

岂曰无衣？与子同袍。
王于兴师，修我戈矛。与子同仇！
岂曰无衣？与子同泽。
王于兴师，修我矛戟。与子偕作！
岂曰无衣？与子同裳。
王于兴师，修我甲兵。与子偕行！

机遇从指缝漏过

一

在晋国主导的霸权秩序中，郑国始终被晋国看作是一个另类。

在一个单位里也好，在一个国际体系中也好，凡是被领导看作是另类的人和国家都不会有好果子吃。郑国就没有尝到好果子。郑文公是践土会盟也参加了，对晋文公也服软了，而且连晋文公加冕典礼的司仪也当上了，但是郑文公和晋文公之间的心理疙瘩怎么也解不开。

郑国是楚国的邻国，郑文公是楚国的女婿，楚国对郑国有强大的吸引力。践土会盟一结束，郑国没几天就恢复了与楚国的外交往来，开始在楚国和晋国两强之间摇摆。晋文公不能容忍郑文公的背叛，于是刚回国不久就又率领得胜之军进攻郑国。这一回，晋文公向秦穆公也发出了邀请一同围郑，“以其无礼于晋，且贰于楚也。”这里的无礼指的是晋文公当年流亡郑国的时候，郑国拒不接待；这里的贰于楚指的是郑国迅速的、公开的与楚国的交好。秦穆公亲率军队来援，晋军在北，秦军在南，立马将郑国首都围得个水泄不通。

郑文公只好向楚国求援。但是楚国还没有从城濮大战的阴霾中走出，没有实力和决心出兵和晋国、秦国两大强国直接作战。楚成王说，你们郑国一定要顶住，我们举双手支持你们，但就是无力发兵援助。

郑文公这时候才发现投靠错了楚国。要投靠起码也要等楚国恢复元气后再投靠。现在他除了后悔，只能拼全力抵抗晋秦联军的进攻，急得像落入油锅的蚂蚁一样，就想尽快抓住一根救命稻草。

这个时候，大夫佚之狐对郑文公说：“郑国已经到了国家存亡的紧要关头了。我推荐一个叫烛之武的贤人。他可以去见秦穆公，说服他们撤军。”郑文公忙问这个烛之武到底是谁？烛之武是郑国国内的一个中级官员，“三氏不迁官”，老是原地踏步，进步不了。郑文公连忙让人将烛之武先带来看看。

一见到烛之武，郑文公就在心里叹了口气。面前的贤人是一个须眉全白，佝偻其身，蹒跚其步的老头。可现在只能死马当成活马医了，郑文公请烛之武出面劝退秦师。想不到烛之武推辞说：“臣年轻的时候，就比不上别人；现在已经老了，想为国家效劳，可惜心有余而力不足了啊！”郑文公忙表示歉意说：“寡人不能早用您，现在有了急事才来求您，这是寡人之过。但是郑国灭亡了，对您也不利啊。请看在国家大义上，尽力而为吧。”得到国君的亲口道歉后，烛之武赚足了面子，就承接了光荣而艰巨的任务。郑文公眼巴巴地看着烛之武艰难地走出厅堂，默默地摇了摇头。

事实证明，烛之武不是郑文公的救命稻草，而是郑国的擎天巨柱。

二

烛之武以侠客方式开始复出江湖。

当夜，烛之武缒城而出，拄着拐杖径直向秦军大营走去。缒：读音

zhui，四声，和“坠”读音一样，指的是用绳系着人下坠的意思。我们可以想象一下，月黑风高夜，突然有位白发苍苍的老头缓缓从城池上坠下，这是一幅多么戏剧性的画面啊。

烛之武没有被敌人射成马蜂窝，反而见到了秦穆公。因为秦穆公非常想知道绝境中的郑国说客要对他说什么？烛之武首先坦率地承认：“郑国在秦、晋两国的围攻下，就要灭亡了。”秦穆公点点头：“这和我们秦国有什么关系嘛？”烛之武说：“如果郑国的灭亡对秦国有什么好处，我就不来烦劳您了。恰恰是因为秦国是郑国灭亡最大的受害者，我才来向您哭诉。”

精彩的开头马上吸引住了秦穆公。

烛之武详细分析说：“第一，郑国灭亡后只会成为晋国的领土，而不会增加秦国的疆域。因为秦国和郑国之间隔着好几个国家，而晋国是郑国的邻国。您为什么要灭掉郑国而增加晋国的土地呢？在国际竞争中，一个大国实力的增强就意味着另一个大国的国力的相对削弱。第二，秦国一直希望深入东方，苦于没有找到通往东方的据点。郑国一向奉行对秦国的友好外交政策，非常乐意成为秦国在东方的物质据点和政治中转站，为秦国在中原的行动提供帮助。秦国使团和军队的往来可以随时获得郑国提供急需的物资和情报。秦国为什么忍心把潜在的重要盟友消灭掉呢？第三，您可能会说，秦国和晋国双边关系友好密切，您是出兵帮助盟友。我听说，您曾经对三代晋君都有过恩惠，晋国还答应把河西的土地割让给秦国。不知道晋国实践了这些承诺没有？我只看到晋国在东西两线不断地扩张疆土，国际地位如日中天。总之呢，郑国的灭亡是秦国受损而晋国受益的事。我实在不明白，所以来问问秦君为什么要损害秦国的利益一心帮助晋国？”

烛之武的外交说辞是春秋时期最精彩的外交表演之一。郑国君臣早就看出了秦国和晋国是存在利益分歧的，因此将工作的重点放在了秦国身上。烛之武就是紧紧抓住秦晋两国在“秦晋之好”的表象掩盖下的国家利益冲突，用扣人心弦的语言，尽力说服秦穆公认同郑国的观点。他的手法既有软的一手（郑国愿意成为秦国的附庸，作为秦国的东方据点），也有硬的一手（郑国的灭亡只会壮大秦国对手晋国的实力，对秦国不利）。

烛之武的说辞如同一把盐撒在秦穆公的伤疤上，让秦穆公火辣辣地疼。作为有志于天下的君主，秦穆公的壮志雄心似乎随着晋国霸权的确立越来越没有实现的可能了。秦穆公帮助晋文公即位，本来是希望晋国可以听从秦国的安排，敞开秦国通向东方的大门。不料，秦国的东进受到了局势安定后日益强大的晋国的无情阻碍和打击。特别是晋文公这个女婿成为诸侯霸主后，就是横在秦国的东进路上，不给秦穆公这个老丈人去中原施展拳脚的机会。烛之武直指秦穆公内心深处的忧虑，明白地告诉他：你继续和晋文公混在一起是没有前途的。因此在郑国问题上，秦国应该联郑舍晋才对。

秦穆公决定照着自己真实的心理去行动，与郑国签订了盟约，也不和晋文公商量就率领军队撤去围困，班师回国了。临走前，秦穆公还留下杞子、逢孙、杨孙三位秦军将领率领部分军队帮郑国守卫，抵抗晋军。秦穆公和晋文公主导的“秦晋之好”正式结束了。

天亮后，晋军发现秦军一夜之间成为了敌人。很多将领都向晋文公建议，要追击归国的秦军。晋文公说：“如果没有秦君的帮助，我重耳就不会有今天。我们晋国不能过河拆桥。如果为此我们和秦国这个盟国将关系彻底破裂的话，既不道义，也不明智。”晋军也是加紧独自进攻郑国。

郑国虽然劝退了秦军，还面临着晋军的巨大军事压力。在秦军退却后，晋文公就有了退兵的意思，压缩了外交收益的期望值。晋文公提出了两项退兵要求：一是郑国必须杀了郑大夫叔瞻。叔瞻在重耳流亡郑国的时候，劝郑文公杀了重耳以绝后患；二是郑国要立公子兰为太子。公子兰是郑国的庶子，流亡在晋国，对晋文公很恭敬，是著名的亲晋分子。当时，公子兰正跟随晋文公围攻郑都。晋提出和谈条件后，郑文公很为难，不敢告诉叔瞻。叔瞻还是知道了，主动对郑文公说：“臣之前劝说国君早杀重耳，国君不听，晋国果然成为了郑国的大患。现在只要叔瞻死了，晋国就能赦免郑国。这一直是叔瞻报国的夙愿。”说完，叔瞻就自杀了。郑文公将叔瞻的首级送给晋文公，并册立公子兰为太子。晋文公罢兵而去。三年后，郑文公卒，公子兰立为郑穆公，晋郑关系彻底缓解。

尽管走了秦穆公，晋文公还是取得了外交大胜。

三

年老的秦穆公执政的秦国是一个与春秋时代同岁的年轻国家。

秦国僻处西陲，西周早期才成为周朝的附庸小国。春秋初年因秦襄公助周平王东迁才被封为诸侯。因此秦国是个典型的后发国家，既具有许多落后的方面，又发展迅速。

秦人原本是居住在秦地[1]周围的一个嬴姓部落。秦人的首领非子因为养马养得好，周王一高兴，就将秦地赐予了非子。而到第一个被封为诸侯的秦襄公护卫东迁的时候，周王室失去了对岐以西的土地，干脆就将这一片土地全部“赏赐”给了秦襄公。这是一个具有里程碑意义的事件。秦襄公正式建国。后世的文、宪、武、德、宣诸公，都在不断消化周王室赏赐的土地，用武力从他人手中接收封地。秦国的疆土不断东移。秦穆公继位时，秦国已经占有了现在大半个关中地区了。

那么秦国的实力发展怎么样呢？西周末年周宣王时，秦人的首领秦仲才得到大夫称号。《诗·秦风·东邻》记载：“秦仲始大，有车马礼乐侍御之奴焉。”也就是说，秦国到了秦仲的时候才有了车马、礼乐、侍臣等排场，之前可能就是“一贫如洗”，估计过着贵族和平民毫无差别的“原始共产主义”生活。当时的中原诸侯国如果看到这句话，一定会嗤之以鼻。都什么时代了，有了这点平常的排场，就显摆出来，还郑重地记载下来，这不是说明自己是土老帽是什么？而以中原各国的标准看来，几百年前就拥有的享受在秦人看来却是盛况空前，美轮美奂的。然而短短几十年间，秦国凭借着后发优势，大踏步地前进。八百里秦川的关中平原，具有良好的水热条件，给秦国提供了雄厚的物质基础；中原地区先进的工具和技术，给秦国提供了飞越式发展的可能。秦穆公时期的“泛舟之役”就表明当时秦国的农业和交通能力已经相当发达了。

在外交关系上，秦国领土在不断扩大的同时，首都也在向东移动。秦国早期的发展历史在一定程度上是从西戎的包围突围而出，向中原文明靠拢的历史。秦宪公时候，秦国东迁至平阳（今陕西眉县西），秦德公东迁到雍（今陕西凤翔南）。尽管如此，秦国还是处于戎族的包围之

1　今甘肃张家川，一说是今天甘肃清水县。

中。在中原诸侯看来，秦国就是一个出身卑微，又长期僻处西北一隅的诸侯。尽管实力不断上升，中原诸侯坚持“戎翟遇之”，将秦人当作是少数民族，而不是自己人。这种思想观念在外交上就表现为东方诸侯在春秋初期一直把秦国排斥在诸侯盟会之外，孤立秦国。事实上就地缘政治来说，秦国也被孤立了。秦国的西面和北面是高山、戈壁和荒漠，东面被黄河、函谷关和大国晋国阻挡，南面被秦岭和另一个大国楚国阻拦着。四面之间还有若干并不太友好的诸侯小国压制着秦国。因此秦国的外交局面实在是说不上太好。

因此，秦国的外交性格存在精神分裂。一方面，秦国的不断强大让秦人产生了越来越强的优越感。很多秦国人雄心勃勃；一方面，秦国的发展空间相当有限，外交孤立局面难以打破。很多秦国人又产生了浓厚的孤立主义情绪。他们认为秦国就是秦国，在西方待着就挺好。中原诸侯不礼遇秦国，我们秦国也不搭理你们。我们才不参予中原那些肮脏不堪的政治呢？

秦穆公任好继位时，就面临着这样的历史包袱和外交现实。秦穆公的目标是明确的，就是要率领秦国争霸；秦穆公的方向也是明确的，那就是东进，东进，再东进。秦国的明天在东方，而不是老跟西方少数民族混在一起。概括地说，就是要打破孤立，实践雄心。

秦穆公上台的第一年，就亲自率军征伐今天山西境内的少数民族部落茅津[1]，取得大胜。这不仅是宣示秦国的东进战略，也切切实实地扫除了一点障碍。三年后，秦穆公又迎娶了晋献公的女儿、重耳的姐姐做妻子，结好晋国，希望晋国在秦国东进途中大开方便之门。这一年，中原的霸主齐桓公伐楚，正在召陵和楚军对峙。

秦穆公能带领秦国走出外交精神分裂的困境吗？

四

秦穆公胸怀大志，却苦于无贤才辅佐。

秦国要参予中原争霸，就要有人善于治国强军，熟悉中原政治游戏规则，了解中原的制度文化。但是秦国缺乏这样的人才。虽然秦国不算

1 在今山西省平陵县境内的戎族部落。

严格意义上的少数民族，但居民的确以少数民族为主，只有少数贵族了解中原，知道诸侯争霸的事情。可是要从中找到可以辅佐国君争霸的人才，就少之又少了。而管仲之类的大牛，更是绝无仅有。秦国遭遇了人才瓶颈。

有人告诉求才若渴的秦穆公说，当年晋姬嫁到秦国来的时候，有一个媵人（陪嫁的奴隶）百里奚是虞国的亡国大夫，是不可多得的人才。秦穆公一听，说那就找来见见吧。一查，百里奚接受不了做陪嫁奴隶的身份，已经逃亡楚国去了。秦穆公本来想用重金赎回百里奚，一想不对，如果用重金去赎一个奴隶，楚国人就知道他是个人才了，肯定不会放行。于是秦穆公派使者到楚国说："鄙国的媵奴百里奚逃到了贵国，请允许我用五张公羊皮将他赎回。"五张羊皮就是当时一个奴隶在市场上的价格。楚国一听，奇怪了，逃亡的奴隶多了去了，秦国人怎么这么在意逃亡的奴隶啊？秦国使者进一步解释说："鄙国奴隶逃亡严重。寡君就是希望将百里奚抓回去，起杀一儆百的作用。"楚国在这样的小事上还是要给秦国人面子的，当即将百里奚装在囚车里，发往秦国。

百里奚当时已经七十多岁了，作为奴隶来说，早已经没有利用价值了。百里奚个人完全是生不逢时、怀才不遇的典型个案。当初别妻离子，出外闯荡的时候，百里奚满怀文韬武略和宏图伟业，结果流落不仕。在成为晋国俘虏前，百里奚游历了齐、周、虞、虢等国，干过许多工作，对各国的民俗风情、山川险阻、政治得失都知之甚悉。现在都过了古稀之年了，百里奚心中的火焰依然没灭。他被抓走的时候，楚国的同伴们都哭哭泣泣的，摆出生离死别的样子。百里奚只是淡淡一笑，他知道自己的机会降临了。

果然百里奚被押回秦国后，秦穆公亲自为他打开桎梏，与他连续商谈了三天三夜国事。秦穆公判定自己挖掘到了一位真正的大贤才，要重用他。秦穆公遗憾地说："可惜啊，大夫你已经70多岁了。不然可以托付国政。"百里奚不谦让地说："如果国君要让我去上山擒虎下水抓龙，我是太老了。但如果是治理国家，我比姜子牙还年轻10岁呢！"秦穆公很高兴，就要托付国政。百里奚这时候辞让道："臣远比不上臣的好友蹇叔。蹇叔贤但却很少有人知道。臣过去在齐国游荡乞讨的时候，蹇叔收留过臣。后来臣想投靠齐国的公子无知，蹇叔劝臣不要投靠他。臣听了他的意见。无知后来被杀，齐国大乱，臣有幸得脱齐难。周王子颓好牛，臣善于养牛而得到赏识。王子颓欲用臣，蹇叔又劝止了我。王子颓后来叛乱得诛，我又逃过一难。最后，我因为实在穷困难耐，要在虞国出仕。蹇叔劝臣三思。臣也知道虞君不重视我，但我实在需要禄爵，就留下了。这三件事情完全可以证明蹇叔的政治洞察力和忍耐力远高于我。”秦穆公重礼将蹇叔请来秦国，任命他为上大夫，和百里奚一起执掌国政。百里奚和蹇叔两人被称为“二相”。

百里奚可能是春秋时期秦国最杰出的相国。由于百里奚是用五张羊皮赎回来的，秦人称其为“五羖大夫”。掌权后，百里奚依然保存着简朴的作风，“劳不坐乘，暑不张盖，行于国中，不从车乘，不操干戈”。秦国在他辅政的五六年间，得到大治。百里奚死的时候，“秦国男女流涕，童子不歌谣，舂者不相杵”。

有了良才辅政后，秦穆公意志飞扬地图强称霸。他亲自率军伐晋，俘获了晋惠公。秦国又灭亡了梁、芮两个东方国家，向东方迈近了一步。

之后因为晋文公的出现，秦国的霸业一度停滞。

永恒的崤[1]之战伤

一

晋文公死后，秦国的转机似乎来临了。

晋文公死的年度是秦穆公在位的第三十二个年头。秦穆公迫切需要重振秦国雄风，继续争霸路程。从被烛之武说服的那一刻起，秦穆公对晋国的不满和对中原的觊觎就暴露无遗了。恰恰这时，留守郑国的杞子三人送回情报说：“我们掌握着郑国首都北门的钥匙。如果国内派军队来偷袭，郑国就唾手可得了。”可见，当时秦国的将领也迫不及待地希望利用晋文公的死来扩张秦国的势力。

秦穆公很赞同杞子的偷袭计划。正式出兵前，他去征询百里奚和蹇叔的意见。谁知道两位重臣反对偷袭郑国，认为：“跨越几个国家，经过几千里路去袭击郑国是很难成功的。且行千里，其谁不知？我军的行

1　崤山：在今河南洛宁县西北，西接陕县，东接池县。

动一定会被郑国知道。到时候，我军精疲力竭，而东方的诸侯以逸待劳、严阵以待，我们就危险了。”秦穆公已经被争霸中原的远景迷惑了双眼，坚持派遣百里奚的儿子孟明视、蹇叔的儿子西乞术和白乙丙三人为将带兵出征。

大军出师于东门之外。百里奚和蹇叔哭着为军队送行。蹇叔哭着对孟明视说：“侄子，我现在看着你们出征，却看不到你们归来了。”秦穆公很生气，派人责骂蹇叔说：“你怎么知道？等大军凯旋的时候，你早死了，只能看自己坟墓中的拱木。”蹇叔的两个儿子也在军中。他又去和两个儿子诀别：“晋军肯定会在崤山迎战我军。崤山旁边有两座陵墓。南陵是夏代后皋的陵墓；北陵是之前周文王辟风雨的地方。你们必死在两座陵墓之间。到时候，我去给你们收尸。”出征的将士们都觉得很不吉利，但谁也没有把两位老人的话放在心里。

就这样，秦国大军雄赳赳气昂昂地迈向战场了。

二

第二年（公元前 627 年）的春天，秦军到达洛邑。

按照周礼，诸侯军队经过王城的时候，要摘去盔甲、卸去武器，恭敬而过，以表达对天子的敬畏。现在秦国大军正急着去征服郑国呢，哪还有时间严格遵守这一套礼法？秦军经过王城北门时，兵车的车夫根本就没停车，更没有下车致敬，只是车左、车右的两位战士脱去头盔，跳下兵车跑几步，表示对周王的敬意。随即，左右两位战士跳上车扬长而去。据说秦军的三百辆兵车的将士都是这么蜻蜓点水般地向周王致敬。

当时周王室的公卿大夫们都在城池上头无奈地看着这一幕。当时年少的王孙满边看边摇头，说：“秦师轻而无礼，必败。轻则寡谋。无礼则脱；入险而脱，又不能谋，能无败乎？”意思是说，秦国武士现在满脑子都是胜利，缺乏冷静的思考，这样很容易缺乏谋略，陷入险境而遭遇失败。

秦军到达滑国的时候，郑国商人弦高正带着商队前进在去往周王室的路上。弦高很快就发现秦军，派人回国报告军情。为了延缓秦军的进军，弦高也不知道从哪里得来了勇气，冒充是郑国的使节，带着十二头肥牛就去秦军军营犒师了。当孟明视等人听说有郑国使节来犒师，惊得连下巴都要掉了。弦高不卑不亢地说：“寡君知道将军您率领步师大军要经过敝国，特派我来犒师。敝邑虽小，但一定会好好招待秦国大军。只要大军驻扎一天，我们就提供一天的物资；大军如果要开拔，我们就保证大军在郑国境内的安全。”秦军决定原地观望。

国内的郑穆公接到弦高的情报后，忙派人去客馆察看秦国人的情况。秦国人果然在束载、厉兵、秣马，准备里应外合。郑穆公派皇武子对杞子等人说：“各位将军守卫敝国已经很久了。我们郑国是小国，供应各位的军需粮草觉得非常吃力，请各位将军早日离开郑国。郑国有原圃，就像秦国的具囿一样，各位将军可以取其中的麋鹿作为盘缠。怎么样？”话都说到这份上了，秦国人哪里还真敢去领“盘缠”。杞子连夜逃往齐国，逢孙、杨孙两人流亡宋国。

徘徊在滑地的孟明视知道内应已去，失望地说：“郑国已经有防备了，已经达不到偷袭的目的了。如果贸然进攻，我军必然陷入攻之不克，围之不继的困境。”三个人一商量，顺手灭亡了滑国，撤兵回国。滑国可不是可有可无的小诸侯国。滑国不仅是晋国的同姓之国，还是晋国的附庸国。《史记》说：“滑，晋之边邑也。”

这一下，孟明视一行人捅了马蜂窝了。

三

滑国的灭亡让晋国下定了拦截秦军的决心。

当时，晋文公还没有下葬。全国正在忙国葬。晋文公本将殡于曲沃。可是灵柩一出首都绛城，灵柩就发出如牛一般的响声。尚未登基的晋襄公下令占卜。结果说：“将会有西方的军队穿境而过，击之，必大捷焉。”晋国上下在晋文公倒下去的那一刻就为本国的霸国地位而担心。他们的担心来源于秦晋之间有着不可调和的矛盾。失去了晋文公的晋国君臣能否阻挡住秦穆公如狼似虎般的东进浪潮呢？重臣先轸就主张对晋国采取强硬态度，说：“一日纵敌，数世之患也。谋及子孙，可谓死君乎？”为了保持晋国的霸业，为了子孙后代，与秦国的战争是难以避免的。这成为了晋国的普遍看法。

但是晋国不想在国葬的时候与正在势头上的秦军大动干戈。

当滑国被灭的消息传到绛城的时候，晋襄公愤怒地说：“秦国欺侮我丧父，乘机攻灭我的同姓之国，是可忍孰不可忍。”先轸乘机说：“秦穆公不听从蹇叔的忠言，贸然兴兵，这是上天赐予我国的良机。机不可失，敌不可纵；纵敌患生，违天不祥。我国必须讨伐秦师。”栾枝却说：“秦国对我有恩，我们未报秦施而伐其师，怎么对得起死去的国君呢？”先轸辩驳说：“秦国不哀我国国葬，乘机伐我同姓诸侯，无礼到这种程度，对我们还有什么恩情可言？”晋襄公终于下达了截击秦军的命令。晋国还连接了姜戎参予截击。

晋国选择的截击地点果然是崤山的山谷。晋襄公命令全军将丧服染成黑色，开进崤山埋伏起来。梁弘统帅戎族军队作为左翼，莱驹率领右军。于是，崤山谷地两侧的高地上黑压压的满地伏军。

在这里有必要介绍一下晋襄公。晋襄公叫做姬欢，是晋文公和秦穆公女儿文嬴的儿子，也就是秦穆公的外孙。虽然身上流着一半的秦人血液，但是晋襄公完全站在晋国的政治立场上，以保持父亲的霸业为己任。现在，他要对姥爷动刀子了。

秦军因为来去畅通而疏于防范，再加上满载灭滑的战利品，行起军来慢腾腾的。4 月 13 日，秦军队列完全进入晋军的设伏地段。等待多日的晋军突然发起猛攻，神兵天降般扑向秦军。巨石、弓箭和惨叫声迅速充斥了山谷。秦军几乎没有反应过来就全军覆没了。孟明视、西乞术和白乙丙三人见败局已定，早早躲在落地的巨石后头，束手待擒。晋襄公在短短几小时中就取得了被后世称为“崤之战”的这场战斗的全胜。

冯梦龙感叹道：

千里雄心一旦灰，西崤无复只轮回。
休夸晋帅多奇计，蹇叔先曾坠泪来。

回国后，晋襄公隆重安葬了晋文公。晋国从此定黑色为葬礼的标准色。

晋国的霸业因为崤之战得到了极大的巩固。

四

晋襄公在全胜后，犯了一个不大不小的错误。

晋襄公的母亲文嬴想让孟明视、西乞术和白乙丙这三个被俘的秦军将领回归秦国。毕竟她身上流着的全部是秦国的血液。于是，文嬴对儿子晋襄公说:“这三个秦将将秦晋两国国君都给得罪了。秦国的国君恨不得吃了他们三人，你就没必要亲自动手杀他们了！不如把他们放回秦国去，让他们的国君处理他们，怎么样？”文嬴很清楚自己说的不是实情，想不到晋襄公没仔细想就同意了，下令将孟明视三人释放。

先轸当天朝会，询问秦国囚徒的情况。晋襄公说:“夫人为他们三人求情，我已经放了他们了。”先轸愤怒地说:“这三个人是晋国的将士们拼命擒拿俘虏的，妇人说了几句话就放了他们。这简直是削弱自己，长秦军志气。晋国离亡国不远了啊。”说完，先轸向晋襄公吐唾沫，扬长而去。这在古代是大不敬的举动。晋襄公立即明白了过来，忙以袖掩面，承认了错误，自然也没有治先轸的罪。

晋襄公立刻派阳处父带领人马去追杀孟明视三人。

阳处父一直追到黄河边上，才发现孟明视三人。孟明视三人被释放后，使劲地逃跑，这时候已经登上渡船，划到了河心。阳处父忙将驾驶的兵车的左边的骏马解下来，在岸边大喊:“请三位将军留步，国君赠予骏马作为坐骑，特地叫我赶来相送，请你们收下！”孟明视不是傻子，肯定不会再入虎口。他站在船头上行礼说:“晋君仁慈恩惠，不因为我们挑衅侵略而处理我们，让我们回秦国接受处罚。晋君不杀我们，我们就已经感激万分了，哪里还敢再收受礼物。如果我们能够有幸保全性命，我们三年以后再来报答晋君的恩赐。”这最后一句话让阳处父听得心惊胆战的。

另一头，秦穆公穿着素服，摆出隆重的仪式，亲自到郊外迎接孟明视三人。三人请罪。秦穆公却公开检讨说:“我不听从百里奚和蹇叔的话，才使你们三位遭受侮辱。你们没错，错在我。你们要专心谋划报仇雪耻，不可懈怠！”秦穆公不仅恢复了三人的官职，还更加信任地将军队大权托付给他们。

孟明视等人摩拳擦掌，决定去赴与晋襄公的三年之约。

五

话说两头，晋文公的死的确给了许多人希望。最后，晋襄公让这些人都失望了。

除了秦国公开挑战晋国的霸权外，当时的狄人乘晋国国丧，起兵侵略中原。狄人先是侵略齐国，取得了胜利。见晋国没有什么举动，大胆起来的狄人就顺便来打晋国，一直打到了晋国内地的箕。晋襄公毅然亲征。在战斗中，先轸在战斗中，不穿甲胄，孤身杀入狄人阵中，最终阵亡。后世都认为他是因为之前对晋襄公的无礼而战死谢罪。在箕，白狄的君主被斩。晋军取得大胜。北方少数民族立即又老实下来。

晋文公死后，中原的许多前楚国附庸国出现了异动。其中许国开始和楚国勾勾搭搭。晋襄公马上联合郑国、陈国进攻许国。楚国刚好也想试探一下没有了晋文公的晋国，出兵攻击陈蔡两个依附晋国的小国。陈蔡投降，楚军再攻击郑国。晋国转攻蔡国。楚军赶紧回救蔡国。晋国的阳处父统帅晋军，楚国大将子上率兵北上。晋楚两支当时最强大的军队隔着泜水对峙。

战前，楚军在南，晋军在北，隔岸相望。阳处父的处境其实很糟糕，因为晋军粮草将尽。他没有决心战胜楚军，很想退兵，但又怕退兵时遭到楚军追杀。于是阳处父想出一计，派人对子上下战书说：“两军隔河相望，难以决战。如果贵军想战，我就退后一舍，让你渡河列阵；如果贵军不愿渡河，那就请让我一舍之地，使我渡河列阵。不然两军长时间相持不下，劳师费财，谁都得不到好处。”子上就想渡河列阵，随行将领劝说：“晋人不讲信用，如果乘我军半渡的时候拦击，我们就吃亏了，不如让他们渡河列阵吧。”于是子上选择让楚军后退一舍，等待晋军渡河迎战。

到了约定的战期，楚军如约后退。阳处父马上高声宣布：“楚军不战而逃了。”他也就率粮尽的晋军归国了。从这个战例的身上，我们能看到日后淝水之战的原始元素。没准，淝水之战的决策者们就借鉴了这个案例的成功因子。

阳处父知道子上和楚成王太子商臣的关系非常糟糕，退军沿途就造谣说：“子上是受了晋国贿赂才退兵的。”他还专门把这个消息告诉了商臣。商臣（日后的楚穆王）自然知道晋国的话不能相信，但是他极需要一个政治大清洗的借口，将此事告诉了父亲楚成王，推动楚成王杀掉了子上。看来从古至今，外交都不是孤立的，与国内政治的结合将带来巨大的效益。楚国在泜水之战的外交谋略上，落在了晋国后面。尽管童书业先生认为："楚国的声势在晋的全盛时代也并不衰息。"[1]但是从一系列的斗争结果来看，晋国依然牢固把持着中原的霸权。

六

孟明视没有等满三年，在失败的第二年（公元前626年）带兵东向复仇了。

秦军抢先进入晋国领土，在彭衙（今陕西白水东北）遭遇到了晋军的顽强抵抗。当时晋国先轸已死，他的儿子先且居接替父亲为中军元帅。在战斗中，晋军首先冲入秦阵，打乱秦军阵势。秦军再次失败。

孟明视不气馁，在秦穆公的指使下，继续整顿内政，训练军队。晋国这边，重臣赵衰临死前警告后人说："秦军虽然连败两次，却更加奋发图强，将会是晋军的死敌。要是秦军再来进攻，一定要避免和他们打硬仗。"

公元前624年，秦穆公亲自率兵讨伐晋国。晋军渡过黄河以后，秦穆公下令将渡船全部焚毁，表示誓死克敌的决心。有人担心："我们万一再失败了，到时候怎么回去啊？"孟明视郑重地说："如果再失败了，我们还有什么脸面再回国去啊？"秦军以敢死必胜的决心，一连夺得王官和郊等晋国城池。晋军一看来了个不要命的对手，想起了赵衰的劝告，就采取了避其锋芒，坚壁清野的对策。任凭秦军怎么挑战，晋军就是不出战。秦军纵横晋国领土，虽然没有取得斩将杀敌的辉煌战绩，但无人敢敌，也算是取得了胜利。

秦穆公的心情却高兴不起来。占领一两座城市并不能触及强大的晋国的实力；只要强大的晋军实力保存完好，秦军东出争霸的宏伟计划永远都只能是梦想而已。三十多年来开辟东进道路的努力，近年来连续败于晋文公父子的惨痛事实都促使秦穆公在战场上开始反省自己的战略。寻找不到晋军主力后，秦穆公干脆率秦军从茅津渡过黄河，到达南岸的崤山。崤山是秦军的伤心地。三年前丧身于此的秦军将士们都还没有来得及收殓埋葬，已经变为累累白骨，情景凄凉。有些白骨缝隙中已经长出了茂密的草木，不知道是白骨掩映在草木之间还是草木生长在枯骨之

1　童书业著：《春秋史》，第194页。

间。这一幕是秦国永恒的历史伤痕。面对惨痛的历史和残酷的现实，秦穆公终于明白了：广阔的中原舞台是不属于春秋时代的秦国的。秦国不仅突破不了晋国的防线，就算真正面对弱肉强食的中原，也难保不再有崤山之败。痛定思痛，秦穆公下令在崤山战场上为战死的将士堆土标记，全军肃立默哀。之后，秦国大军悲伤地踏上了回国之途。

秦穆公决定回归秦国祖先光荣的原点。

孤立的地区强国

一

地理环境极大塑造了一个国家的外交。

哈萨克斯坦不可能成为海军大国；波兰要同时应付东方的俄罗斯和西方的德国这两大国的夹击。而在春秋时代，郑、陈等国注定要成为南北强国征战拉锯的重灾区，谁让他们夹在南北之间呢？对于秦国来说，它过去是、现在是、首先是西方大国，而不是天下大国。

任何世界大国首先都要是本地区的强国。一屋不扫，何以扫天下，同理如果连家门口的事情都摆不平，怎么可能在世界事务中说话有分量呢？秦国就幸运地得到了上天赐予的关中地区。首先，关中地区虽然在国际格局上地处西方，但气候温润，少有天灾，农业经济发达，“西有羌中之利，北有戎翟之畜，畜牧为天下饶”。秦人重农，政府经济政策得当，发展出了发达的麦作农业生产方式，使关中有稳定的农业收成可以支持秦穆公的外交雄心。其次，关中地区地理相对封闭，地势较高，攻守自如。该地区对外的主要通道函谷道和武关道都是易守难攻的关隘。其东豫西地区山麓、丘陵与河谷广泛覆盖着黄土，受黄河、伊河、洛河、汝河、颍河的切割，在西段只有一条三门峡峡谷可以通行。河谷南岸是崤山稠桑原，悬崖高耸，上下相对高度有 300 到 500 米。《水经注》说：“历北出东崤，通谓之函谷关，岸高道峡，车不得方轨。”周边的关隘构建了关中完备的攻防体系，尽管战事频繁，但从来没有出现过他国侵略秦国的情况。这两大地理优势使得秦国成为地区强国的成本很轻。

秦穆公要回归的外交定位就是做一个西方霸主。

二

秦国要称霸西方，只要解决少数民族问题就可以了。

在现在的陕甘宁一带，春秋时生活着许多戎狄的部落和小国，“自陇以西有绵诸、组戎、翟、貌之戎，岐、梁山、径、漆之北有义渠、大荔、乌氏、朐衍之戎函”。他们生产落后，披发衣皮，各有君长，不相统一。秦国的人口比例中，只有贵族和少数百姓是华夏族血统，多数人口都是少数民族血统。秦国的崛起过程就是与周边少数民族不断斗争融和的过程。早先，少数民族常常突袭秦国的边地，抢掠粮食、牲畜，掳夺子女，干扰了秦国正常的国家发展。最先被封为大夫的秦仲就是被西戎杀死的；秦庄公的长子世父还为西戎俘虏；世父的弟弟秦襄公将妹妹缪嬴嫁给了丰地的西戎王为妻。秦襄公还推行“以戎俗变周民”，通过吸收西戎风俗文化来强大自身，缓和与周边民族的矛盾。民族史一直贯穿在秦国的春秋史中。

秦穆公先前的东进政策虽然没有成功，但却取得了晋国黄河以西的土地，与强大的晋国形成了势力均衡。这就使得秦国能够腾出手来经营西方。秦穆公调整发展战略后，采取了先强后弱，次第征服的谨慎战术。

当时西戎诸部落中较强的是在今甘肃天水的绵诸、在今甘肃宁县的义渠和在今陕西大荔的大荔。这些部落都形成了固定的政权形式，其中又以绵诸最为强大。绵诸不仅有国君，还因为地在秦的故土附近而与秦国交往密切。绵诸王经常与秦穆公互通使节。

一次，绵诸又派了个叫由余的人出使秦国。秦穆公向由余展示了秦国壮丽的宫室和丰裕的积储[1]，本意是想让由余折服于秦国的强盛。不想由余看完后颇为不屑：“使鬼为之，则劳神矣。使人为之，亦苦民矣。”也就是说由余觉得壮观的秦国宫殿只是秦穆公的形象工程，除了劳民伤财，没有给他其他感觉。秦穆公大吃一惊，想不到蛮族的使节还能说出这样的话来。他继续问道：“我们华夏国家礼法完备，但内乱外患不断，你们绵诸是怎么发展的？”由余平静地回答：“上含淳德以遇其下，下怀

1 秦国有热衷修建宫殿，并储备珍宝于其中的传统。到秦始皇时，秦国的这一传统达到了鼎盛。

忠信以事其上，一国之政犹一身之治，不知所以治，此真圣人之治也。”由余的意思是其实他们也不知道怎么治国，治国大概就像对待身体一样，顺其自然就可以了。秦穆公又吃了一大惊。想不到蛮族中有如此的人才？

秦穆公不无忧虑地对内史廖说：“邻国有圣人，敌国之忧也。现在由余就是绵诸的贤才，也就是寡人之害，怎么办呢？”内史廖建议说：“少数民族地处偏僻，社会落后，人的享受也就有限。国君可以试着赠送给绵诸王美女和礼乐，让他玩物丧志。”秦穆公赞同内史廖的主张，决定从国君那打开缺口。国君被攻陷了，你大臣再贤再有能力也白搭。

于是，由余被“挽留”在秦国居住。同时，秦国给绵诸王送去美女礼乐。左拥右抱、翩翩起舞、美酒佳肴，绵诸王很快沉溺其中不能自拔。他终日饮酒享乐，不理国事；绵诸又遭遇了灾荒，大批牛马死亡。绵诸王也不加过问。于是，秦穆公这才将由余放回乱得一塌糊涂的绵诸国去。由余的确是个贤臣，数次劝谏国君要振作起来，要励精图治。陷在温柔乡里的国君自然是听不进去。秦穆公在那边又频频抛出橄榄枝，招揽由余。由余于是降秦。

由余入秦后成为了秦国统一西方的总设计师。秦穆公的征伐策略基本是由余设计的。

三

公元前623年，秦军出征西戎，以迅雷不及掩耳之势，包围了绵诸。绵诸王被抓，国灭。

秦穆公乘胜前进，二十多个戎狄小国先后归服了秦国[1]。至此，秦国辟地千里，国界南至秦岭，西达狄道（今甘肃临洮），北至朐衍戎（今宁

1 关于秦穆公征西戎灭国数目，《史记·秦本纪》、《韩非子·十过》、《新序·善谋》均记为十二。《盐铁论·论勇篇》记为“西戎八国服”。注文曰：“穆公征服西戎十二国，姜戎、陆浑戎、康及眠必在其列也。”合计亦为十二。《史记》正义：“秦穆公都地方三百里，并国十四，辟地千里。”当为西戎十二国加梁、丙二国，故秦穆公征西戎灭国数应为十二。《李斯列传》作并国二十，恐为十二之误。参见《论秦穆公》。王雷生在《秦穆公述论》中认为秦国灭国数最大值不超过28。

夏盐池），东到黄河，成为和楚国一样的庞然大物。秦国的巩固强盛引起了东方诸侯的关注。齐景公就曾向孔子提出疑问："昔秦穆公国小处僻，其霸何也？"秦国这个西戎小国怎么就成为了西方的霸国呢？

周襄王是不问原因，只对政治斗争的客观结果进行追认。在秦国基本统一西戎后，周襄王派遣召公带了金鼓送给秦穆公，承认秦穆公是西戎侯伯。秦穆公终于成为了霸主，但只是地区霸国。

有了西方作为巩固的根据地后，秦穆公的外交变得灵活而从容。从秦穆公以后到春秋末，秦国的外交战略可以用四个字来概括："抗晋联楚"。秦国与楚国是春秋后期晋国坚定的敌人。晋襄公死后，秦国曾经有过一次机会扶持晋公子归国即位，可惜护送的军队被晋军打败。晋灵公时候，晋军主动伐秦，攻取少梁。秦军也报复攻取了晋国的郙。秦康公曾亲自伐晋，占领羁马。晋侯怒，派赵盾、赵穿、郤缺等大举进攻秦国，大战于河曲。总之，秦国和晋国算是成为了冤家对头。秦国与东南方向的楚国加强了联系，在抗击晋国，进军中原问题上达成了统一战线。楚共王迎娶了秦国的宗室女，秦楚成为婚姻之国。秦国人还不时帮助楚国出兵。公元前611年秦国帮助楚国灭掉了庸人，秦楚两国开始成为领土上的邻国，往来更加密切。这种双边友好关系持续到了春秋末期。吴楚柏举之战后，楚国首都被吴军攻陷。秦军的援军就是通过庸地进入楚国，帮助楚人复国的。尽管外交孤立主义情绪在国内重新成为主流，外交的精神分裂也没有治愈，但这些问题没有客观条件在实践中暴露出来。秦国在外交棋局上运作自如。

每个政治人物在政治大格局中都有自己的位置。秦穆公经过近四十年的摸索，才找到了自己的位置。

四

历史总是充满巧合。在统一西部后，秦穆公就去世了；他的外孙晋襄公也同时死去。

和晋襄公留下一个继续存在的晋国霸权类似，秦穆公也为继承人留下了巨大的遗产。秦穆公身后的秦国西起甘肃西部，北到宁夏，南达汉中等地。在这一大片疆域内，国家巩固、强大而难以攻入。《史记·秦始皇本纪》赞秦穆公说："自缪（穆）公以来，稍蚕食诸侯，竟成始皇。"

司马迁俨然将秦穆公作为日后秦王朝帝业的奠基者。秦孝公在回忆祖先秦穆公的时候说道：“昔我穆公，自岐雍之间，修德行武，东平晋乱，以河为界，西霸戎翟，广地千里，天子致伯，诸侯毕贺，为后世开业，甚光美。”

秦穆公死后所作的一件事情备受后人诟病。他用了 177 人殉葬，其中包括一些才能有目共睹的人才。不知道秦穆公在做出这个决定的时候，有没有记得秦国的崛起其实很大程度上始于百里奚的到来。而秦国实现下一次质的崛起，要等到战国中期一位来自卫国的人才商鞅。史称：“里奚致霸，卫鞅任刻。厥後吞并，卒成凶慝。”

有一点是肯定的，秦穆公这个春秋的地区霸主留下了伟大的遗产。

第七章

两极格局的形成

先秦歌谣·河激歌

升彼河兮而观清。水扬波兮冒冥冥。
祷求福兮醉不醒。诛将加兮妾心惊。
罚既释兮渎乃清。妾持檝兮操其维。
蛟龙助兮主将归。呼来棹兮行勿疑。

楚国恢复了元气

一

当天下人的目光聚焦在西戎的秦国时，原先在城濮伤筋动骨，土头土脸大败而归的楚国在悄无声息地恢复元气。

带领楚国舔舐伤口、虎视眈眈的人是楚穆王。楚穆王叫做商臣，是楚成王的长子，是一个比楚国历代国君都更现实的君主。楚成王晚年曾经在是否传位商臣的问题上发生了犹豫，因为他发现自己的这个长子现实到惊人的程度，而且过早地深深插手了朝政。结果，在一个万籁俱寂、月黑风高的夜里，商臣在老师潘崇的帮助下，用一根丝带无情地勒死了自己的父王楚成王。道德旗帜还在飘扬的春秋时期，亲子弑父的例子却不多。楚穆王的出格行为很引人注意。还有一个例子可以表明楚穆王的现实与残忍。郑国的公子士到楚国聘问。当时楚穆王刚好灭掉了江国，突然想起公子士的母亲是江国的公族女子。楚穆王又联想到公子士会不会因为母亲祖国的灭亡而为害楚国呢？万一公子士日后成为了郑国国君，郑国还会恭敬地依附楚国吗？楚穆王干脆秘密派人在叶县的客舍中毒杀了公子士。

就是这么一个国君，对楚国来说却是一个福音。在国家艰难困阻的时候，苛求新国君的个人品质倒不如寄期望于他的才干和手腕。

当时楚国深陷外交困局。以晋国为首的中原诸侯国结成了联盟，将军事压力推进到了楚国的北方边界，像一张包围网一样笼罩在楚国的头上。楚穆王在巩固权力后，就开始认真规划楚国的外交发展之路。他清醒地意识到楚国新败，晋国正处于士气高涨的上升期，楚国没有能力直接挑战晋国，突破北方的包围圈。为了尽快改变楚国外交上的颓势，楚穆王为楚国选定了一个新的发展方向：楚军转向中原外交网络没有笼罩到的、势力较为薄弱的东北地区，也就是现在的江淮地区。

楚穆王要用武力在江淮地区为国家杀出一条易于发展的血路。

二

楚穆王善于巧妙抓住中原外交压力薄弱的转瞬之际，迅速扩展国家利益。

公元前 624 年秋天，楚穆王当上楚王的第二年。当年，晋国和秦国爆发了战争，暂时无力对楚国施加军事压力。楚穆王看准强国互相攻伐的机会，挥师进攻晋国的附属国江国（今河南息县西南）。晋国派阳处父率军南下救援江国，但被楚君子阻挡于方城[1]之外不能动弹。江国失去了外援，很快就被楚国吞并。楚穆王灭掉江国，将其设置为楚国的一个县。江作为国家的消失引起了不大不小的波澜。对于楚国来说，从此他在淮河上游两岸已控制的息、樊、弦、黄、江等地都连结成了一个整体。楚国势力稳步向江淮纵深地区推进，到达了现在的安徽中西部一带。而

1 方城是楚国在春秋、战国间修建的北部屏障。春秋时，楚国为“控霸南土，争强中国”，约在楚文王期间伐申灭邓之后，在南阳东北开始修筑长城，设缯关。该长城自今鲁山境内经方城山，在今泌阳境内入唐河。类似于长城建筑。

江国既是晋的盟国，又是秦的同姓国，国君都姓嬴。江人国灭祀绝，远在关中的秦穆公为之举哀。

公元前621年，晋襄公死了。他实在太年轻了，儿子尚在襁褓之中。晋国陷入到新君纷立内乱之中，大夫赵盾等人实际操作了国家大权。楚穆王判定晋国无暇外顾，如果自己搞点动作，晋国也派不出大军来。他认为这是千载难逢的良机。他要带领楚国重新回到中原。在当时的楚国，朝野普遍将晋国的内乱看作是有利于楚国的，要求国君把握住机会。大夫范山就向楚穆王进言："晋君少，不在诸侯，北方可图也。"

这一次既然机会比上一次要好，楚国的目标也定得比上一次要高。晋国对楚国的包围压迫主要是通过联络靠近楚国的陈国、蔡国和郑国实现的。这些国家原本慑服于楚国的军威，现在成为了晋国的前哨和先锋。楚国要冲破晋国的包围，首先就要重新慑服这些"墙头草"。

公元前618年春天，楚穆王果断率军北上，军锋直指郑国腹心，到达今河南许昌地区。在这里，楚军大败了没有晋国支援的郑军，还俘虏了郑国的公子坚、公子龙和乐耳三人。郑国被迫与楚国订盟求和，倒向楚国。夏天，楚穆王乘胜进攻叛楚附晋的陈国，迅速攻占了陈国的壶丘[1]；秋天，楚国派出一支别军从东方进攻陈国。尽管这支由楚国息公子朱率领的别军被陈军以弱胜强，打败了，但陈国实在难以承受常年的大兵压境，更害怕楚国强势报复。于是陈国把战争的胜利作为妥协求和的砝码，反而主动提出向楚国称臣纳贡，要求订立盟约。楚穆王愉快地答应了。蔡国见状，主动向楚国靠拢。在这一年中，晋国人内斗忙得不亦乐乎，没有向遭受攻击的中原各诸侯派出一兵一卒。其实楚军在陈国的遭遇表明楚国的实力虽然开始恢复，但并没有达到先前针对陈蔡等国战无不胜的程度。如果晋国强硬地派兵迎战，楚穆王可能会陷入进退两难地窘境。

威服郑国和陈国后，楚国的处境大为改观。楚穆王决定就地召开会盟，检验第一阶段的外交成果。公元前617年，楚穆王先召集郑国郑穆公、陈国陈共公在息县会盟。会后，三国诸侯一同赴厥貉（今河南项城县）与麇子和蔡庄侯会盟。厥貉会盟要解决的议题是四国合力讨伐晋国的铁杆盟友宋国的问题。

1　今河南新蔡。

楚穆王的作为就像是盘旋在高空捕猎的苍鹰。只要晋国集团稍有懈怠或出现疏漏，他就俯冲下来扑向猎物。

三

宋国人也不是傻子，一看晋国是指望不上了，楚军又不会善罢甘休，干脆不用楚军来打就投降了。

厥貉之会就不用开了，楚穆王接受了宋国的投诚。陈共公、蔡庄侯因故先行回国。楚穆王不急着回家，留下郑穆公，再叫来宋昭公一起去孟诸围猎，联络联络感情，顺便炫耀一下。孟诸在今河南商丘市东北，风景出众。但是郑穆公和宋昭公没有欣赏的闲情逸致。春秋的围猎要布军阵、行军令，和作战一样严密规范。围猎时，楚穆王居中路，郑穆公出左翼，宋昭公虽然是地主，却以宾客的身份为右翼。楚国的息公子朱和申舟为左司马，期思公为右司马，负责围猎的组织工作。申舟行令执法，一早就吩咐诸军要带取火的燧，驾好车。宋昭公违令（不知道真假）。申舟作为大夫，不能责罚诸侯，就责打了宋昭公的驾驶人。责打是在军前公开示众的，以此法来代替宋昭侯应受到的责罚。宋昭公受到申舟的大辱，但慑于楚国兵威，只好打断牙齿和血往肚子里吞。

参加厥貉之会的本来还有麇国。麇国是在今湖北与陕西交界处的小国，和宋国关系很不好。麇子听说楚穆王要攻打宋国，积极响应，都带好军队来赴厥貉之会了。但楚国威服宋国就收手了。麇子意识到麇国和楚国的目标存在冲突，不愿成为楚国势力北上的棋子，中途擅自逃会回国了。楚穆王震怒，在次年（公元前616年）派成大心兴兵伐麇，先后败麇兵于堵阳、防渚[1]等地，兵锋直指麇国都城锡穴（今陕西白河东南）。麇国成为了楚穆王的附庸。

厥貉之会标志着楚国继城濮败北后重新振作了起来，重新成为了左右中原局势的强国。

1　这两个地方在今湖北西北房县地区。

四

人的寿命和外交政策的延续有直接的关系。

公元前613年，执政12年的楚穆王正要雄心勃勃、继续北上中原的时候，突然暴病而亡。之后楚国的复霸进程有了一段时间的耽搁。楚穆王强健的身影刚刚走下历史的舞台不久，楚国就陷入了内乱。楚穆王虽然走了，但他用不长的时间就成功地打破了晋国从各个方面对楚国的包围封锁。楚国灭掉了江、六、蓼、宗等国，东向开疆拓土近千里，北向威服城濮之战后叛楚的郑、陈、宋、蔡等国，重新营建了楚国的中原势力范围。楚国重新成为了晋国的心腹大患，重新成为了让中小诸侯胆战心惊的强国。

楚穆王使楚国恢复了元气，为儿子楚庄王问鼎中原，饮马黄河奠定了坚实基础。

楚庄王问鼎中原

一

楚穆王的死对楚国的消极影响是显而易见的。

楚国大夫的强势在楚穆王死后暴露了出来，楚国相继出现了多位权臣。新即位的楚庄王一度被权臣劫持出逃。再加上当时自然灾荒造成的经济上的困难，促使楚国无暇外交，专心内政。晋国的赵盾却稳定了政局，乘着楚国国丧，召集了宋、鲁、陈、卫、郑、蔡、许七国诸侯，重新订立盟约，巩固了霸主地位。而继承楚穆公的楚庄王，浑身都散发着亡国之君的迹象，让人失望。楚庄王在他即位的前三年，“不出号令，日夜为乐”。这位新国王不仅左手一个美女，右手一个娇妻，还天天美味佳肴，夜夜歌舞不休，不处理正事，也不接见官员，十足就是一个昏君的样子。更令人摇头的是，楚庄王还下令国中：“进谏者，杀毋赦！”看来他对自己的所作所为还扬扬自得，不以为过。

眼看着晋国重新会盟诸侯，眼看着被楚穆王拉过来的陈、郑等国又投向了晋国一边，楚国的许多大臣都急了。照这样发展下来，楚国的复霸就完全成为了一句空话，甚至连楚国的强国地位都值得怀疑了。楚庄王对这一切都无动于衷，反而亲近小人，要佞臣进献美女。

终于有个叫伍举的大臣看不下去了，冒死入谏。只见到楚庄王左手抱着郑姬，右手抱着越女，坐在锺鼓之间。伍举说："臣请楚王猜一个秘语。"楚庄王很高兴地答应了。伍举说："阜这个地方有一只鸟，三年不飞也不叫，请问是什么鸟呢？"楚庄王说："三年不飞，一飞就将冲天；三年不叫，一叫就要惊人。伍举，你退下去吧。我都知道了。"伍举很高兴地就退出去了，心力还想：谁说庄王是昏君啊？从他的回答来看，分明是一位胸有成竹的有志国君嘛！

然而伍举马上又失望了。一连过了几个月，楚庄王丑态依旧，既不飞也不叫，照旧是喝酒听歌，打猎游戏，玩女人。史载："居数月，淫益甚。"大夫苏从实在忍受不住了，也冒死入谏。苏从不像伍举，会说个秘语什么的。他就是直截了当地劝楚庄王应该怎么样怎么样，什么样什么样是不行的。楚庄王生气地说："你难道不知道寡人颁布的命令嘛？"苏从坦然回答："杀身以明君，这是我的愿望。"说完，一副大义凛然等死的样子。谁想，楚庄王不仅没有杀他，反而连连说好，下令提拔苏从和伍举为主政大臣，废除美女声乐和游戏，亲自处理政事。楚庄王大刀阔斧地连续裁撤或诛杀了数百个大臣，提拔使用了数百个名声好、能力出众的新人。一时间，楚国朝野奔走相告。

楚庄王从此脱胎换骨成了一个新人。有一次，令尹子佩请楚庄王赴宴，他爽快地答应了。子佩在京台将宴会准备就绪，结果楚庄王爽约没有来。第二天，子佩拜见楚庄王时就询问国君为什么没有来赴宴。楚庄王郑重其事地说："寡人听说你在京台摆下盛宴。京台可是个好地方啊，向南可以看见料山，脚下正对着方皇之水，左面是长江，右边是淮河。山河美景俱在，谁还能记得自己是生活在现实之中？寡人德行浅薄，肯定难以承受如此的快乐。我怕自己会沉迷于此，流连忘返，耽误治理国家的大事，所以改变初衷，决定不去赴宴了。"可见，楚庄王蜕变得相当彻底。

关于楚庄王的戏剧性转变，后世有不同的评论。多数人将他作为浪子回头，改邪归正的典型。世间有的人是真笨，真的是沉溺于物质享受，但是楚庄王不是。他最初的荒唐的确是因为禁不住物质和美景的诱惑，成为了一个堕落的年轻人。可他的体内流淌着的毕竟是楚国的勃勃雄心和奋发图强的意志，一旦有人给他接连指了出来，理性马上战胜了享受心理。所以楚庄王和多数浪子一样，是可以挽救的。

关于楚庄王转变的第二种解释是从现实主义政治出来考虑的。楚庄王即位初期是一位虚君。权臣敢于挟持楚庄王在楚都发动叛乱。虽然叛乱被平服，他复位为王。但之后又接连产生了公子燮、斗克、斗成嘉等权臣，让高高在上的楚庄王既触摸不到真实的权力，也分不清楚到底谁是忠臣贤才，谁是奸臣小人。在人心不定的年代，楚庄王学会了伪装自己，保护自己，如履薄冰地推行着自己的集权揽才计划。他不出号令，是想知道到底是谁在出号令；他不理朝政，是想观察臣下怎么处理这些朝政；他整天沉溺于声色犬马之中，是想让溜须拍马之辈充分暴露。结果，楚庄王成功了，顷刻间掌握了实权，更淘出了忠臣。

不管哪种分析符合楚庄王真实的心理，楚庄王最终转变成了符合楚国利益和朝野呼声的国君。

二

楚庄王一变成好人，就有大手笔的外交表现。

史记上只用了四个字来记载这件外交大事：“是岁灭庸。”

庸国的灭亡很大程度上是他咎由自取，成为了楚庄王扬名立威的靶子。楚庄王最荒唐的前三年，楚国国内发生灾荒。有人就觉得是趁火打劫的好机会。这个人就是在楚国西北部的庸国、麇国。但是打劫也是要看实力对比的。小虾米死也不要打生病的鲸鱼的主意，不然后者一张口就把你给吞了。庸国不明白这个道理，勾结百濮叛楚，从楚国抢夺了一些土地和物资。

庸国是有名的古国，地处巴、秦、楚三国间，建都上庸（今湖北省竹山县西南）。庸国在商朝末期是随同周武王灭商的主要诸侯之一，被视为南方群蛮的领袖。楚国的崛起比庸国要晚，但逐渐代替庸国成为了“百濮之长”，引起了庸国的酸溜溜的心理落差。于是整个春秋时期，庸国都与楚国抗衡，东威慑楚国的崛起，西牵制秦国的扩张，忙得不亦乐乎。公元前611年，楚国遇上严重灾荒，楚庄王不理朝政。楚之四邻乘其危难群起攻楚，庸国国君自然不会放过这个机会。他不仅起兵东进，还率领南蛮各国的军队一起大举伐楚。

就在楚国危在旦夕的时候，楚庄王从容不迫地率军迎战。看准了双方实力的差距，楚庄王采取了擒贼先擒王的策略，将打击的矛头对准了庸国。楚国联系巴国、秦国从腹背攻打庸国。对于庸军主力，楚国采取七战七败的麻痹骄敌战术，然后集中优势兵力，一举消灭庸军主力。楚与秦、巴三国联军大举破庸于方城。庸遂为三国所灭。楚庄王灭掉威胁最大的庸国后，又集中兵力压向麇国，迅速控制了现在的湖北、河南和山西交接地区。楚国扩张了领土，与秦国接壤，一改先前几年的颓势。梁启超在评价庸国灭亡时说："楚庄即位三年，联秦、巴之师灭庸，春秋一大事也。巴庸世为楚病，巴服而庸灭，楚无内忧，得以全力争中原。"

楚庄王真的做到了三年不飞，一飞冲天；三年不鸣，一鸣惊人的神话。

三

在外交小胜后，楚庄王在内政上也多有斩获。

楚国多人才，对人才的成功使用往往能促进楚国的大踏步前进。楚成王就任用了一批贤能之人，实行改革。楚国修明政治，发展生产，扩充军伍，国力大盛。值得一说的是，楚庄王提拔了纯粹平民出身的孙叔敖作为令尹。孙叔敖是我国历史上著名的贤相，司马迁的《循吏列传》把他列为第一人。《吕氏春秋·情欲》称赞孙叔敖是："世人之事君者，皆以孙叔敖之遇荆庄王为幸。……孙叔敖日夜不息，不得以便生为故，故使庄王功绩着乎竹帛，传乎后世。"楚国的复霸和楚成王的成功与孙叔敖的忠心辅佐、精心能干是分不开的。楚庄王、孙叔敖两人君臣相得益彰。孙叔敖出身平民，的确做到了富贵不能淫，清廉到死后子孙无依无靠的地步。最后还是在楚庄王的直接干预下，孙叔敖的儿子才解决了吃饭问题。最后，楚庄王浩和地处江浙之地，与楚国相距甚远的吴、越两国订盟通好，保证侧翼安全。

迅速完成这一切部署后，楚庄王开始了楚国的复霸之路。

公元前608年，楚国联合郑国进攻依附晋国的陈国和宋国，晋国的赵盾率兵救陈及宋，转而攻郑。楚军救郑，在郑都以北的北林挫败晋军，并活捉了晋江解扬。不久，晋国为报北林之仇，再度出兵攻郑。除了楚晋两国的直接交战外，两国的附庸国之间也爆发了战争。公元前607年，郑国公子归生在楚国的授意下出兵攻宋国。宋国大将华元率兵抵御，双方战于大棘（今河南省睢县南）。战前，华元为了鼓舞士气，下令宰杀牛羊，犒赏三军。不知道是故意还是无意，华元并没有犒赏自己的马夫。马夫的心理就不平衡了，觉得自己的辛劳得不到肯定，情绪最后由埋怨发展到了仇恨。第二天，郑宋两国军队正式交战时，马夫不听指挥，载着华元脱离了阵地。华元很吃惊，车夫说："昨天的事你说了就算，但是驾车的事由我作主。"最后，车夫驾着单车来到郑军阵地中。堂堂宋军主帅华元束手就擒，成为了郑国的俘虏。结果宋军群龙无首，大败而逃。华元最后勉强逃回国。这就是成语"各自为政"的来历。宋国的失败就是晋国的失败。

这年夏天，觉得特没面子的晋国联合宋国、卫国、陈国三国准备攻郑，以报大棘之仇。楚国也不含糊，直接将军队开到郑国国都等待晋军的到来。晋国中军元帅赵盾率领的联军没料到楚军迎战这么干脆，心里没有准备，不敢前往交锋就退缩回去了。楚庄王又胜了一回。

楚庄王这只大鸟的鸣叫终于让整个天下都震惊了。

四

楚庄王的心理自信度也越来越高。

公元前606年，楚庄王亲率大军讨伐陆浑之戎[1]。当时的戎族正在侵略周王室。楚庄王驱逐了戎族军队，来到了洛邑，在周王室的鼻子底下观兵炫耀。周定王派上一章出现过的王孙满犒劳楚庄王。楚庄王在这个时刻，竟然问起周鼎的小大轻重。

这件事情的意义有多大呢？首先，我们要知道周鼎的重大象征意义。

鼎是礼器。先秦祭祀中礼器是以鼎为主的。用鼎的多少是等级高低的标志。相传大禹划分天下为九州岛，令九州岛都贡献青铜，铸造九鼎。九州岛的名山大川、奇异之物都镌刻在九鼎身上，以一鼎象征一州，并将九鼎集中于夏王朝都城。因此，九州岛就成为中国的代名词。九鼎成

1 今河南伊川一带，今河南嵩县北部。

了王权至高无上、国家统一昌盛的象征；九鼎的易手标志着王朝命运的转换。“得九鼎者得天下”，自然问鼎的大小轻重就意味着提问者对天下的觊觎之心。后来夏朝灭亡了，九鼎转而被商朝所得；又过了六百年，周武王联合诸侯伐商，推翻商朝，建立周朝。九鼎成为了周朝的镇国之宝。周王室虽然衰落得不成样子了，但依然以天下共主的身份保管着九鼎。

王孙满面对楚庄王的无礼提问，无礼呵斥，只好回答：“在德不在鼎。”这就典型的道德说教，认为实力次于道德。其实在王权巩固的时候，直接将觊觎九鼎的诸侯拖出去砍了就可以了，现在王孙满只能这么回答了。楚庄王根本就不吃道德教育这一套，轻蔑地说：“子无阻九鼎！楚国折钩之喙，足以为九鼎。”意思是说，楚军在战斗中折断的武器的尖刃都可以造新的九鼎了。王孙满感叹说：“你难道忘记了吗？夏朝在他强盛的时候，四方都来朝贡，利用诸侯的贡金造了九鼎。铸鼎象物，百物而为之备，使民知神奸。后来夏桀乱德，鼎落入了商朝手中，给与商朝六百年国祚。商纣王暴虐无道，鼎迁于周。我大周朝德之休明，虽小必重；其奸回昏乱，虽大必轻。周成王定鼎郏鄏的时候，占卜表示周朝可以享受三十代、七百年的天下。现在周德虽衰，但是天命未改。鼎之轻重，是不可以问的。”王孙满这段话的前大半是重复了先前的道德说教，最后才是主要内容，即警告楚庄王周朝虽然衰落了，但是国运还在，还不是别人可以推翻取代的。楚庄王想想自己的实力，相信还不具备吞并周朝的实力，于是退兵回国了。

楚成王走了，但问鼎中原的“壮举”却是石破天惊。

五

接下去几年，楚晋两国都在虚晃钢枪，寻找合适的过招机会。

公元前 604 年，楚国首先发动了进攻。陈国发生了桃色丑闻，后来夏征舒杀死了国君。这一内政随即成为外交导火索。楚庄王高举道德旗帜，以讨伐“征舒弑其君”为名，攻破陈国，又杀入郑国境内。陈国马上依附楚。晋国派荀林父救郑攻陈。第二年，晋国赵盾也率兵南下攻陈。陈国熬不住，又倒向晋国。楚国隔年再攻陈国，这一次干脆灭亡了陈国，将他降为楚国的一个县。陈国在宗法和实力对比上都是相当重要的诸侯国。他的灭亡引起了不同的反向，多数大臣都来向楚庄王祝贺。申叔当时正好出使齐国回来，却忧心忡忡，不向楚庄王祝贺。楚庄王问他，他回答说："您先前以道德大旗率领诸侯讨伐陈国之乱，现在却因为利益将陈国贪为楚国的一个县，今后将怎么再号令天下啊？"楚庄王猛然醒悟，原来王孙满和申叔说的都有道理，一味地追求国家利益是称不了霸的，道德的外交作用不能忽视。楚国先辈之前的外交进进退退，不务道德多少是其中坎坷的原因之一。楚庄王于是允许陈国复国。

陈国这回算是彻底投向楚国了，面临同样困境的郑国怎么样了呢？

在公元前608年到公元前596年的13年中，晋国五次伐郑，楚国七次伐郑。郑国几乎年年遭遇战祸。有的时候，一年遭到晋楚两国的交相攻击。比如公元前606年春天，晋国讨伐郑国，责备郑人与楚国结盟；夏天，楚国又出兵郑国，责问其背楚亲晋。郑国军队是疲于奔命，郑国财政简直变成了军事财政，郑国百姓不堪重负。

公元前598年，楚军再度攻入郑国境内，攻占了郑国的重镇栎邑。郑国的大臣子良认为晋国和楚国"不务德而兵争"，都是没有信用的国家，"晋楚无信，我焉得有信？"楚国和晋国都是无赖国家，郑国也不用和他们讲什么政治信用了。子良顺势提出了后来被许多中小诸侯国奉为经典的"与其来者"的方针，谁的军队来了就服从谁，不必遵守什么盟约。在这一战略思想的指导下，郑国干脆不组织抵抗了，直接投降楚国。以后郑国索性就把"牺牲玉帛待于二境"，谁来就献上一份礼物表示服从，免遭兵祸。也就是说，郑国在国家的南北边境造了多个仓库。一看到楚国和晋国的军队来了，郑国外交官赶紧送上投降书，再捎上早已经准备好的礼物，说：您辛苦，您先歇会，我们投降。

我们不能用有没有骨气来评价郑国的行为。对于他们来说，减轻战争的损害，争取喘息的机会是主要目的；骨气就变成了奢侈品。

郑国两面应付、周旋在晋楚之间的政策，晋国是默许的。楚国却不干了。

意料之外的胜利

一

刚硬的楚国人认为政治立场只能有一个，模棱两可是绝对不能接受的。

公元前597年春，楚庄王率领主力来到郑国。边界官员想按照旧例处理，马上表示举国投降。楚庄王不接受郑国的投降，长驱直入，围困郑国首都，要求郑国在楚国和晋国之间只能选择一个老大。楚军对郑国首都发动了长达三个月的持续进攻，终于攻入城内。大军到达皇门的时候，大家都愣住了。只见郑伯赤裸着上身，手里牵着羊，不断地向楚军作揖，请求投降；只听他嘴里念念有词："孤不天，不能事君，君用怀怒，以及敝邑，孤之罪也。敢不唯命是听！宾之南海，若以臣妾赐诸侯，亦唯命是听。若君不忘厉、宣、桓、武，不绝其社稷，使改事君，孤之愿也，非所敢望也。敢布腹心。"意思是，我错了，请求原谅。千错万错，都请楚国看在之前郑国对楚国恭敬的情分了，再给我一个做牛做马的机会。此情此景，真的是见者伤心，闻着落泪。但还是有一部分楚国大臣建议楚庄王不要接受郑国的投降，直接灭掉郑国，免除后患算了。楚庄王更加看重这一幕表演的幕后意义，说："郑君都做到这一步了，肯定不会失去信用的。对于有信用的人，不可以灭国绝嗣！"于是，楚庄王亲自掌旗，指挥攻入城内的楚国大军后撤三十里驻扎，并接受了郑国的投降。最后，楚国和郑国达成协议，郑国以公子良作为人质担保自己服从楚国指挥。

其实在郑、楚大战的时候，郑国向晋国派出了求援使者。这一次，晋国是大起全国兵马，南下救援郑国，想给楚国一个教训看看。晋军的战斗序列是这样的：老将荀林父将中军，士会将上军，赵朔将下军，郤克、栾书、先縠、韩厥、巩朔等人辅佐。可惜晋军的进展很慢，直至六月才到达黄河北岸。

这时候，郑国投降楚国，郑伯肉袒与盟的消息传到了晋军营垒。晋军内部在关于是否要继续南下，寻找楚军决战的问题上产生了分歧。主帅荀林父提议战斗的目的已经失去，不如全军撤退。先縠却认为："我们是来救援郑国的，怎么能连郑国土地都不到。如果撤军，将会导致中原诸侯离心。”先縠还说到做到，擅自率领本部兵马渡过黄河，继续南下了。先縠的个人行为，使晋军陷入了两难。撤军吧，无疑是令先縠的部队孤军深入，坐观其陷入败的危险境地；进攻吧，前途难料。荀林父虽然经验丰富，战功卓著，但却约束不了先縠等人，更在此时优柔寡断。司马韩厥是负责军纪的，原本应该处罚先縠的个人行为。可他却出于逃避责任的考虑，劝荀林父说：“先縠一走，无疑是深入虎口，一定会失败的。您作为三军主帅，肩负解救郑败楚的使命。现郑国已经投降，使命难以完成了。如果再让先縠的军队覆灭，您的罪责就更大了。我看不如全军渡河南下，如果战胜了楚军，可以完成重任；如果失败，那么三军主帅和副帅都分担罪责，你一个人的压力就小多了。”这完全是置国家利益于不顾的自私想法，却得到了荀林父的赞同。他下令全军渡过黄河，寻找楚军决战。

先縠的一意孤行，荀林父的软弱和自私，将晋国引向了战争。

当时，楚国已经完成了战争目的：服郑，正找了个“饮马于河”的名义准备撤退。谁想，晋军汹涌而来，楚军不得不准备迎战。郑国新附楚国，楚军大军在侧。郑军也动员起来，参予楚国的阵营，迎战晋军。

最后，南北大军在邲（今河南荥阳北）地遭遇了。

二

战争在正式爆发前，其实都是可以避免的。

虽然晋楚双方都可以看到对方闪闪发光的头盔了，双方最高层都还没有铁定决战的心意。楚国攻打郑国，原本只是想迫郑服楚，却意外地遭遇了南下的晋军主力。楚庄王不禁在心里想了：楚军做好了与晋军硬碰硬的准备了吗？当时令尹孙叔敖都已经下令将全军车头转向南方，准备撤退了。他的态度代表了多数楚国大臣的意见。但是近臣伍参（伍子胥的爷爷）认为这是楚国战胜晋国的好机会，不能放弃。孙叔敖则坚决反对决战。最后楚庄王力排众议，下令将所有战车一律朝向北方，不撤退了，先做好迎战的准备。楚国和晋国之间迟早将会一战，逃避是没有用的。但是否要在现在决战呢？楚庄王也把握不准，决定先派使者去试探一下晋军的虚实。

楚庄王派蔡坞居前往晋军。荀林父接待了蔡坞居。他向楚国人表达了议和的意思，并且建议双方同时退兵。晋国显然也对决战没有下定决心。蔡坞居没有得到议和的授权，所以荀林父决定派魏锜、赵旃去楚军阵营议和。魏锜就是跟随晋文公重耳逃难的魏仇的儿子。赵旃也是世家子弟。他们两人都对自己跻身于普通大臣地位不满，希望获取更高的权位。可是他们不通过历史的努力和战绩提升地位，却盼着晋国大军能够失败，将帅们受到处罚，可以为他们腾出位置来。荀林父是让他们俩去议和的，他们却向楚庄王递交了战书（显然是他俩伪造的）。楚庄王接到战书后，最终下定了决战之心。

魏锜、赵旃实在太想挑起战争了。他们在回去的路上，竟然对小部楚军发动了袭击，还俘虏了几个楚军士兵回去。楚军哪里能够容忍这样嚣张的行为，随即发兵追击魏锜、赵旃。而另一头的荀林父得到的消息却是楚军派兵追击晋国的使者，因此做出了紧急派遣战车前往接应的决定。于是一场小规模冲突爆发了。

如果这仅仅是一场小规模冲突，那么晋楚两军孰胜孰败还难以预料。楚庄王这时候决定亲率部分楚军迎战来犯之敌。楚军在楚庄王的鼓舞下，很快就将魏锜、赵旃和支援的冰车打得落荒而逃。楚庄王还意犹未尽，乘胜追击败逃的晋军。

留守楚军阵营的令尹孙叔敖坐不住了。楚庄王亲自提马上阵，冒险冲锋，万一有个闪失，那可怎么办啊？楚庄王出去的时间越长，孙叔敖就越担心。当他得到情报说晋国大军要出来迎战时，急令全军列阵，向前推进，去护驾。请读者想想，当数以万计的楚军列阵出战的时候，这个局势是多么壮观，能够干多少事情？浩浩荡荡的楚军稳步推进，早已经超过了给楚庄王护驾的需要，反而是连续打败晋军的小股部队和先锋阵地，直接逼近晋军主力。楚庄王一见事情到了这步，干脆乘胜对晋军驻地发起猛攻。荀林父前个时辰刚派出议和的使者，现在根本没想到楚军已经到了家门口。晋军在突袭面前，根本组织不起抵抗，士气迅速溃散。几个士兵开始逃跑，后来逃跑的士兵越来越多，最后连将领也开始逃跑了。

晋国上军主将士会是晋军中保持清醒头脑的少数将领之一。在败局已定的情况下，士会沉着镇定，指挥上军且战且退，避免了晋军全军覆没的命运。而一盘散沙状态的晋国中、下军面对楚军的进攻四处溃散，伤亡惨重。各部晋军陆陆续续溃败到黄河南岸。

这个时候，荀林父再次失去理智。他既没有聚拢晋军，凭借背水一战的地形，对楚军进行有组织的反击，掩护撤退，也没有安排撤退的事宜，只是笼统地下令：全军尽速渡河，先过河者有赏。我们可以了解荀林父在一败涂地的情况下，满心希望保全残部，尽可能多地保存军队。但是他不应该鼓励全军渡河北逃。晋军在缺乏统一指挥的情况下，士卒自相砍杀，抢船争渡。当时楚军追击尚远，历史老人给了荀林父组织抵抗、减轻损失的机会。可惜荀林父没有把握住，导致在黄河争渡中伤亡的将士人数远远超过了在与楚军对阵中伤亡的将士。尤其是晋军的中军、下军因为缺乏组织，无建制的溃逃，几乎全军覆没。史记记载："晋军败，走河，争度，船中人指甚众。"这是多么恐怖的情景啊！晋军的船只中满是人的手指，都是那些落在水里的将士们在抢夺船只时被战友砍去的。楚国还成功地俘虏了晋国的军队和部分将领。

拥有六百辆兵车的晋国人马，一战之间几乎全部覆灭。这是晋国历史上第一次大败，也是参予春秋争霸时的最大失败。这是晋国卿族强大起来所形成的矛盾在战争中的暴露。荀林父归国后，主动请死："臣为督将，军败当诛，请死。"晋景公也很想杀了荀林父。但是大臣们多数认为国家新败，正是用人之际，为他请求。荀林父这才免于一死。其他将领也都只是受到训诫而已。

"是时楚庄王强，以挫晋兵河上也。"楚国没有精密组织，更没有想到能在瞬间取得如此重大的胜利。这场出乎意料的胜利不仅让楚庄王喜出望外，也让中原国家大跌眼镜。中小诸侯纷纷承认楚国是新的诸侯。临近的小国和部族也都纷纷归附。与此同时，齐、鲁等国也纷纷遣使与楚通好。大获全胜的楚庄王为了庆祝此次大捷，不仅举行了规模宏大的河神祭祀仪式，而且在黄河岸边修建了楚国先君的祭庙，以示报仇雪恨。有大臣建议将晋国将士的尸体垒起来，造成山丘，号称"京山"，以炫耀楚国的军威。楚庄王对这个不道德的建议断然拒绝了。

不知道楚庄王凯旋时，有没有感叹命运的惠顾。

三

在晋、楚争霸中，宋国跟随晋国最紧，这对交通齐鲁和称霸中原不利，因而楚庄王就想找个借口进攻宋国。

楚庄王决定以大夫的性命去赌一个借口。他派申舟出使齐国，派公子冯到晋国访问。从楚国到齐国，申舟要经过宋国；从楚国到晋国，公子冯要经过郑国。按照外交礼仪，经过他人领土要事先通知。可这一次楚庄王要求申舟和公子冯都不要向经过国家借道。

申舟接到楚庄王的命令后，心脏都要跳出来了。当年在孟诸打猎时，他当众责罚了宋昭公，早已经被宋国视作不受欢迎的人。如果这一次，申舟再激怒宋国，可能就连小命都没了。于是申舟不得不对楚庄王说："郑国在外交上远比宋国高明，去晋国的公子冯可能不会受害，而我却肯定会葬身郑国的。"楚庄王冷淡地说："如果宋国人杀了你，你就是烈士。我会攻打宋国为你报仇的。"楚庄王把话都说到这份上了，申舟不得不硬着头皮出发了。临行前，他把儿子申犀托付给楚庄王，乞求儿子能够得到好好照料。

申舟经过宋国时果然被宋国人扣留了。宋国重臣华元说："经过宋国而不向我们借路，这完全把我们宋国当成了楚国的边邑。如果我们让申舟过去，就等于承认是楚国的一部分。做了楚国的边邑，宋国就亡国了。杀了楚国申舟，楚国一定会来攻打我们，那时候我们大不了就是亡国。我们横竖亡国，不如杀了申舟，轰轰烈烈地亡国。"于是，申舟就被牺牲掉了，并准备迎击楚国的问罪之师。而郑国则任由公子冯经过领土，装作没看见。

楚庄公得到申舟被杀的消息，终于有了讨伐宋国的理由，立刻发兵大举进攻宋国，迅速将宋都团团围住。可是宋国上下同仇敌忾，视死如归，直到第二年五月，楚军都没有取胜。战场就胶着了下来。期间，宋国派大夫乐婴齐去晋国求援。晋景公倾向出兵，但是大夫伯宗等人却丧失了与强大的楚国直接交战的勇气。他对晋景公说："虽鞭之长，不及马腹。我们没有实力管楚国的事情了。不如暂不出兵，从长计议，等楚国国势衰退以后再做打算。"晋景公朝议后决定只给宋国一张空透支票，只派大夫解扬去告诉宋国人不要投降，晋国大军随后就到。晋国希望以此来拖延楚国霸政的进程。这是公元前 595 年的事情。

谁知，解扬过郑的时候被郑国抓住并交给了楚国。楚庄王要他以晋使的身份劝宋国人投降，不然，哼哼，就杀了你。解扬开始拒绝了，但经过楚国三次逼迫后答应了下来。当解扬登上巢车[1]，却把晋景公交待的话告诉了宋国人。他说：晋国大军已经出发了，请宋国一定要坚持下去。楚庄王生气地要杀了他。解扬说："我终于不辱使命了，请你杀了我吧，你杀我是对我终于国家的奖励。"对这样的忠臣，春秋诸侯都会释放的。解扬就最终获释了。

那包围圈里的宋国人听信了解扬的话，满怀希望地坚持了下去。

转眼到了夏天，楚军还没有攻破宋国首都。楚庄王失去了耐心，计划撤离宋国。申舟的儿子申犀跪在楚庄王的马前叩头说："先父明知会死，但不敢背弃君王的命令，完成国君的使命。现在君王您为什么失信呢？"楚庄王无言以对。当时申叔正在为楚庄王驾车。他提出了一个持久战的建议："我们不妨修建房屋，招募农夫在宋都四周耕种，做长期准备。那样，宋国就一定会听从君王的命令。"楚成王于是下令停止攻击，就地住下来，摆出一副不走的样子。

宋国人还是不投降，坚持抵抗。最后，"城中食尽，易子而食，析骨而炊。"居民们互相交换小孩子煮了吃，劈开尸体的骨头当作柴火来烧。宋国已经到了山穷水尽的时候了。宋国人终于意识到晋国的援军是不会来了，心里害怕了起来。华元自告奋勇，在夜里偷偷摸进楚营，来到楚国重臣子反的营帐里。子反正睡得好好的，突然感觉床上隐约多了个人。他睁开眼睛一看，妈呀，怎么来了对手华元呢？再看看那华元，贵为宋国显贵，现在饿得皮包骨头，不成样子了。只听华元冷静地说："宋国国君派我来把宋国的困难告诉你，我们已经山穷水尽了。即使如此，我们也不接受兵临城下的屈辱盟约。但是如果楚国撤去我们首都的围困，侯车三十里，宋国就俯首称命。"子反黑灯瞎火的，听到华元撂下得狠话，心里害怕啊。他当即就答应了华元，并把情况报告了楚庄王。楚庄王显露出政治家的胸怀来，率领楚军退兵三十里。

宋国如约投向楚国。盟约上信誓旦旦地宣誓双方相互信任，互不欺骗。华元亲自入楚作为人质。这场惨无人道的战争终于结束了。晋国不能救宋，失信诸侯。更恶劣的是，你不救就算了，还为了一己私利，欺骗宋国，导致了宋国的人道主义危机。这样的举动让中小诸侯寒心。战

1　一种攻战工具，吊得很高的、像鸟巢一样的车筐，可以人力升降。类似于现代高高悬挂在空中的电梯。

后，诸侯更加紧密地投向楚国阵营。鲁国也赶紧派人向楚庄王献礼，表示亲近。

楚国的势力就此达到了顶峰。

四

公元前 591 年，楚庄王因病逝世，归葬纪南城郊八岭山。楚庄王在临死前嘱托群臣："无德以及远方，莫如惠恤其民，而善用之。"与先辈不同的是，楚庄王的遗嘱带有浓厚的道德色彩。这也许是楚庄王成为霸主的重要原因：仅仅有楚国人的勇武和善战是不够的，更需要接受中原诸侯的游戏规则。那是有浓重道德色彩的游戏规则。楚庄王的进步是楚国连续不断努力的结果。

史载楚庄王"并国二十六，开地三千里"。楚庄王开疆辟土，造就了"赫赫楚国，而君临之，抚征南海，训及诸夏，其宠大矣"的可观局面。但我们说楚国取代晋国成为天下霸国，也是不对的。邲之战后，楚庄王虽称霸于一时，然晋国仍然不可忽视。只能说晋国的实力和影响在消退，却不能说它不是霸国了。此后一段时间，晋、楚双方势均力敌，难分胜负，结果形成南北对峙、各霸一方之势。之后的春秋历史进入了两极格局阶段。

行文至此，我们总觉得楚庄王的霸业缺少些什么。那就是召集诸侯会盟。楚庄王死后两年（公元前 589 年）冬，楚、鲁、蔡、许、秦、宋、陈、卫、郑、齐、曹、邾、薛、鄫等十四国在蜀（今山东泰安西）开会结盟，正式推举楚国主盟。楚庄王终于成为了中原迟到的霸主。

第八章

拉锯战没有胜者

诗经·豳风·破斧

既破我斧，又缺我斨。周公东征，四国是皇。
哀我人斯，亦孔之将。
既破我斧，又缺我锜。周公东征，四国是道。
哀我人斯，亦孔之嘉。
既破我斧，又缺我銶。周公东征，四国是遒。
哀我人斯，亦孔之休。

不同的复霸努力

一

晋景公是晋文公之后最伟大的晋国领导人。

晋国在灵公、成公时期，力量衰落。晋灵公是一个昏庸的君主，在正史上恶行罄竹难书，最后被公卿力量杀死；晋成公在位只有短短的几年，是个庸碌无能的人。这就是晋国大败于楚庄王、失去霸主地位的历史背景。大乱之后必有大治，随后即位的晋景公是比较有作为的君主。他带领晋国走上了复霸的道路。

晋景公一走上政治舞台就抓住了一个大机遇。公元前 594 年，周王室发生了王孙苏同召氏、毛氏争夺政权的事件。王孙苏杀死召公和毛伯，毛召二族的党徒进行报复，王孙苏逃到晋国。晋景公平定了这次动乱，将王孙苏送回王室。王室安定了下来。此情此景很容易让人想起晋文公那次成功的外交亮相。之后，晋景公将扩充实力的努力转向东方，大规模对赤狄用兵。公元前594年晋国灭潞，次年又攻取申氏、留吁、铎辰等赤狄其他各部[1]。当取得上述进展后，晋景公想学前任，会盟诸侯，以图在东方重新确立霸势。这一回，晋景公走得太急了。

为使盟会成功，晋景公于公元前592年春天派遣郤克出使齐国，去做外交斡旋。齐国一直是东方最强的诸侯国，也是仅次于晋国的北方第二强诸侯。自从齐桓公之后，齐国就罕有作为。晋国希望先取得齐国对自己复霸的支持。晋景公想当然地认为齐国这次也肯定不会反对自己的称霸，并且相信齐国也没有反对的实力。

郤克在齐国遭到了出乎意料的外交羞辱。外交接见的时候，齐国齐顷公的母亲萧夫人躲在帷后观看。郤克是个瘸子，走起路来一拐一拐的。他一出现，萧夫人就忍不住笑出声来。当时来齐国斡旋的还有鲁国季孙行父、卫国孙良夫。孙良夫的一只眼睛是瞎的，季孙行父则是个秃头。幕后的萧夫人于是笑个不停。笑声很响，在场的人都听到了。齐顷公作为主人，也没有制止。按照春秋礼法，外交场合和诸侯会盟的时候是禁止女子出席的。齐国萧夫人的出场、大笑不仅被视为极不严肃的事情，更被看作是对晋、鲁、卫三国的公开羞辱。郤克三人的涵养都不错，没有当场翻脸。但当齐顷公在之后的外交活动中，分别让一个瘸子、一个瞎子和一个秃头分别去和郤克等三人会谈时，郤克三人完全出离愤怒了！

齐顷公为什么要这么做呢？因为他要挑战晋国的霸权，要为齐国争夺更大的外交空间和更多的国家利益。齐顷公判断齐国复霸的机会来到了。他过分估计了晋国的衰落程度，希望趁机尽可能地恢复祖先的光荣和威望。

受到羞辱的郤克在离开齐国时恶狠狠地说："此仇不报，我不再渡过黄河！"回到晋国后，他就要求伐齐。晋景公不同意，说："你怎么可以因为个人的恩怨，动用整个国家机器呢？"但是在这年夏天，晋景公

1　这些部落都在今天山西的东南部。

还是会合鲁、卫、曹、邾等国国君在断道(今河南济源西),谋讨背晋之国。齐顷公清楚这个盟会是针对自己的,害怕在盟会中受辱,只派了高固、晏弱、蔡朝、南郭偃四个大夫赴会。四位齐使到达晋国河内时,郤克把四个人都抓了起来,咔咔咔咔四刀,杀了。晋、齐两国矛盾进一步加深。

两个一心恢复祖先荣耀的国家终于走到了战争的边缘。

二

晋国和齐国的战争是由地处两国间的鲁国引起的。

鲁国和晋国的关系是稳定的。齐、鲁两国因边界争端而为世仇,征战不断。鲁国常常处于劣势。在一个小区域内,竞争失败的一方最常见、最有效的报复方法就是引入区域外的大国力量来平衡区域内的失衡。在齐国的欺压面前,鲁国就引入了晋国的支持。它将晋国深深地拖入了东方事务。当然了,晋国对此是心甘情愿的。

这不,公元前 589 年,齐国又开始进攻鲁国的龙邑,一直打到了巢丘。同时,齐军还入侵卫国,在新筑大败卫军。卫国统帅、秃头孙良夫侥幸逃脱后,急于报仇雪恨,竟然不请示国君就直接去晋国请求伐齐。鲁国也派了臧宣叔到晋国乞师。他们两人都直接找到了晋国的执政者郤克。因为地球人都知道,郤克是国际知名、晋国最大的反齐分子。

郤克马上向晋景公提出要讨伐齐国。这一次,晋景公同意了。当时,晋之宿敌楚国已从晋国手中夺取了对中原大部分地区的控制权,正努力施展拉拢齐国的外交手段,以进一步削弱中原地区抗楚的势力。楚齐两国间也开始眉来眼去了。晋景公深知,齐国若与楚国结成联盟,必将对晋构成严重威胁。因此,打击齐国是晋国震慑诸侯,复兴霸业的紧迫需要。

重创齐国,晋国就等于砍断了楚国的右臂,也粉碎了齐国出格的欲望。

三

晋国很重视这次战争,以郤克为中军主帅。

公元前589年，元帅郤克率领晋国上、中、下三军战车800乘，士兵60000人，会同鲁、卫、曹及狄人的军队进攻由齐顷公率领的滞留在卫国的齐军。这边，鲁国派臧宣叔作向导，另派季文子帅鲁军参战。齐顷公闻讯，决定先避开诸侯联军的锋芒，迅速东撤，保存实力再寻找有利的战机。6月16日，联军尾追齐军进入到齐国西南部的靡笄山（今济南千佛山）下。回到国内的齐顷公下令停止撤退，并遣使向郤克挑战。这是齐国在熟悉的内线作战，齐顷公充满了胜利的信心。

次日清晨，齐顷公战前激励战士们说："速战速决，大破晋军后再回来吃早饭。"春秋时打仗都是从早上开始的，齐顷公对一战击溃晋国率领的诸侯联军自信满满。双方在鞌（古法写作"鞌"，在今山东济南西）列阵。求胜心切的齐顷公自恃齐军勇猛，马不披甲，催动其所乘战车，率先向以晋国为首的诸侯联军冲击。齐国果然英勇，以一国之力和联军展开激战。齐军的进攻非常猛烈。郤克在混战中中箭，血流满身，顺着大腿淌到了鞋子里。他渐渐地坚持不住了，想退回营垒治疗。他的战车驭手解张也身负箭伤，却激励郤克说："我也中了两箭。但我不敢声张自己的伤势，怕引起士兵们的疑虑。请元帅您也忍忍吧。"解张说完，一手并辔驾车，腾出一只手来代替郤克击鼓。车右的郑丘也非常勇敢。郤克的战车在战场上多次遇到故障或障碍，郑丘都冒着危险跳下车去排查。如果战车遇到了实在跨不过去的障碍，他就奋力推车前进。郤克在他们的鼓励下，始终坚持指挥作战。受到鼓舞的晋军，奋勇拼杀。郤克带领军队向齐军猛攻，齐军渐渐支持不住了。齐顷公在乱军中和大夫丑父调换了位置，以防万一。晋国的韩厥几次冲到齐顷公的车前，嘲笑说："寡君派我来救鲁、卫。"最后，齐顷王的战车被晋军团团围住了。丑父见机行事，派齐顷公下车取水。齐顷公这才逃脱，回到齐军营垒。丑父被俘。郤克发现抓错了，一怒之下要杀丑父。丑父正色说："我能够代替国君而死，后人都会把我视作功臣了。"郤克没有办法。春秋时，人们最不愿意成全仇敌的名声了。丑父最终被释放，回到齐国。

取得鞍之战胜利后，晋国联军乘胜追击，继续东进，攻打齐都临淄西南方的马陉（今山东淄博东南），进而威胁临淄。齐顷公被迫遣使向郤克求和。刚开始，齐顷公请求献上宝器财物，请晋国撤军，遭到了郤克的拒绝。郤克的和谈条件就两条：一是要严惩萧夫人，二是要求齐国将田垄都改作东西走向。田垄东西走向是为了便利从西向东进攻的晋军的前进。齐顷公不能接受，和谈就这么僵持了下来。鲁国、卫国劝郤克说："萧夫人是齐君的母亲，齐君怎么可能处罚她呢？况且您以义伐齐，而以暴为后，不太好啊。"当时，楚国已经动员军队，准备北上了，鲁国、卫国两国急于将主力调防回国，于是向郤克施加压力。郤克便答应与齐国讲和。齐国归还侵占的鲁、卫两国的土地。齐国向晋国献上大量财物，彻底破灭了复霸的梦想，重新屈服于晋国。

在鞍之战中，齐君几乎成为了晋军的阶下囚。齐国的地位大为削弱。晋国取得了重大胜利，重新增强了晋国在诸侯国中的霸主地位。

晋齐两国的复霸最终以晋胜、齐败结束了。

四

在晋、齐鞍之战中，楚国虽然表面中立，实际上是支持齐国的。

当年冬天，楚国出兵救齐。令尹子重尽起楚师伐鲁，先攻打卫国，后又从蜀地入攻鲁国。鲁国不支，只得向楚求和。子重允许，接着，与鲁、蔡、许等国国君及秦、宋、陈、卫、郑、齐等国大夫会盟于蜀。楚国的面子真是大，连秦国都请来了。有人统计认为这是春秋历史上参予国家最多的盟会。晋国辛辛苦苦取得了鞍之战的胜利，却没有遏制楚国的嚣张。

对于楚国这样的气焰，晋国无疑也不甘心。在蜀地会盟的第二年（公元前 588 年），晋国约集了鲁、宋、卫等国伐郑。晋国的部分军队深入郑地，但被郑国将领公子偃设下的埋伏大败。郑国人去楚国献俘。

这一阶段，晋国楚国基本是势均力敌的。这时候的中原诸侯国既害怕晋国，又不敢得罪楚国，差不多都是两边朝聘，纳贡。中原地区陷入了常见的拉锯战之间。晋、楚两国的斗争历史表面看来虽很混乱，却有其井然的条理，是一种格局的循环。也就是说，晋、楚两强一场大战后，晋胜，则一些以前附楚的小国自动或被动地转而附晋；这样一来，楚国不肯罢休，便和这些小国算账；小国从了楚，晋又不肯罢休，也和这些小国算账。每一次战斗都会产生新的恩怨，战争越多恩怨就越多，最后就结成了一张巨大的网络，包括了所有的国家。于是，一场新的世界大战就不能避免了。只有战争才能让大家的恩怨作一个了断。

兵来将挡，水来土掩的话虽然没有错，但是兵和水来得次数多了，将也会不敷调动，土也会取完的。

外交三角与盟会

一

在春秋后期，晋国出了一张好牌。

在实力均势难以改变的情况下，晋国接受了从楚国逃出来的申公巫臣的建议：联吴制楚。如果说晋国和楚国是外交的两个定点，那么秦国和齐国就是围绕在其外的两大国。楚国、秦国和晋国构成一个外交三角，秦国偏向晋国；晋国、齐国和楚国又构成东方的外交三角，齐国现在偏向晋国。这两个三角都是平稳的，晋国和楚国僵持不下。晋国需要开辟对自己有利的新的外交三角。这个三角最好符合这么一个条件：只要晋国的插手，局势会朝着对楚国不利的方向发展。楚国和吴国在南方的斗争格局就符合这个条件。

吴国和楚国的关系很不好，冲突甚至战争不断。按说，楚国的力量比吴国要大得多。但楚国把主要力量都投入到北方两个三角的斗争中，并没有对吴国方向投入太多的国力。因此吴国以弱国之躯在南方和天下的超级大国形成了均势。晋国看中吴国是一个“潜力股”，认为很值得投资。

晋国很快就同意了巫臣的建议。巫臣还自告奋勇去吴国做使臣。巫臣到吴国后得到了吴君寿梦的重视，一拍即合，立即实现了晋国、吴国的联合。巫臣还带了一队晋军去吴国传授吴军射箭、驾车、列阵等军事技术，原先善于水战的吴军由此学会了车战，军队面貌大为改观。吴军觉得自己力量增长很快，晋国就开始怂恿吴国攻打楚国。为此，巫臣还留下自己的儿子狐庸担任吴国的行人（外交官）。

晋与吴楚会盟以后，展开了相对频繁的使节交聘。吴公子季札（季子）曾两次出使晋国。公元前599年，季札第一次出聘是为了“通嗣君也”。他历聘鲁、郑、卫、晋，对中原诸国的礼乐、典章制度作了一番考察和研究。季札第二次出聘晋国是在公元前515年，适值吴楚交战，“季札聘于上国，遂聘于晋，以观诸侯”。除季札使晋以外，吴还曾派过其他人员使晋。公元前 592 年，巫臣之子狐庸聘于晋。晋也曾派使者出聘至吴，晋平公时“使叔向聘于吴，吴人拭舟以逆之”。吴国人用富有东南特色的礼节接待了晋国使节。公元前 550 年，晋将嫁女于吴。双方通过婚姻进一步加强了联络。

晋国的目的是希望吴国能够拖住尽可能多的楚国力量，削弱楚国在北方与自己的争夺实力。那么吴国能达到这样的期望值吗？

二

吴国很配合，开始卖力地进攻楚国。

吴国清楚自己的实力，将进攻的矛头对准楚国的附庸巢国（今安徽巢县），徐国（江安徽泗县西北）。取得一系列小胜后，吴军还攻入了楚国领土，闹得楚军来回奔波。“吴始伐楚、伐巢、伐徐”，楚军在战场上“一岁七奔命”，“蛮夷属于楚者，吴尽取之”。一些属于楚国的小国都被吴国夺去。吴国开始强大，与中原诸侯开始交往。此后近 70 年间，双方先后发生过十次大规模的战争，仇恨越来越深。在这十次战争中，吴军全胜六次，楚军全胜一次，互有胜负三次。楚国受到极大的牵制。

晋国也很够朋友，出兵配合吴国的进攻。晋军攻打附庸楚国的蔡国，还俘虏了沈国国君。晋国和楚国围绕着晋国和吴国的交通问题展开了激烈的争夺。公元前 583 年，晋国会合诸侯军队讨伐郯国（今山东郯城），开辟了通往吴国的道路。不料第二年，楚国攻占莒国首都，又重新截断了晋国和吴国的交通。

我们有理由相信，吴国果然不负众望。

三

晋、楚两国打来打去久了，慢慢产生了厌恶情绪。

公元前 582 年的一天，晋景公视察军府，看到了一个戴着南方帽子的囚犯。晋景公问旁人：“那个戴着南冠的囚犯是谁啊？”有关部门汇报说：“这是郑国人献上来的楚囚。”

这个被后人称作“南冠楚囚”的囚犯名叫钟仪。钟仪是楚国设在郧邑（今湖北安陆）的行政长官，称作郧公。钟家世袭伶人一职。钟仪在公元前 584 年，令尹子重率兵攻打郑国时随军出征，战败沦为战俘。郑国把他抓住后，又转送到晋国关押了两年。

晋景公对这个被关押了两年，还坚持戴故国帽子的人，十分感佩。他下令释放钟仪，并立即召见，展开了一段对话。晋景公先问起钟仪的家世，钟仪回答说自己先世是楚国的伶人。晋景公很感兴趣，当即要他奏乐。钟仪拿起琴，演奏了楚国的乐曲。晋景公接着又问起当时在位的楚共王的为人。钟仪坚持不评价自己的国君，只回答说："这不是小臣所能知道的。"晋景公觉得钟仪的回答非常得体，钟仪是个贤臣、忠臣。

从这里我们可以看出两点：首先，晋景公对楚国的风土人情和政治充满好奇。可惜他没有太多交流的渠道。和楚国囚犯的交谈竟然成为了他少数不多的渠道之一。更深层次看，晋景公身上现出了一种倦意。连年的战斗使他厌倦了。之后，晋景公曾透露过自己和钟仪的交谈情况。晋国的大夫范文子敏锐地意识到这是一个改善晋国和楚国关系的机会，就说："您看到的这个楚囚，学问修养不凡，而且不忘根本，忠于国君。这样的人，应该放他回去，让他为晋楚两国修好起一些作用。"晋景公欣然采纳了范文子的意见。这就为之后的双边关系奠定了基调。

钟仪不久就被释放，回到楚国。他如实向楚共王转达了晋国愿意与楚国交好的意愿，进一步建议两国罢战休兵。楚共王的心态也和晋景公一样，欣然采纳了钟仪的意见，决定与晋国重归于好。晋楚两国开始来往聘请，释放囚徒，关系出现了转机。

贯穿南北多年的坚冰开始出现消融迹象。

四

与南北霸国都有关系的宋国重臣华元起到了外交和谈的桥梁作用。

华元不仅与晋国执政栾武子有交情，与楚国令尹子重也交好。他消息灵通，了解到晋楚两国的和谈意向，就奔走于晋、楚两大国之间，撮合两国于宋都西门外相会。公元前 579 年，由宋大夫华元倡导，提出停战的建议，在宋都西门外召开十四诸侯国参加的弭兵大会。晋楚订立盟约，规定："凡晋、楚无相加戎，好恶同之，同恤灾危，备救凶患。若有害楚，则晋伐之；在晋，楚亦如之。交贽往来，道路无壅；谋其不协，而讨不庭。有渝此盟，明神殛之，俾坠其师，无克胙国。”双方约定建立稳固的外交交流渠道，互不交兵，互相救难，共同讨伐不听命的诸侯。

晋国正卿赵武和楚国令尹屈建各代表本国参加。各国要歃血订盟。按礼，盟主先歃。于是赵武和屈建为歃血的次序展开了一次明争暗斗，两人各不相让，几使盟会破裂，最后，晋臣羊舌氏对赵武说：“主盟以德不以势，若其有德，歃虽后，诸侯戴之。如其无德，歃虽先，诸侯叛之。”赵武接受劝告，将首歃权让给楚国。羊舌氏的劝说明显是色厉内荏。赵武之所以让出主盟权关键不是相信道德说教，而是他的主要心思放在国内政治斗争。赵武本人就是在残酷的国内政治斗争中幸存，并取得权力的。国内政治斗争严重制约了外交事务的自由独立展开。

不管怎么说，春秋实现了第一次和平盟会。和之前的诸侯盟会不同的是，这不是世界大战之后的和平的权力追认，而是自发的对和平的渴望。但是这种和平设计能够实现吗？

五

宋国第一次弭兵大会的成果像纸一样薄，顷刻就被搓破了。

三年后，楚国违背盟约进攻郑、卫。当时的楚国令尹子囊有所疑虑地说：“我们新近和晋国结盟，就违背盟约，似乎有点说不过去啊？”司马子反说：“只要对本国有利的事情就可以干，管他什么盟约？”好一句“管他什么盟约”。原来盟约在他们看来是可有可无的，完全是工具，而不是目的。郑国发兵相抗。晋国也约了吴国在钟离（今安徽凤阳）和诸侯相见。这是吴国参予中原诸侯盟会的开始。对于晋国的抬举，吴国自然是万分感激。楚国见形势不利，许诺给与郑国汝阴之田收买郑国。郑国转向楚国一边，还遵从楚国的意思起兵伐宋。卫国则遵从晋国的意思伐郑。看来各国对盟约的态度都不是严肃的。不严肃的态度引起了现实外交的连锁反应，导向了新的世界大战。

现在我们似乎可以说华元的第一次弭兵大会与诸侯盟会的最大不同就在于它是大战的前奏，而不是对战果的追认。

鄢陵燃烧的烽火

一

公元前 575 年五月，晋厉公与齐鲁卫等国相约伐郑，楚共王领兵救郑，两军相遇于鄢陵（今河南鄢陵西北）。

晋国随军的大夫士燮不想同楚军交战。他的意见是“外宁必有内忧”，只要没有外部战争了，晋国内部就会有战争了。因为战争往往成为国内政治转移矛盾的手段，矛盾激烈的晋国内斗是多么需要战争啊？他怕万一把楚国打败了，残酷的国内斗争就要开始了。士燮的话也从另外一方面暴露出当时晋国的内斗是多么的频繁。这样的晋军能取得胜利吗？

6 月 29 日，楚共王采取了以往的策略，楚军摆开阵势在黎明时突然逼近晋军营垒，希望能够取得楚庄王那个先发制人的意外胜利。当时晋军营地前有大片泥沼，一时没有空间布阵应敌。晋军军官不知所措。士燮的儿子提出建议说：“我们把井填上，把灶铲平，就可以在营地内腾出空间来，足够摆开阵势，也能保证行道疏通。同时，我们派老弱病残去营后去挖掘新的井灶。上天同样保佑晋国和楚国，我们有什么可担心的？”士燮听了气得拿起戈赶儿子出去，并说：“国家的存亡，是天意决定的，小孩子知道什么？”一旁的郤至乘机进一步提出楚军的六大弱点：“楚军统帅彼此不和；楚王的亲兵都是贵族子弟；胁从郑国的军队虽然摆出了阵势，但是军容不整；楚军中的蛮族虽然成军，但不能布成阵势；布阵不避开月末这天；士兵喧嚣，吵闹却不知道团结。我们一定能战胜他们。”晋厉公这才下定决战之心。到最后应战的时候，晋军还是填井平灶，疏散行道，列队出营。

战前，楚共王登上了巢车观望晋军的动静。从晋国叛逃过来的太宰伯州犁在楚王后面陪同。伯州犁把晋军分布、列阵等情况都告诉了楚共王，但没有提出切实的应敌措施。而由楚国逃到晋国的苗贲皇也在观察战场的晋厉公身旁，也把楚共王亲兵的位置告诉了晋厉公。楚国当时最精锐的武士都集中在中军，而且人数众多，战斗力很强。苗贲皇提出了建议：“楚国的精锐部队只不过是中军里那些楚王的亲兵罢了。我们如果分出精兵来攻击楚国的左右两军，再集中三军围攻楚王的中军亲兵，一定能把他们打得大败。”晋厉公欣然接受了建议。

二

战斗爆发后，晋厉公及时改变原有阵势，从中军各抽调精锐的将领和士兵加强左右两翼。晋国的如意算盘是诱使楚左、右军进攻晋国中军，而得到力量加强的晋国上下军抓紧时间击退楚国的上下军，最后晋国集中上、中、下军与新军共击楚国精锐的中军。部署既定，晋军遂在营内开辟通道，迅速出营，绕营前泥沼两侧向楚军发起进攻。

楚共王果然中计。他只望见晋厉公所在的晋中军兵力薄弱，就率中军攻打，企图先击败晋国中军，结果遭到晋军的顽强抗击。晋将魏锜用箭射伤楚共王的眼睛，迫使楚中军稍稍后退，未能支援两翼。魏锜很快又被楚军复仇的弓箭射杀。晋军乘势猛攻楚左、右军。追击中，晋下军将军韩厥数次几乎生擒楚共王。顽强的楚军并没有溃败。暂时的失利让楚军的战斗更加凶猛。据说当时楚军中有大力士，举着晋军官兵就玩“掷铅球”，击毁了多辆晋军兵车。两军打得天昏地暗，激战自晨至暮，都没有分出胜负来。

三

夜里，晋国和楚军都抓紧补充士兵和物资，准备鸡鸣再战。

白天的战斗中，楚军伤亡惨重，但并没有失去胜利的希望。晋军同样损失严重，迫切需要休整。楚共王计划抓紧夜幕的掩护，发动一切资源补充白天的消耗，准备明天再和晋军大战三百回合。当时，楚共王已经瞎了一只眼睛，强忍着召开军事会议。会议开始后，司马子反没有来。一查，子反战后醉酒，已经不省人事，不能商议军机了。楚共王不禁仰天长叹，这军事会议开不成了。他对明天的再战丧失了信心，连夜带领楚军，扛着烂泥一样的子反逃跑了。晋军进入楚营，连吃了几天楚军留下的粮食。

直到战争结束，鲁、卫两国都未发一兵一卒。晋军在回师的时候，齐国的盟军方才赶到。晋国派人问罪，齐国派太子光到晋国做人质，承认了晋国的霸主地位。

鄢陵之战是春秋中期继城濮之战、邲之战之后，晋楚争霸中第三次，也是最后一次的两国军队主力会战。晋国最终阻止了楚国的北进。但晋国的胜果并不大，而楚国的失败也并不惨重。双方都认识到了对方的厉害。从此，中原再也没有发生争霸大战了。之后，诸侯各国都把在国际上大打出手的精力投入到了国内的动乱。

楚军连夜奔逃到国内的瑕地。楚共王派人对子反说："之前大夫使军队覆没都要自杀，那是因为国君不在军中，大夫要承担责任。这次，你不要为自己的过错担心，失败是寡人之罪。"子反再拜稽首说："君赐臣死，死且不朽。臣之卒实败，是臣之罪。"楚共王的宽劝反而让子反背上了心理负担。令尹子重原本就和子反有矛盾。现在他派人对子反说："当初覆没军队的人的命运，你也听到过。现在你怎么不为自己考虑一下？"子反回答说："先大夫的例子我都知道，我怎么敢不义呢？我败君师，岂敢逃死。"于是就自杀了。楚共王派来阻止他的使者正在路上，等赶到的时候，子反已经死了。

四

战场是不会完全沉寂下来的。大战虽无，春秋后期晋楚小战不断。

先是本来附属于楚国的陈国，受不了楚国令尹子辛的压榨，反叛楚国。楚国为了维护自己的势力范围，伐陈。晋方诸侯派兵相救，双方没有爆发大战。后来楚国将子辛杀死，新令尹子囊伐陈。陈国这又重新归了楚国。楚国小胜。

郑国在南北霸主的轮番争夺中，政治立场反复多变，晋楚双方都苦于难与郑国结成巩固的同盟关系。公元前 571 年，晋、齐、宋、卫等国共同伐陈，在郑国西界的虎牢建筑城池，威逼郑国。八年后，晋方诸侯军队加固城池，并长期驻守。又在梧地筑城，在虎牢加筑小城。楚国曾经来攻，双方都无战意，不战而回。晋悼公为了彻底解决这一问题，将晋国及其从属国的军队搭配划分为三部分，驻于虎牢，轮流出征与楚国争夺郑国，采用"楚进则晋退，楚退则晋进"的以逸待劳的战术。郑国终于经不起晋国的轮番进攻了，在一次晋悼公亲自率领大军进攻郑国时，郑简公向晋悼公表达了愿意永结盟好的诚意，并请求立盟歃血。

晋悼公拒绝说："交盟已在前矣，君若有信，鬼神鉴之，何必再歃？"的确，郑国和晋国已经有过许多次盟约了。如果有诚意结盟，就没有必要在此歃血为盟，只要严格遵守之前的盟约就可以了；如果无心友好，再多几次歃血也是白搭。为了进一步给郑国施加压力，晋悼公传令将郑国俘虏全都放归，还撤掉虎牢全部驻军，严禁军队侵犯郑国百姓。随后他语重心长地对郑简公说："寡人知尔苦兵，欲相与休息。今后从晋从楚，出于尔心，寡人不强。"（我知道你苦于兵灾，早就想停战休息了。今后你是要从晋，还是从楚，都由你自己的内心决定，我不强求你。）郑简公听了这话，感动得泪流满面，发誓再不背叛晋国。此后较长时间里，郑国果然专心从晋。晋悼公军事压力和道德感召相结合，显示自己和好的至诚之意和对属国主权的充分尊重，成功拉拢了郑国。这是晋国在春秋后期最大的外交成果。

公元前 572 年，楚国利用宋国大族间的斗争，支持逃亡楚国的鱼石回国，并夺取了宋国的彭城（今江苏徐州）作为鱼氏的封地，还派兵车 300 乘协助，培植宋国的亲楚势力，割断晋国和吴国的交通。宋国求援于晋国。晋国出兵。晋军和楚军相遇后，盘旋许久，最后不战而回。第二年，晋、鲁、卫、曹、莒等国围困彭城。彭城投降。鱼石被迁出彭城。楚国截断晋吴交通的计划破产。晋国小胜。

卫国也发生了叛乱。卫国上卿孙林父因内讧割据戚邑（今河南濮阳北）反叛，并为寻求外援而依附晋国。晋平公派三百士卒协助守卫，后来三百晋兵被卫国公室平叛的军队歼灭。晋国欲起大兵讨伐卫国。卫献公与大夫宁喜赴晋国准备向晋君面陈孙林父反叛之罪，反被晋国一度扣留。晋国公开支持卫国的反叛势力，这是晋国自文公起一直仇视卫国的外交方针的继续，但插手明显无理的一方，扩大他国内乱的行为是不得人心的。晋国可谓棋失一招。

在晋楚的恩恩怨怨中，晋国略占上风，楚国不能与晋国直接对抗。晋悼公时候的晋国出现了外交地位的小高潮。但其最大成效也就在于征服了郑国而已。当时的晋国和楚国就像两个病入膏肓的人，霸国的光环和实力都在慢慢消退。只是晋国一时还能够从内斗中抽出身子来，全力对外而以。

中原争霸至此也就接近尾声矣。

齐国的彻底沉沦

一

晋悼公、晋平公时期是整个晋国历史的最后高潮。

晋悼公在诸侯间争斗局面一时难以改观的情况下，通过处理民族问题达到了发展国家的目的。在对待戎族的政策方面，他采取了“和戎政策”，即“戎狄荐居，贵货易土，土可贾焉，一也；边鄙不耸，民狎其野，穑人成功，二也；戎狄事晋，四邻振动，诸侯威怀，三也；以德绥戎，师徒不勤，甲兵不顿，四也；鉴于后羿，而用德度，远至迩安，五也”。也就是用财物去骗取戎族的大片土地，以代替过去的军事杀伐；派魏绛去安抚诸戎，与戎族结盟，从此晋国免除了后顾之忧，便可抽出兵力和楚国争夺郑、宋，争霸中原了。

晋悼公病逝，其子晋平公继位。缓过劲来的齐国原来就不是真心实意地加入晋国集团。现在乘晋君初立之机，齐国公然背弃中原联盟，与楚通使交好，并兴兵攻打鲁、卫、曹等中原诸侯，不欲代晋称霸，起码也推翻晋国强加在齐国身上的霸权。晋平公就选择齐国问题来为自己在历史年轮上留痕。公元前557年，晋平公召集诸侯会盟，鲁襄公、宋平公、卫献公、郑简公等10国诸侯都来了。齐国只派出了大夫高厚参加。晋国要求各国归还侵略的邻国土地，实际上是针对齐国的。因为齐国一直依仗着自己相对强大的国力，四处侵占周边小国的土地。对于晋国的这个要求，大夫高厚在会上明显表露出不满。大哥哪能容许小弟暴露不满。晋国于是由不满加深到了愤怒。高厚观颜观色后，害怕得中途跑回国去了。惹不起，难道我还跑不起吗？但是作为外交代表，高厚的这一走，是不负责任的。

之后，齐国我行我素，继续侵略鲁国。晋国集团阵营内部分裂。

二

这是齐国在春秋时期的最后一次大的外交表演。

公元前555年，晋平公亲自领兵出征齐国。晋、宋、卫、郑、曹、莒、邾、滕、薛、杞、小邾十一国军队会师于鲁国的济水。晋国组成了规模庞大的讨齐国联军。齐灵公选定平阴作为决战地点，率军在平阴组织防御，并在平阴附近的防门挖壕筑墙以坚守。诸侯联军兵分两路，以主力攻打平阴之齐军，余部经过鲁、莒国境内，越沂蒙山奔袭齐都临淄。联军主力在平阴的防门展开攻坚战，牵制齐国的主力。齐守军死伤甚众。

晋军此时进行了一场成功的情报战。战前，晋军就散发假情报说：鲁国、莒国分别请求派1000乘战车从本国领土出发同时进攻齐国，协助晋国。晋军说自己还要考虑考虑。这个消息被齐国大夫知道之后，又马上转交给了齐灵公。齐灵公很为晋国联军到底有多少实力而疑惑、担心。为进一步迷惑齐军，联军又在平阴南面山泽险要之处虚张旗帜为阵；晋军还到处布置军阵，在战车左边坐上真人，右边放上假人，以大旗作前导，车后拖着柴草，故意扬起尘土，远望起来仿佛有千军万马在调动驰骋。齐灵公在平阴城内看到这幅情景，心惊胆颤，对前途完全失去了信心，乘夜率军逃遁了。

齐军逃跑了，晋国还不知道。第二天出来后，晋军觉得怪怪的。齐国方面一片沉寂。有人怀疑齐军是不是已经开溜了啊，想追击，可又怕这是齐军故弄玄虚的伏兵之计，贸然进攻会中了埋伏。犹豫时，晋军中精通音乐的师旷发现乌鸦在平阴城头盘旋，认为："乌鸦发出了愉快之声，齐军已经逃走了。"联军随即进入平阴，俘虏了齐军负责殿后的殖绰、郭最等人，又乘胜攻克了京兹、围卢等地，主力进抵临淄城下与先遣之军会合，将齐都团团包围。联军对临淄的四面城门进行火攻，闹得齐国人一日三惊。

齐灵公原本想借晋国国君新立的机会，捞一笔，谁想惹上了浑身的麻烦。

三

当年底，晋军和鲁军焚烧了临淄城外四面的城郭和林木。临淄成为了死城。

齐灵公眼看临淄有失守的危险，准备逃跑到邮棠[1]。大臣们都坚决反对，齐灵公不管，执意出逃。眼看国君就要上马了，太子光和大夫郭荣拦住马说：“晋军进攻很快，是为了掠夺财物，退兵是迟早的事情。国君您是社稷之主，不能轻易逃离国都。”齐灵公还是害怕，坚持逃跑态度不变。太子光只得抽出宝剑来，斩断马鞍。这才让齐灵公跑不成了。

就在晋国离胜利只有一步之遥的时候，楚国兴兵攻打郑国，藉以救齐。晋平公唯恐腹背受敌，就在次年春与诸侯匆忙会盟于督扬[2]后撤军。楚国的目的达到了，晋国的目的也达到了：那就是惩罚齐国，让它彻底断了争霸的念头。

晋军之后又联合卫军进攻过一次齐国。这一次，能力不行、野心不小的齐灵公病死了，齐国和往常一样发生了内乱。晋国主动回军，坚持不攻打有丧事的国家，借以给自己脸上贴金。其实当时的齐国实力已经越来越弱，再加上内乱，完全不能对晋国形成威胁了。晋国是懒得打了。公元前 553 年，晋、齐、鲁等 13 个国家在卫国的澶渊结盟。齐国这才与中原诸侯修好，回归晋国主导的诸侯集团。

我们真是替齐国这个曾经的霸国惋惜。春秋后期，齐国不断沉沦，现在算是彻底没救了。

1 今山东平度东南。

2 今山东长清东北。

第九章

国际裁军与和平

诗经·郑风·丰

子之丰兮，俟我乎巷兮，悔予不送兮。
子之昌兮，俟我乎堂兮，悔予不将兮。
衣锦褧衣，裳锦褧裳。叔兮伯兮，驾予与行。
裳锦褧裳，衣锦褧衣。叔兮伯兮，驾予与归。

中原争霸的尾声

一

公元前546年盛夏的一天。

烈日照得中原大地一片沉寂，连尘土都乖乖地伏在地上。

突然，满地的尘土被隆隆疾驶而过的一行车驾惊起，弥漫了小半边天。

这是宋国派往晋国的使团。使团快马加鞭，向北而去。坐在大车中的正使是宋国的左师官向戌。左师官大致相当于后世的左丞相，是国家行政的主要负责人。向戌木然地坐在车中，任凭车驾的颠簸，陷入深思之中。

宋国使团此行目的是说服晋国同意与宿敌楚国实现和谈。

这是个看起来不可能实现的使命。从春秋前期齐桓公创霸业起，直到春秋后期，晋、楚等诸大国为了争霸砍杀了百余年，积累了笔笔血债。现在让杀红了眼的仇敌坐到一起和解，谈何容易。但是向戌必须去执行这个看似不能实现的任务。在百年征战中，主角是晋楚等大国，而宋国等小国也被深深牵涉进入，遭到深重的灾难。尤其是南北力量形成均势后，大国的拉锯战在中原地区形成恶性循环。晋、楚两强一场大战后，晋胜，则一些以前附楚的小国自动或被动地转而附晋；结果楚国不肯甘休，日后便和这些小国算账；小国从了楚，晋又不肯罢休，也和这些小国算账。惩罚的拳头老是落在无奈的小国头上。有时候，大国不便直接对仗，就指示双方的附庸国做“代理人战争”。各国苦不堪言。

向戌的祖国宋国就地处晋、吴、齐、楚交通要道之间，是中原争霸的主战场。宋国和邻国郑国首鼠两端，哪一方胜利了就跟从哪一方，恭恭敬敬，奉献不断，依然吃尽了苦头。在其他国家眼中，宋国和郑国是毫无信用的流氓国家，两国君臣都是典型的墙头草。但是正如郑大夫子良所说：“晋、楚不务德而兵争，与其来者可也。晋、楚无信，我焉得有信？”正所谓在强权交侵的情况下，道德要求对弱国来说是奢侈品。弱国不得不降低道德标准，以求生存。即便如此，高昂的战争和朝贡的代价也使得中原各小国人民不堪重负。向戌敏锐地观察到其实晋楚两国也厌倦了常年的征战，本身也陷入了国内重重矛盾，有停战议和的可能。

一想到这，向戌对这次奔走晋国，缔结盟会的使命有了些许信心。

二

车驾过黄河，向戌开始进入晋国。触眼所及，也是一片萧条与战火需要休整的土地。向戌在车中对随员们叹息说：“看来，大家的日子都不好过啊。”

“左师官，我们这次会不会重蹈华元大人的覆辙？”

向戌闻言又将目光转向车外。华元的悲剧是每一个寻求和平的外交官心中永久的伤痛。

那是三十多年前的事情了。公元前 579 年，同样是宋国执政的华元也有感于连年征战，无人受益，于是与好友楚国令尹子重、晋国中军元帅栾书鼓动晋、楚议和。宋国从中促成了历史上的第一次弭兵会议。但是晋、楚两大国只是将这次弭兵作为暂时缓解外交和军事压力的手段。四年后的春天，楚国首先背约，再次向中原的郑、卫发动进攻。

即便这一次的议和成功，会不会又只维持4年的短暂和平呢？向戌也不清楚自己主导的和谈会不会成为走向新的战争的前奏。任何外交事件都是难以预测的，就好像没有人可以主导天气变化一样。想到这，向戌又宽慰了许多。抵达晋国曲沃后，向戌先敲响了晋国大臣、私交不错的赵文子的家门，诚恳地说明了欲结和平之盟的来意。

几天后，晋国的大夫们汇集商议和谈的可能性。大殿之上，气氛沉闷，鸦雀无声。无论是白发苍苍的老臣，还是平日慷慨激昂的年轻人都一言不发。大家都知道和谈意味着什么。进军中原、遏制楚国北进是晋国的基本国策，关系到国家核心利益。谁都不愿意在原则问题上提议修订，毕竟政治风险太大，尽管在场的所有人都清楚外表强大的晋国实际上已经处于即将喷发的火山尖之上，没有能力继续大规模的战争了。

打破僵局的是一向老成持重的权臣韩宣子（正是他的子孙分解了晋国）缓缓站了起来，缓慢而有力地说道："诸位大夫，战则劳民伤财，非但宋、郑、卫、鲁等小国难以承受，我泱泱大国也受益甚小。然而真正停战和谈，听任楚国渗透中原，又与我大大不利。和平永远不会降临天下。"

韩宣子话锋一转："尽管如此，晋国也要答应宋国，同意向戌提出来的和谈建议。不然，如果楚国人先答应举行和谈，我们晋国就变得被动了。如果楚国到时再利用和平攻势配合大军来号召诸侯，我们的中原盟主地位将受到严重挑战。因此在策略上，我们不能走在楚国的后面。"

赵文子也是晋国的权臣，紧紧抓住韩宣子松动的话头，阐述自己的观点："我们晋国为连年战争付出了许多年轻的生命。现在中原的属国们与我们貌合神离，西秦始终抱敌对态度，白狄又时常来犯，与楚暂缓战争可以集中我们的军队解决这些先前被忽略的问题。我们需要和平的时间来整备军队。"

两位权臣的意见奠定了会商的基础。大夫们纷纷附和。最终群臣商议的结果是，大家一致赞同了向戌的倡议。

想不到事情进展会如此顺利。向戌从赵文子那里听到这个结果时，长长地出了一口气。但主导和谈的任务才刚刚完成了一小部分，向戌匆忙告别老友，又风尘仆仆地出现在由晋国通往楚国的路上了。

到了楚国都城，向戌故伎重演，先找了老朋友、时任楚国令尹的屈建。屈建听了向戌同样诚恳地述说后马上召集一批大臣来商议这件事情。

对于楚国来说，楚共王执政后楚国霸势转衰。好多个原先的中原属国倒向晋国一边。在南北对峙的格局中，天平已经开始向晋国一方倾斜了。子重等一班旧臣对外竭力维持力不从心的霸业，对内又居功自傲，常常将私利放在国家利益前面，贪婪侵占，终演成内乱。与晋国出现白狄入侵一样，楚国也面临着崛起于东南的吴国的骚扰。吴国日益强大起来，开始伐楚、伐巢、伐徐、入州来。“蛮夷属于楚者，吴尽取之，是以始大，通吴于上国（通中原诸国）”，对楚国构成严重威胁。

令尹屈建推动的商议最终也达成了一致意见：同意向戌的倡议，与晋国和谈。楚国的考虑与晋国一样，既有形势所迫的现实利益考虑，更想抢占外交先机。毕竟和平在外交上永远比战争更具有道德优势。

两个超级大国都同意了盟会的提议，向戌隐约看到了成功的曙光。紧接着是要说服次等的大国齐国和秦国，这两个国家一东一西，向戌马不停蹄，着实奔忙了一番，好在皇天不负有心人，齐国和秦国也相继答应了向戌的建议。事情办到这份上，向戌悬着的心终于落了下来。当时的国际政治格局是，晋、楚、齐、秦四大国是二超二强。没有他们一致同意的盟会注定不会成功；一旦他们都同意了，中小国家都不得不同意。

向戌表现出一个外交家的精细之处。他或者亲往，或者去函，先后又联络了一些中小诸侯国。

三

当年五月至七月间，弭兵盟会在宋国举行了。最先抵达宋国的是赵武率领的晋国使团，他们受到了向戌隆重的接待。作为稍占优势的霸国，晋国对这次和谈表现出了必要的负责任的姿态，受到了宋国的欢迎。接着郑国、鲁国、齐国、陈国、卫国、邾国、楚国、滕国、蔡国、曹国、许国和东道主宋国等十三个侯国的卿、大夫和小国国君都先后到会。秦国因为僻处西方，交通不便，没有向宋国派出使团。但是秦国口头表示同意弭兵。

于是一场足可以与威斯特伐利亚会议和维也纳会议媲美的国际外交盛会召开了。宋国专门在都城西门外搭建了会场。会场之上，冠盖云集，庄严肃穆，规规矩矩；会场之下，双边往来，交游许愿，可能更重于会场之上。上下交替，内外结合自古就是国际外交场合的惯例。

要在短时间里消除刚刚放下屠刀的各国的心理隔阂是不可能的。因此会议进行得并不是那么顺利。楚国使团在会场上下都在自己的衣服里面暗藏了兵器，不知是防备心强，还是有袭击晋国人的企图。晋国使团一开始就发现了这些兵器，认定楚国人心怀叵测。会议气氛开始不对了。与会的赵文子老成地讲："没关系。如果楚国人有所动作，对我们不利的话，我们就马上跑进宋国都城去。"这个消息又传到了郑国使臣叔向那里，叔向说："没什么大不了的，提前有个防备即可。"楚国使团的部分成员开始觉得携带兵器参加会议有些不妥，便建议全团不要这么做。他们怕这样做得不偿失，有可能在天下人面前失去信用。楚国使臣子木力排众议说："我们和晋国人本来就互相不信任。我们要争得霸主的地位，就要不惜使用任何手段。"楚国依然我行我素。一时间，各国使团都议论纷纷。好在大家都是政坛老手，很快适应了这样的相互戒备的状态。

在公开场合，晋国和楚国为了获得尽可能多的利益，争得面红耳赤，主导了外交进程。

楚国使节抛出了第一个和谈方案："晋楚之从，交相见。"这个"晋、楚之从"是指附属于晋、楚的中小国家；"交相见"的意思是相互朝贡，也就是说原来晋国的属国现在也要向楚朝贡，属楚的同样要向晋奉献。分别从属晋、楚的中小国家现在要同时负担向晋楚两国朝贡的义务，其结果是给这些中小诸侯国增加了是原来一倍的贡纳财物的负担。春秋中后期中小国家的朝贡压力是相当重的。例如在公元前551年，晋国派人到郑国要贡品时，子产回答说：郑国对于晋国，"不朝之间，无岁不聘，无役不从。以大国政令之无常，国家黑病，不虞荐至，无日不惕，岂敢忘职。"春秋时代，鲁、郑等国对于晋、楚大国属于二等国，但是它们对于一些小国又是强者，小国对于它们又有负担。鲁向邾等国家索取贡物，便是其例。这个要求必然加重强国对弱国的剥削，弱国们对楚国的方案敢怒不敢言。对于晋国来说，由于原来从属于晋国的国家占多数，这个方案是晋国吃亏。

向戌作为东道主，一时间也不知道该怎么办。他环顾四周，看见晋国的赵文子端坐在那不动声色，暗自庆幸自己身处两强对峙的局面。总会有人出头遏制楚国的。

赵文子在众人期许的目光中站了起来，说："晋、楚、齐、秦是相互匹敌的四大国。我们不能强求齐国去朝贡楚国，正像你楚国也不能强求秦国来朝贡我们晋国是一样的道理。"接着，赵文子本着求同存异的原则，做出了很大的让步，同意按照楚国的方案进行讨论。最后各国商定，除齐秦两国外，其他各国都须相互向晋楚两国朝贡奉献。两国的附属国必须既朝晋又朝楚，承认晋、楚为其共同的霸主。最后的外交成果与当时南北方对峙的力量格局是完全吻合的。晋楚两国无力继续争霸，无奈地选择了平分天下霸权。

楚国从这个结果中获得了明显的好处。看似失利的晋国，在以赵文子和叔向为代表的称臣劝说下也接受了这个结果。赵文子等人认为："如今，大部分诸侯国都参加了弭兵盟会，我们反楚国之道行之，显示出大国的德行、气度，并没有吃亏。我们晋国的目标是要最终成为诸侯国中的霸主，而不要目光短浅地争这个暂时的盟主。"在具体程序上，晋国两次出让给楚国会盟中的首歃权。赵武作为两次盟会的晋国代表，一次以道德理由，一次以"以骄其志"的理由放弃与楚国的斗争，是深知身陷内争的晋国在争霸天下时候已经力不从心了，是他自欺欺人、苟安的退缩。

经过两个多月的细节上的争吵，弭兵会盟最终在七月结束。

四

这场足可载入外交史册的弭兵会议为左师向戌取得了巨大的声望。向戌自诩有功，非常重视会议的成果。宋国上下也非常认同这次发生在本土的国际盛会。宋公因此给予向戌六十个邑的封赏。

向戌不禁欣欣然，不免有些骄傲。他找到司城子罕炫耀起自己的外交功绩。不想，一向持重的子罕非但没有对弭兵会议表示赞赏，反倒恶狠狠地数落了向戌一番。向戌遭此棒喝，大为意外，战战兢兢地听完子罕的数落。

子罕说："国家间的矛盾和斗争是永远存在的。战争是国家斗争的军事表现，也是不可避免的。况且军事威胁的存在有很强的威慑作用，它可以威慑不法行为，可以成为伸张正义的工具，怎么能从根本上废除它呢？没有了军事的存在，也就没有了基本的威慑力量，国家之间就会有人肆无忌惮挑起争端，天下会出乱子，国家也会灭亡。你，向戌，自不量力地努力去废除它，既是自欺欺人，也是欺骗天下人。晋国、楚国、齐国、秦国和其他的一些中小诸侯国的国君和百姓都被你欺骗了。他们听信了你的不实之词，做出了错误的判断，参加了这个不可靠的会盟。各路诸侯和全天下的百姓应该共同来讨伐你，而你不是见好就收。而是得寸进尺还希望得到宋公的赏赐。你放眼天下有你这样贪而无厌、厚颜无耻的人吗？！”

说到激动的地方，子罕一把从向戌的手里抢过来那束写着封邑的册命竹简，当着向戌的面用刀狠狠地把那个竹简砍坏，并且愤怒地一把扔在了地上。

向戌已然是呆若木鸡了，回想着子罕厉声厉色的斥责。沉默片刻，他突然一把拉住了子罕的双手，痛哭流涕地说了一番话：“没有你老兄的提醒和警示，我向戌就犯了个大错误。多亏了你，我才知道外交是不能寄予厚望的。国家间的利益追求和斗争才是永恒的。”

向戌和子罕的对话代表了当时很多卿、大夫们的观点，充分显示出当时所谓的这个“弭兵”的会盟是多么的不可靠。晋楚两国各有各自的算盘，这个和平的协议只是权宜之计，他们都在保持自己的武力，以图日后能争得霸主。这场会盟只是从公元前 546 年到战国初期的长时间停战而已。正如子罕所言，军事力量的存在是必要的。子罕并不是反对用和平对话的手段去解决争端和问题，而是认识到和平的实现要依靠强大的国防，不能不切实际地希望和平的来临。即使在和平条约签订以后也不能放弃对军队和国防的建设。因为它始终是一种威慑的力量，是实现持久和平的保证。

虽然向戌成功主持的弭兵会盟得到人心思定的中小诸侯国的交口称赞，但当他冷静地接受了冷酷的批评、经历短暂的浮躁后表现出了异常的冷静，承认了外交手段必定不是国家竞争的根本手段。客观结果也证明，弭兵会盟后中小国家的负担并没有减轻。他们为脆弱的和平付出了双倍的贡赋代价。这些大家当然还是落到人民头上，人民负担也就不断加重。如齐国“民参其力，二入于公”。人民因此掀起的反抗和国内其他矛盾混杂在一起，促使各国更加专门于国内矛盾的梳理。

五

弭兵会盟最大的影响是结束了中原混战，使春秋以一个相对和平稳定的姿态进入到了战国时期。弭兵会盟召开后，各诸侯国之间四十年内没有交战。尤其是晋国和楚国之间终春秋之世未再兵戎相见。除了后起的吴与楚、越与吴之间的争雄战争外，在广大的中原地区基本上就没有了大范围的战争。这是在国际格局方面的转折性变化。

与中小诸侯国一样，晋国和楚国也都转向专注于内部争斗。在晋国，日后的韩、赵、魏三家分晋已经初见端倪。大夫取代诸侯，家臣取代大夫的新变化是此时开始的政治趋势。在深层次上，它表明旧的奴隶主贵族在逐渐没落，新兴的封建主渐渐崛起，而社会中的奴隶们也在不断转化成自由的小生产者。旧的贵族势力逐渐退出政治舞台。因此，大国之间对于霸主的争夺也远没有昔日那种锐气了。

楚国也在受到吴国的掣肘，后院出现了火星。吴国与以晋为代表的中原国家常通友好，坚持与楚为敌，夺取了原来属于楚国的很多土地。公元前 506 年，吴王阖闾历经五次战役，终于攻陷了楚国的都城，楚昭王逃亡，直到第二年楚国大夫申包胥从秦国借来救兵，与楚国残余力量合力才得以击退吴军。经此大仗，楚国元气大伤，不再有力量参予中原争霸了。

“因此可以说，弭兵之会是春秋时期由诸侯兼并转向大夫兼并的关键之年，也是春秋时代由前期转入后期的标志。”[1]

之后的春秋征战中心便由中原移到了东南地区的吴、楚，吴、越之间。当楚国解决了南方问题，再次北向的时候，茫然发现原来的老对手晋国已经解体了。

1 白寿彝:《中国通史》第三卷第四章。上海人民出版社 1993 年版。

分裂的国家权柄

一

前 546 年后，中原各国开始了一个新的历史时期，就是由过去的诸侯争夺为主，大夫争夺为辅，颠倒了过来。中原国家开始了分裂。

晋国在春秋后期走向了解体。早在晋献公时期，晋国为了吸取之前公室相争的历史教训，对同姓公族举起了杀戮的屠刀和放逐的鞭子，任用异姓大臣进入权力核心。赵国的始祖赵盾和赵穿杀死晋灵公更立他人，开了晋大臣专权的先例。以后，异姓大臣的势力在晋国坐大。晋厉公为了扭转这个趋势，加强公室，曾利用大臣间的矛盾诛灭掌权大臣，但他自己却被自危的两家大臣栾氏、中行氏杀死。晋国君弱臣强的局面成为了不可逆转的定局。晋昭公以后，晋国形成了强大的范、中行、知、韩、赵、魏六卿，公室已不复成为重要力量。国家内政开始因为六卿之间的争权夺利而激烈动荡。晋国将帅不团结，晋国的政治局面不稳定，影响到了一系列的对外关系。内政始终是外交的基础和依靠。

客观的说，最后瓜分晋国领土的赵、韩、魏三家都是春秋前期受封的卿大夫，对晋国的霸业和守成都做出了巨大的贡献。他们长期承担了国家政权的运转。晋国中期执政的赵盾辅佐公室，功勋卓著，但也导致了赵家势力的壮大。晋灵公想陷害赵盾不成，反而被赵氏族人赵穿杀死。后继的晋景公利用朝臣矛盾几乎灭亡了赵氏之族。而 15 年后，赵家的遗腹子赵武（就是前面出现的那个晋国代表）在赵家残余势力和其他公卿大家的支持下重新恢复了赵家，参政执政。戏剧中有两个名剧《闹朝击犬》和《赵氏孤儿》说的就是赵家势力在晋国的沉浮。人们在感叹赵家传奇经历的同时很少想到晋国分裂的种子正在这段时期萌芽、成长。

吴国的季札出使晋国的时候就敏锐意识到“晋国之政，卒归此三家（赵、韩、魏）”的必然性结局。春秋后期，六卿采取屠杀公族，细分国君直接控制的土地，进一步削弱公室，“晋益弱，六卿皆大”。六卿之间也展开了残酷的斗争。公元前 457 年，智、赵、韩、魏四家攻灭并分占了范氏、中行氏的土地。晋出公怒了，公卿大夫竟然背着国君私分土地。他计划联合齐、鲁讨伐四卿。结果四卿反过来进攻晋出公。晋出公兵败，逃往齐国，结果死在了路上。人们不禁要感叹：天道真的是变了。赵、韩、魏又联合灭亡了智氏，瓜分土地。晋幽公时期，晋国国君害怕三位大夫的力量，反过来朝拜韩、赵、魏三大夫。公元前403年，周王册封韩、赵、魏为诸侯。

一个超级大国以解体的方式退出了历史舞台。

二

透过被概括过"闹朝击犬"的晋灵公被杀事件，我们可以对公卿力量的崛起有一个直观的认识。

晋灵公夷皋是正卿赵盾扶持的。晋襄公死时，太子夷皋还是一个尚在母亲怀中的小孩。大臣们普遍担心君主年幼无知，不能主持国事对国家不利。赵盾也认为国家正处多事之秋，决定扶立已经成年的晋襄公的弟弟公子雍。不料，晋襄公的夫人穆嬴不同意，采取了女人特有的抗议方式。她天天抱着太子夷皋去晋国宗庙哭啼；每次朝会时，她和夷皋也是持续不停地哭泣。穆嬴不仅哭个不停，还公开责问赵盾："国君临终前将太子托付给你，说太子能否成为合格的国君全靠大夫您的教育辅导。现在先君还没入土，你就要放弃自己的责任，辜负先君的信任吗？"除了硬的一面，穆嬴还来软的一面，就差给赵盾下跪求情了。赵盾在软硬进攻面前，最终同意以太子夷皋为新国君。晋灵公刚登基的时候，晋国大事全由赵盾一人主持，独揽朝政。那时候夷皋还很小，只记得每天上朝的时候赵盾来回穿梭，指点江山。夷皋忙着在宝座上把玩自己的那些小玩意。客观上，晋灵公夷皋要感谢赵盾。赵盾的执政使晋国渡过了国君更替的政治动荡期，继续保持了晋国在国际格局中的霸主地位。赵盾将法制引入了晋国。他"制事典，正法罪"，补充和完善原有的法律条文，使赏罚量刑有明确的客观标准可循；"辟狱刑，董逋逃"，平反冤假错案，处理陈芝麻烂谷子的案子，稳定社会秩序；"续常职，出滞淹"，进行人事改革，继续晋国选贤任能的传统，罢黜庸才和政绩平平的官吏。赵盾把所有的"事典"在全国颁布执行，深入人心。在他独揽朝政的十多年里，晋国平安无事，稳步发展。但赵盾严厉、峻急的形象老在夷皋的脑海中闪现。夷皋常常想起赵盾上下指挥的情景就颤抖，不安地在宫中踱起步来。随着年龄的增长，夷皋越来越怀疑母亲当年的辅政承诺是权宜之计，是一种政治交换。母亲是用国家的辅政大臣之位来换取自己的君位。

备受煎熬的夷皋最终决定从肉体上消灭赵盾。国家的实权掌握在赵盾家族手中，晋灵公不敢采取光明正大的方式铲除赵盾，先是派出了著名刺客鉏麑。但鉏麑不忍对赵盾下手，自杀身亡。晋灵公一计不成，再生一计，精心策划了一场宫廷刺杀。

之前晋灵公一方面是心理郁闷，一方面多少也贪图享乐，有许多骄奢淫逸、任意妄为的不道德行为。赵盾多次当面严肃指出，要求晋灵公改正。晋灵公害怕赵盾，每一次都非常诚恳地表示要改正，要励精图治，但就是没有改。现在，他主动表示要痛改前非，邀请赵盾来宫廷赴宴，共商国是。这是一道鸿门宴。晋灵公不仅把饿了好多日的恶狗安排在宴会厅屏风后面，还在殿堂里暗藏一队甲士，只等掷杯为号，出来杀害赵盾。

赵盾不知有难，欣然赴宴了。宴会开始，晋灵公先说了很多承认错误的话，表示之后一定要励精图治，还请赵盾等大臣多多辅助。君主都这么说了，赵盾半信半疑也只好向晋灵公祝贺。酒过三巡，晋灵公不经意地对赵盾说："寡人听说正卿久经战阵，全靠了一把锋利的佩剑。不知正卿能否解来佩剑，借寡人观赏一下啊？"春秋时期，大臣们上朝还是可以佩带武器的。赵盾毫无防备之心，就要解下佩剑，递给晋灵公。

堂下的赵家车夫提弥明见状，大吃一惊。大臣虽然可以佩剑上殿，但当着国君的面拔剑，是大不敬的行为。晋灵公此举，无疑是要从赵盾身上得到一个斩杀他的借口。觉察这一阴谋的提弥明赶忙登上朝堂对赵盾大喊道："臣下陪同国君饮酒，超过三爵就不合礼节了！"赵盾猛然惊醒。晋灵公也大吃一惊，愣住了。赵盾回头看去，只见晋灵公的眼睛褪去了先前承认错误的诚恳，闪现出杀机。赵盾多次冲杀战阵，情知大事不好，慌忙起身告辞，往堂外跑去。提弥明配合地上去把赵盾扶下堂来。两人急步下堂。

晋灵公迅速反应过来，高呼放狗、甲士杀出。一时间，人奔犬吠，都扑向赵盾二人而去。饿了多日的恶狗最先冲到赵盾背后，就要向赵盾的后心咬去。就在恶狗飞身跃起，情况千钧一发之时，提弥明转身弯腰，一手扼住恶狗的喉咙，一手托住恶狗的身子，将它高高举起。不等恶狗挣扎，提弥明狠命地把恶狗掼在地上。恶狗哀鸣了几声，死了。

提弥明摔死恶狗后，却耽误了逃跑的时间，被冲上来的甲士团团围住。那一头，赵盾没能跑到大门口，也被逼了回来。主仆二人被一圈圈长矛利刃紧紧逼迫。提弥明不等敌人逼近，猛得拔出赵盾的佩剑，拉着赵盾杀向大门。甲士们没有料到赵盾和提弥明冒死突围，更被提弥明的气势所震撼，渐渐让出了一条路。提弥明大喊杀敌，左突右冲，掩护着赵盾踏上了宫门。晋灵公恼羞成怒，跺着脚在堂上高呼，莫要放走了赵盾！甲士们硬着头皮杀向宫门。提弥明一把将赵盾推出宫外，毅然转身堵在门口，疯狂挥剑退敌。血战中，提弥明多处受伤，最后一脚跪地作战，直至身亡倒地。

这时，奔出宫门的赵盾到处寻找不到自己的车辆。他年纪大了，加上朝服肥大累赘，一时间不知道如何是好。更要命的是，宫廷甲士又陆续围困了上来。赵盾顿时有一种上天无路、入地无门的感觉。谁想，围杀赵盾的一位武士突然丢开长矛，背上赵盾就跑。那人还边跑边说："正卿放心，我这就带您去车辆那。"原来赵盾一次在首山[1]打猎时救了一个饿得奄奄一息的年轻人，还送了他一百枚钱让他找点事情做。此人名叫灵辄，后来进宫做了卫士。当天灵辄参加了围杀赵盾的行动，念及旧情，更是不想杀害忠臣，就在赵盾的生死关头挺身而出相救。灵辄将赵盾背上他的车辆，猛拍了马匹，看着赵盾驾车冲入大街，他才自己寻路逃亡。晋灵公夷皋的宫廷刺杀行动失败了。

侥幸逃脱后，赵盾带上儿子赵朔，紧急逃出首都，准备逃往国外。事实上，赵盾根本没有时间逃出过境。几天后，晋灵公就被赵家的势力杀死了。赵盾的族弟、晋灵公的姐夫、将军赵穿去找晋灵公讲理，问他为什么要谋杀赵盾。然而晋灵公不但不听，还对赵穿恶声恶语。出离愤怒的赵穿就带领军队一拥而上，在桃园杀死了晋灵公。《史记》对这么重要的事件的记载只有一行字："盾遂奔，未出晋境。乙丑，盾昆弟将军赵穿袭杀灵公於桃园。"这是典型的"春秋笔法"。我们不能将晋灵公和赵盾的矛盾简单理解为昏君对忠臣的迫害，同时也可以理解为虚君对权臣的反抗。

晋灵公死后，赵盾返回首都，仍然执政国家。他主持立晋襄公的弟弟、晋灵公的叔叔黑臀为新国君。这就是晋成公。赵盾和赵穿杀死晋灵

---

1 即首阳山，今山西永济县东南。

公更立他人，客观上开了晋国大臣专权的先例。晋成公即位后，晋国统治集团中需要缓和政治紧张气氛。晋成公就对以赵家为主的卿大夫做出了更多的让步，立卿大夫嫡子为公族，余子为公室，庶子为公行，赐给土地，作为食邑。赵盾的异母弟赵括被封为公族大夫，儿子赵朔娶晋成公女儿为妻，并受封“旄车之族”使掌公行。晋景公时，四朝元老赵盾逝世，享年50多岁。晋国给赵盾谥号宣孟。

三

南方楚国的内乱一样离奇，一样对国家内政外交产生了巨大的消极影响。

楚国内部动乱和权臣擅权不断。我就只举春秋中后期发生在楚国的一件大事来说明它的内乱情况。楚平王即位的第二年派大夫费无极去友邦秦国为太子建求亲。秦国非常重视秦楚双边关系，将公主妇好嫁给太子建。在归楚的途中，护送新娘的费无极抢先回到首都，悄悄对楚平王说：“这次秦国嫁过来的新娘非常漂亮，大王可以自娶，以后再为太子另娶就可以了。”好色的楚平王听了，竟然娶了本应该成为儿媳妇的秦国妇好，生下了儿子熊珍。太子建则另娶了他人。这个费无极非常无耻，当时他是太子建的太子少傅（伍奢是太子太傅），为了个人的仕途，怂恿国君干出了乱伦不齿的丑事。此后，费无极和太子建之间关系破裂。太子毕竟是未来的国君，费无极不得不为自己的前途着想。他决定挑拨楚平王和太子建的父子关系，日夜在国君面前诬告太子建。太子建当时十五岁，他的生母是蔡国女子，并不得宠。楚平王日益疏远了太子建。

四年后，楚平王将太子建打发到楚国北境边邑城父去守边。费无极留在首都加紧诬陷太子建。他煞有其事地对楚平王说：“自从无极我为国君迎娶了秦女，太子就仇恨小臣，并对大王您口出妄言。大王您可不得不防啊。现在太子驻扎在城父，手握重兵，外交诸侯，极可能成为国家祸害。”楚平王原本对太子建心里就有疙瘩，现在宁可信其有不信其无。他叫来太子太傅伍奢，责备他没有教育好太子。伍奢清楚这是费无极的诬陷，严肃地说：“大王您怎么可以因为小臣的几句话就疏远骨肉至亲呢？”费无极则说：“现在大王不早做防范，将来一定会后悔的。”于是楚平王认定太子建在边境图谋不轨，囚禁了伍奢，命令司马奋扬将太子建招诱回首都诛杀。太子建听到消息后，逃亡到了宋国。

费无极并没有就此罢手，继续挑拨说："伍奢的两个儿子伍尚和伍子胥还在外面掌兵。如果不杀他们将会为楚国留下隐患。不如让伍奢将两个儿子召回来，他俩肯定回来。"楚平王就对伍奢说："只要你将两个儿子叫回来，就让你活，不然就杀死你。"伍奢曰："即使我写信叫他们会来，伍尚会回来，伍子胥肯定不会回来。"楚平王问他怎么知道。伍奢说："我大儿子伍尚的为人，廉而死节，慈孝而仁，知道只要自己回来就能保存父亲的生命，肯定赶回来，而不计较自己的生死。伍子胥的为人，智而好谋，勇而矜功，知道回来就是思路，肯定不会回来。将来在楚国掀起大乱的人可能就是我的这个小儿子。"伍奢果然是楚国的大忠臣。他知道楚平王杀自己和两个儿子的心已定，所谓的活命承诺完全是幌子，依然写了信叫两个儿子回来，还提醒楚平王注意伍子胥，防止他日后成为国家的大患。楚平王就叫人带着伍奢的信件去军中叫两人回来，承诺："回来后就赦免你们的父亲。"伍尚和伍子胥完全明白事情的来龙去脉。哥哥伍尚对弟弟伍子胥说："我们知道只要我们回去就能保存父亲的性命后而不赶回去，是不孝；但去了以后坐等杀戮，将来又报不了杀父之仇，是无谋；知道情况能够找到两全其美的方法，是知也。弟弟，你快逃命去吧，我回去归死。"伍尚于是跟着使者走了，伍子胥出奔吴国。楚平王和费无极于是杀了伍奢和伍尚。

伍奢在临死前还忧虑地说："伍子胥亡命在外是楚国的危险。"楚平王连这样的忠臣、能臣都要杀，造成了人才的外逃，不为国家造成伤害才怪。太子建这件事还为他国干涉楚国内政提供了借口。四年后，楚平王将太子建的生母出居到巢地。吴国派出公子光进攻楚国，取太子建的生母而去，安置在边邑作为反楚的旗帜。后来吴国又支持了太子建的儿子白公胜分裂楚国的叛乱行为。

费无极替楚平王立下"汗马功劳"后获得了丰厚的回报，成为了主政大臣。费无极这样的人除了专权和欺压臣民，对国家的内政外交不仅谈不上贡献，而且损害多多。宛的宗姓伯氏子伯嚭受到他的迫害，也逃奔吴，成为了吴国重臣。吴兵在伍子胥和伯嚭两个楚国人的鼓动带领下数次侵略楚国。楚人对费无极的主政怨声载道。楚昭王继承平王之位后，令尹子常见费无极民怨极深，用诛杀费无极来取悦民众立威。楚国又是一场内乱。

四

齐国退出春秋舞台的方式是国君被人偷梁换柱，变化了国家颜色。

与晋国不同，齐国的权势公卿经过了多次血与火的更替。齐庄公被大夫崔杼和庆封联合杀死。崔杼和庆封共立齐灵公的幼子杵臼为君，史称齐景公。崔杼自立为右相，庆封担任左相。齐景公年幼，不能主政。崔杼专横，独揽了朝政大权，引起了庆封的嫉妒。庆封想取代崔杼为相，但没有与崔杼硬碰硬的实力，只能采取阴谋诡计。刚好崔杼家族内部爆发了权力斗争，诸子相争，父子不和。庆封“曲线救国”，乘隙诱引崔氏子弟，自相争夺。庆封做得非常隐蔽，以至于崔杼对这一切都茫然无知。等火候到的时候，庆封出精甲兵器，崔杼的嫡子崔成、崔疆出人，刺杀了崔杼的家臣东郭偃和棠无咎，将崔家的家庭矛盾发展为了流血战斗。崔杼落荒而逃，既怕又怒，去见庆封，哭诉家中发生的变故。阴险的庆封佯装不知，惊讶地说：“这两个小子，怎敢这样目无长上呢？你若想讨伐，包在我身上。”崔杼信以为真，武断地说：“好，如果你能为我除掉这两个逆子，消除家乱，我让宗子崔明，拜你为父。”庆封要的就是这句话，连忙召集士兵，由家臣卢蒲嫳指挥，杀向崔家。崔成、崔疆两人还以为庆封叔叔是来帮忙的，毫无防备，被当场斩首。庆封还抄杀崔氏妻妾儿子全家，把崔家所有车马服器都搜罗起来抢劫走，临走前还把崔家放了一把火给烧了。最后，庆封提着崔成与崔疆的首级送给崔杼。崔杼见到两个儿子的头颅，既悲又愤，向庆封再三称谢，告辞回家。回到家中，看到家破人亡的景象，崔杼才知道被庆封给害了，悲痛至极，吊了条绳子自杀了。

庆封终于如愿，担任了齐国唯一的相国，专揽朝政。他上台后迅速荒淫腐化。卢蒲嫳是庆封的家臣，他的妻子美貌。庆封不仅和她私通，还不理政事，干脆把政权交付给儿子庆舍，自己卷着铺盖、财宝，搬到卢蒲嫳的家里和卢妻公开同居。卢蒲嫳甘心戴绿帽子，整日和庆封一起饮宴娱乐，还给主子介绍了王何。等到庆封对他放弃戒心后，卢蒲嫳和王何突然发兵进攻庆氏，杀死庆舍，尽灭庆氏的同党。幸免于难的庆封纠集力量，发动反攻。结果战事不利，士卒纷纷逃散，庆封只好逃往吴国。吴王夷昧将朱方这块地方赐给庆封，让他聚拢族人和力量，作为吴国的前线据点，防备楚国。庆封在吴国又得到了高官厚禄，像在齐国时一样富有。鲁国大夫子服惠伯听到这消息，对叔孙豹说："难道天降福给淫人吗？庆封又在吴国发达了。"叔孙豹说："善人富裕，可说是赏赐，淫人富厚，可说是灾殃。庆氏的灾殃就要到了。庆氏全族聚居，正好被一举而灭尽。"果然在楚国和吴国的战争中，庆封全族被楚人诛灭。冯梦龙在《东周列国志》中感叹齐国的变乱说：

昔日同心起逆戎，今朝相轧便相攻。
莫言崔杼家门惨，几个奸雄得善终！

尽管去了庆封，齐国朝政依然转移到卿大夫手中。来自国外的田氏逐步窃取实权，收买人心。先是田桓子灭栾、高二氏，把他们的家产分给国人以收买人心；后来他的儿子田乞灭了国、高二氏。齐景公死后，田乞立齐悼公，杀晏儒子，专齐国政。其子田常继续专政。最后，田氏取代了姜子牙的后代，成为了齐国的国君。很多人将"田氏代齐"作为春秋的结束和战国的开始。

五

小国的情况一点也不比大国乐观。

宋国在春秋的表现，除了早期有所作为外，一直积弱不振。中早期，宋国宗法制度稳固，强宗大族擅权，虽然政治上因循守旧，但没有出现权臣擅权。宋昭公时的司马乐豫说："公族，公室之枝叶也；若去之，则本根无所庇阴矣"；楚国就认为："诸侯唯宋事其君"，只有宋国的诸侯才能牢固掌握国家政权。楚国也陷入到了国内权臣专政的困境，发生了诸如"白公胜之乱"等内乱。但从春秋中叶以后，宋国政权也开始下移到卿大夫手中。先是华元执政，后是司城子罕，再后就是向戌了；向戌之后为华亥，华亥之后为乐大心，乐大心之后为皇瑗，皇瑗之后为皇缓，至春秋之末为乐筏。宋国以二流国家的身份勉强进入了战国时期。

卫国的情况比宋国要糟糕。在春秋初年，卫国还算是一个大国。但不久就被狄人攻击，几乎灭国。在齐桓公的帮助下才恢复了国家，可大国的地位却一去不复返了。春秋中叶后，卫国夹在齐、晋、楚三国之间，成为了大国争斗的牺牲品。卫国在连年战乱中逐渐成了一个小国。卫国内部卿大夫擅权的情况也很严重。孙氏、宁氏是卫国最重要的卿族，长期主持卫国国政，深刻影响了卫国政治。卿族在外交上代卫君聘问、盟会、出征、修好，完全不把国君放在眼里，以臣代君。发展到最后，孙、宁合作将卫献公驱逐出国，废立国君如家常便饭。春秋末年的南氏执政，大权悉在其手。到春秋末期，卫国勉强还是个三流诸侯国。

和平给予各国的

一

在晋国和楚国平分霸权的和平体系中，各个小诸侯国的外交日子怎么样呢？

尽管没有了大规模战争，各国的日子也不好过。主要是霸国下压了沉重的经济压力。按照盟约，中小诸侯要交替向晋国、楚国朝贡，送礼，造成各国和谈后负担有增无减。楚国、晋国的新宫落成、婚姻、节日等要求各国朝贺。公元前 537 年，晋国嫁女给楚灵王。两国来往的人都经过郑国。郑国南北都要款待，结果为霸国的婚姻支付了繁重的物资。

郑国的子家写信告诉晋国的赵宣子说：“小国之事大国也，德，则其人也；不德，则其鹿也。铤而走险，急何能择？命之罔极，亦知亡矣。将悉敝赋，以待于儵（地名），唯执事命之。文公二年，朝于齐；四年，为齐侵蔡，亦获成于楚。居大国之间，而从于强令，岂有罪也？大国若弗图，无所逃命。”在信中，子家表达了小国的艰难处境。小国在大国之间，今天去朝拜这家，明天去祝贺那家，本来就奔走疲惫，还要承担大国的指责和赋税。然而子家的埋怨没能博取晋国的同情，更没有让晋国减轻对郑国的要求。郑成公到晋国访问，晋国为了惩罚他的二心于楚国，就把他囚禁在别宫。

鲁国是比较活跃的诸侯国。周公旦之子伯禽封鲁后，鲁国对周朝文物典籍保存完好，素有“礼乐之邦”之称。鲁襄公二十九年（公元前 544 年）吴公子季札观乐于鲁，叹为观止。鲁昭公二年（公元前 540 年）晋大夫韩宣子访鲁，观看了鲁国保存的文物典籍后赞叹“周礼尽在鲁矣！”鲁国虽然在文化建设方面取得了重大成绩，也出了孔子等著名的思想家、社会活动家，但鲁国故步自封，发展缓慢。鲁国后来三桓乱政，宫室三分，政权转移到大夫手中。国力削弱的鲁国经常是大国争霸征伐的对象。在外交上，鲁国丝毫不能保持周礼的行为规范。公元前544年，鲁君亲自去朝拜楚国，在楚国一呆就是半年多。期间，鲁国不得不废除了自己的正月“朝正”之礼（因为国君不在国内）。鲁君居楚期间又遇到楚康王之死，楚国还故意让鲁襄公按照一般的使节身份参加葬礼，给死者穿衣服。鲁襄公去朝见晋君时，竟然也被要求向晋侯行稽首之礼。这也难怪孔子喊出“礼崩乐坏”的感叹。

公元前584年，卫定公与大臣孙林父爆发冲突。孙林父逃往晋国。公元前577年春，卫定公出访晋国。晋厉公强行要他接见孙林父，被卫定公拒绝。同年夏，卫定公刚刚回国，晋厉公干脆直接派人将孙林父送回卫国。卫定公仍想拒而不纳，夫人定姜知道这件事后，劝谏卫定公说孙林父是卫君的同姓宗卿，又有大国为之求情，如果仍坚持不接纳他回国，将会遭到晋国的征伐而导致亡国。卫定公意识到此事的严重性，很快接见了孙林父，恢复其职位。护送孙林父来的晋国大夫受到了款待，对卫国的迟缓还老大不高兴。

“霸主国和属国实际上是一种君臣关系”[1]的说法看来并不为过。

二

在和平背景下，大鱼吃小鱼，小鱼就去吃虾米。

春秋时代，宋国、鲁国、郑国对于晋国、楚国来说是二等国家，但对小国而言又是强国。小国对这些二等国家也要负担贡赋。比如鲁国就向邾国、鄫国索取贡品，从而形成了层层勒索的关系。鲁国就连年讨伐莒国。使莒国哀叹：“鲁朝夕伐我，几亡矣。”莒国向晋国、楚国两国申诉，希望得到大国的干涉。晋楚两大国根本不管。后来齐国进攻莒国。莒国干脆依附齐国。对莒国来说，向鲁国缴纳贡赋和向齐国缴纳贡赋没有区别，但齐国强于鲁国，能够给与更强的保护。果然鲁国停止了对莒国的用兵。

1　李玉洁著：《春秋史稿》，第269页。

一些小诸侯国，如鲁国、郑国等，也或多或少地实行改制，谋求富国强兵之道，但由于历史地理条件的限制，这些国家始终不能发展。另一些诸侯国，比如宋国、陈国、蔡国等，则墨守成规，最终只能沦为霸主国的仆从国。国家弱小就没有国际地位，是千古不变的真理。我们后人读春秋，很少有人不为小国的悲惨处境摇头叹息的。

三

晋楚两国在和平的外衣下，虎视眈眈依旧。

晋国的基本外交战略是确保黄河中下游的“后院地位”，联合吴国，对中原以南保持强大的政治和军事压力。楚国则力图巩固自己的强国地位，继续以宋、郑为屏障，抵制晋国的势力南下；同时极力压制吴国，控制陈蔡，联合齐国和秦国。这是它的外交基本战略。公元前531年，楚国灭陈、蔡两国（后因楚国内乱而复国）。公元前530年，晋国假道鲜虞，进入昔阳，在当年八月壬午，灭亡了肥国。这是严重更改弭兵盟会划定的外交格局的恶性事件，但做了就是做了，没人出来说话。

公元前541年，晋、楚、齐、宋、卫、陈、蔡、郑、曹等国大夫在郑国虢地（今河南郑州市北）开会，目的是巩固饵兵盟会的成果。楚国的公子围早有篡逆之心，这次僭用国君仪仗赴会。当和谈进展到歃血定盟的程度时，公子围很在意会盟中的先歃权，以便为自己立威。于是他派人对赵武说：“我们之前有过盟约了。这次我们就不必再立誓书和重复歃血了，将旧约宣示一下就可以了。”晋国的祁午向赵武说上次就是楚国先歃，这次我们晋国不能让出先歃权。赵武则认为：“公子围赴会时就暴露出了篡位之心。他归国后必将乱谋。我们不如顺着他的意思以骄其志，推动楚国的内乱。”晋国于是同意了楚国的意见。最终的盟誓只是各国宣读了上次的弭兵之约及盟誓国家，把祭牲埋在地下即告结束。

多年后，到公元前506年，在周王派人参加下，晋、鲁、宋、蔡、卫、陈、许、曹、莒、顿、胡、滕、薛、杞、小邾、齐等国诸侯和大夫在召陵开会，商议伐楚。蔡侯曾被楚令尹子常勒索贿赂，并遭到楚国的三年拘留，因此请求伐楚。在这次大盟会上，晋国本来应该有所作为。但是晋国的荀寅反过来向蔡国索取贿赂没有得逞，就对范宣子说，楚国力量大，不能对它用兵。会议也就没有结果而散场。晋国的行为已经丧失人心，也完全丧失了自己的霸主地位。公元前 501 年，曾经不止一次被晋国打得大败的齐国却来进攻晋国，打到晋国的夷仪（今河北邢台市西）。晋国爆发范氏、中行氏之乱时，齐、鲁、郑等国都支持晋国的反叛者，结成反晋联盟，并且武装干涉晋国。值得注意的是，一贯对晋国恭顺的鲁国也敢于参加这个反对晋国的行列，可见晋国在诸侯心目中已经没有多少地位了。晋国在外交中的软弱地位，主要是因为国内政治斗争所牵制，而不失缺乏军事实力。晋国曾经在郲南出动过 4000 辆兵车对楚国和其他国家进行示威性的军事大演习。

只是因为楚国的国内情况也乐观到什么地方去。楚灵王弑君即位，之后又被大臣杀死；楚国政权为强悍的大夫掌握。晋、楚这两个难兄难弟，谁都说不了谁。

四

东南方向的吴国在这个时期给天下带来了巨大的惊喜，为春秋后期历史涂抹上了亮色。

当中原国家停止了战争，尤其是晋、楚两大国自 40 多年内没有再发生战争时，外交的中心转移到了东南地区。

公元前 519 年，吴王僚率公子光等，兴兵进攻楚国控制的淮河流域要地州来（今安徽凤台）。楚平王即命司马薳越率楚、顿、胡、沈、蔡、陈、许七国联军前往救援，令尹子瑕带病督军。进军途中，子瑕病亡，薳越被迫回师鸡父。此时，吴王已移军钟离[1]，寻找战机。吴国公子光认为，楚国联军同役不同心，主帅又刚死，士气必然不振；代理元帅薳越不孚众望，难以统驭全军，建议吴军乘机进击，以奇袭取胜。吴王采纳公子光建议，挥军前进，于古代用兵所忌的晦日七月二十九突然出现在鸡父战场。薳越仓促以六国军队为前阵，掩护楚军作战。吴王以左、中、右三军主力预作埋伏，而以不习阵战的 3000 囚徒为诱兵攻胡、沈、陈军。刚接战，吴国的诱兵就溃退而逃，三小国军队贸然追击。三国军队很快遭到伏击而失败，吴军俘获胡、沈两国的国君和陈国的大夫啮。这

1 今安徽凤阳东北。

时候，吴国又采取了一个计策，故意释放了俘虏，让他们逃回联军营地，谣传国君被杀了。吴军在后面乘胜擂鼓呐喊进攻，许、蔡、顿等军在谣言和呐喊的大军面前，丧失了斗志，不战自溃。在后面督战的楚军原本想以小国军队为掩护，还没来得及列阵就受到前面溃军的猛烈冲击，在吴军的进攻面前溃不成军，大败而回。吴军夺取了州来。

州来战役标志着吴国成为了天下外交格局的重要力量，不仅战斗勇敢，而且计谋出众，丝毫不亚于中原任何国家。而楚国的溃败，似乎预示着一场变革的开始。

第十章

东南吴越大争霸

先秦歌谣·越人歌

今夕何夕兮？搴洲中流。今日何日兮？得与王子同舟。
蒙羞被好兮，不訾诟耻。
心几烦而不绝兮，得知王子。
山中有木兮，木有枝，心悦君兮君不知。

小蛇吞大象之战

一

吴国是一个迟到的大国。

吴国的来历没有定论，其国境位于今天江苏省南部苏州一带，据说发源于梅里一带。传说周文王的伯父太伯和仲雍为了将他们的王位让给周文王的父亲季历，出逃到江南地区领导当地的原住民建立了吴国。周朝建立后，王室派人寻找太伯和仲雍的后人，得知他们建立了吴国后，正式册封吴国为诸侯。这个传说的准确性无可考证，很有可能是吴国人为了给自己脸上贴金，增加血统的高贵而编造的。真实的考古挖掘表明，到春秋中期吴国的社会都不发达，只能算是天下边缘的一个次要小国。吴国到春秋时才刚刚开始从中原引入君主制度。尽管吴国与中原的诸侯国的交往越来越密切，但很少有诸侯拿正眼去看它。这样的情况在晋国实行“联吴制楚”战略后才得到扭转。

吴国的崛起主要是“引进来”战略的成功结果。除了晋国的帮助外，吴国因为受周礼影响较浅，世卿世禄制度不严，大量引进了他国人才，促进了本国的发展。后人脍炙人口的伍子胥入吴的故事就是一个证明。伍子胥出生于楚国贵族家庭，从小受到良好教育，史书称他“少好于文，长习于武”，有“文治邦国，武定天下”之才。伍家在楚国本来过得很滋润，爷爷伍参立过大功，是楚庄王的近臣；父兄都在朝廷和边关担任要职。但是伍家不可避免地涉及了楚国的王权争斗，陷入了大臣之间的倾轧。公元前 522 年，伍子胥因父亲伍奢、兄伍尚被楚平王追杀，而避难逃奔吴国。

伍子胥出逃到吴国的过程充满传奇色彩。正史中涉及得不多，民间传说却很多。什么“芦中人”、“过昭关”、“一夜白头”等等说的都是伍子胥。他真的是九死一生才逃奔到吴国的首都姑苏。满怀报仇之心的伍子胥最初只能在姑苏街头吹箫卖艺，乞讨为生。据说他的箫吹得很好，暴露出胸中的才气，引起了吴王僚和公子光的注意。吴王僚和伍子胥交谈后，任命为大夫。伍子胥很感激，提出了强吴灭楚的建议。谁想到，公子光有夺位之心，不想能干的伍子胥成为吴王僚的心腹，增加自己篡位的难度，就不断说伍子胥的坏话，将他排挤出朝廷。伍子胥结果到姑苏城外的菜园耕种为生去了。

如果平常人遭遇伍子胥这样的坎坷和困顿，肯定会志向消磨，雄心不再。伍子胥在种菜的时候楚平王也死了，按说他也没有报仇的对象了。但是伍子胥真不是平常人，不仅报仇灭楚之心不灭，还主动投靠向公子光的阵营，博取了公子光的信任。因为他发现了公子光有夺位、争霸天下的雄心。这是与自己的报仇计划一致的。伍子胥静静地等待着机会的到来，还把勇士专诸推荐给公子光。公子光在伍子胥的暗中帮助下，策划专诸刺死了吴王僚。著名的故事“鱼藏剑”说的就是这件事。公子光最终夺得了王位，改名阖闾，带领吴国加快了争霸称雄的进程。

在公子光争夺王位的过程中有个外交插曲。楚平王死后，公子光认为夺位时机已经成熟，以趁楚国国丧为时机，鼓动国家伐楚，借机削弱吴王僚的亲信力量。中计的吴王僚出动大军，由弟弟盖馀、属庸率领进攻楚国；又派出行人、三叔季子出使晋国，观察中原诸侯对吴国出兵的反应；再派儿子庆忌去联络郑、卫两国，希望共同出兵。结果吴国伐楚的时机并没有成熟，楚国发兵断绝了盖馀、属庸的退路，吴兵成为了孤军。阖闾夺取王位后不发兵救援伐楚的吴军，坐观成败。盖馀、属庸两人弃军逃亡，吴国的国力和外交都受到影响。这又是一个内政和外交紧密联系的绝好例子。公子光置国家利益于不顾，是不可取的。

伍子胥的雄才大略这时才显露出来。阖闾任命他为行人，作为心腹谋臣。伍子胥为使吴国内可守御，外可应敌，首先建议阖闾“先立城郭，设守备，实仓廪，治兵革”，并亲自受命选择吴国都城城址。传说伍子胥“相土尝水”、“象天法地”，最后选定现在的苏州古城地址，合理规划，建造了阖闾大城。当时在齐国混的也不如意、满肚子军事思想得不到承认的孙武也投到了吴国，成为了吴国的大将。孙武将自己的军事思想和建设贯彻到了吴国军队之中。如果齐国君臣了解孙武日后的“兵圣”名声，会不会把肠子都悔青了。招揽人才的结果使吴国的内政、军事在短期内得到了质的飞跃。

吴国君臣秣兵厉马，将矛头对准了楚国。

二

吴楚两国无论哪方面国家要素相比，都类似于小蛇对大象的比例。

如果吴国直接进攻楚国，断没有成功的可能性。阖闾与伍子胥确定了两项基本战略：一是蚕食楚国势力范围，二是不断骚扰，让楚国疲惫。最终的目的是灭楚称霸。

公元前 512 年，吴王阖闾先后灭掉附庸楚国的小国徐国和钟吾国。阖闾想趁机大举伐楚。孙武认为楚国实力还很强大，便进言道：“楚国是天下强国，非徐国和钟吾国可比。我军已连灭二国，人疲马乏，军资消耗，不如暂且收兵，蓄精养锐，再等良机。”伍子胥也劝阖闾说：“人马疲劳，不宜远征。现今楚国内部不和，我军如用一部人马出击，楚军必定全军出动，等楚军出动后，我军再退回，这样经过几年后，楚军必然疲惫不堪。那个时候，我们便可考虑大举伐楚。”伍子胥的战术和晋悼公降服郑国的战略相似。

阖闾采纳了伍子胥的建议，将吴军分为三支，轮番骚扰楚军。当吴军的第一支部队袭击楚境的时候，楚国真的派大军迎击。待楚军出动，吴军便往回撤。而楚军返回时，吴军的第二支部队又攻入了楚境，如此轮番袭扰楚国达 6 年之久，致使楚国连年应付吴军，人力物力都被大量耗费，国内十分空虚，楚军将士疲于奔命，斗志沮丧。

这就好像一头肥硕的大象，被一条蛇挑逗得来回奔波，气喘吁吁了。

三

和许多春秋大战一样，吴国和楚国的战略决战也是因为附庸国的归属而引起的。

公元前 506 年，楚国令尹囊瓦率军围攻已归附吴国的小国蔡国，蔡国在危急中向吴国求救。吴国决定向楚国摊牌。吴王阖闾亲自挂帅，以孙武、伍子胥为大将，阖闾的胞弟夫概为先锋，倾全国水陆之师，乘坐战船，由淮河溯水而上，直趋蔡境。吴军带着“伐楚救蔡”的旗号，浩浩荡荡。如此场景在春秋早期和中期经常出现，蔡国就一直扮演那只狼群争夺的小羊的角色，只是现在的主角不再是晋、齐、秦等传统强国，而是后起之秀吴国。吴国能够动用的军队只有三万，远比不上传统强国的兵力，远远落后于楚国的二十万兵力，能够旗开得胜吗？

楚国令尹囊瓦见吴军来势凶猛，不得不放弃对蔡国的围攻，回师防御本土。当吴军与蔡军会合后，另一小国唐国也主动加入吴蔡两军行列。蔡国、唐国的加入是不满于楚国对两国贪得无厌的侵凌。于是，吴、蔡、唐三国组成联军，浩浩荡荡，溯淮水继续西进。

吴军进抵到淮汭[1]后，孙武突然决定舍舟登陆，由向西改为向南。水师和水战是吴军的看家本领，现在突然舍舟陆战，引起了全军的不解。孙武解释说：“行兵作战，最贵神速。应当走敌人料想不到的路，以便打它个措手不及。逆水行舟，速度迟缓，我军优势难以发挥，而楚军必然乘机加强防备，那就很难破敌了。”他的计划得到了阖闾、伍子胥的支持。得到支持后，孙武进一步挑选 3500 名精锐士卒作为前锋，迅速穿过楚国北部的大隧、直辕、冥阨三道险关，直插楚国纵深。事实证明，这是将吴国导向胜利的战术杰作。不出数日，汉水东岸就出现了吴军的身影。

当得到吴军出现在楚国腹心的汉水东岸的报告时，楚昭王惊得说不出

1　今河南潢川，一说今安徽凤台。

话来。在之前的春秋历史上，还没有其他国家的军队出现在汉水下游。

楚昭王慌忙以令尹囊瓦和左司马沈尹戌为负责人，调集全国兵力，倾巢而出在汉水西岸布防与吴军对峙。左司马沈尹戌向令尹囊瓦建议：由囊瓦率楚军主力沿汉水西岸正面设防；自己愿意率部分兵力北上现在的河南方城地方，迂回吴军的侧背，毁其战船，断其归路；尔后与囊瓦主力实施前后夹击，一举消灭吴军。楚军的数量远高于吴军，再加上孙武带领的吴军是孤军，沈尹戌的计划是楚军击败吴军的上策。囊瓦马上同意了沈尹戌的建议，分兵北上，自己率主力拖住吴军。

这时候，楚国内部的政治纠纷暴露了出来，导致了楚军上策的流产。当沈尹戌率部北上方城后，楚将武城黑却提醒囊瓦说："按照沈尹戌的计划，令尹全力拖住了吴军，而沈尹戌只是出奇兵夹击，但最后的战功却将为沈尹戌所独得。令尹不如率主力先发动进攻，击破东岸吴军，这样令尹将全收败吴之功，位居沈尹戌之上。"大夫史皇也说："现在国人讨厌你而赞扬沈尹戌。如果沈尹戌先战胜吴军，功在你之上，那么您的令尹之位恐怕也难保了。我们先向吴军发动进攻才是上策。"囊瓦私心一起，就改变原来的作战计划，在没有充分准备的情况下，传令三军，抢渡汉水，向吴军进攻。

其实，长期隔着汉水对峙，对于孤军深入的孙武来说最不利。吴军迫切需要速战速决。孙武见楚军主动出击，大喜过望，遂采取后退疲敌、寻机决战的方针，主动由汉水东岸后撤。囊瓦也大喜过望，以为吴军被自己打败了，挥军直追。吴军以逸待劳，回合赶来的吴军主力在今湖北汉川东南至湖北境内大别山脉间迎战楚军，三战三捷。胆怯、昏庸的囊瓦连败三阵就想弃军而逃。史皇赶紧拦住他说："平时您争着执政，做令尹，很风光；现在作战不利，你弃军逃跑。这是死罪，而且还会遭到国人的唾弃。现在我们只有与吴军拼死一战，才可以解脱战败的罪过。"当时楚军虽然连败，但瘦死的骆驼比马大，楚军依然保持着对吴军的优势。囊瓦这才勉为其难，重整部队，在柏举（今湖北麻城，一说湖北汉川）一带列阵，准备再战。

公元前506年11月19日，吴军也前进至柏举，列阵与楚军相峙。

决战前，夫概对阖闾说："囊瓦这个人名声很差，楚军斗志涣散。我军主动出击，楚军必然溃逃，我军主力随后追击，必获全胜。"阖闾没有答应。夫概回营后，对部将说："将在外君命有所不受。事有可为，我们应见机行事，不必等待命令。现在我们要发动进攻，拼死也要打败楚军，攻入郢都。”于是群情激昂，夫概所部五千将士呼啸而出直扑楚营而去。果然楚军支持不住，阵势大乱。阖闾见夫概突击得手，马上以主力配合，投入战斗，楚军很快便土崩瓦解。史皇战死，囊瓦弃军逃往郑国。楚军残部撤到柏举西南的清发水（今湖北安陆西的涢水），渡河西逃。围追的吴军等到楚军渡了一半的时候突然出击，俘虏将近一半楚军。渡过河的楚军残部逃到雍澨（今湖北京山县境），又遭到狂奔急进的夫概部吴军的追击，再次大败而逃。楚国大地上出现了惊心动魄的一幕。吴军赶着溃逃的楚军，由败军引导向郢都而去。

楚军的左司马沈尹戍之前仍然按照和囊瓦约定的计划绕道河南。得知囊瓦主力溃败的消息时，沈尹戍的军队已经到达了息（今河南息县境内）。他慌忙中折回，南下救援国内。沈尹戍的军队遭遇了夫概的追击部队。满怀救国壮志的沈尹戍部对长途跋涉、长久作战的夫概部发动了凌厉的反击。夫概部被打败，吴军的进攻势头这才被遏制住了。好景不长，沈尹戍独立抵挡吴军的进攻，很快就被蜂拥而至的吴军主力包围。尽管沈尹戍奋勇冲杀仍无法冲出包围。最后沈尹戍多处受伤，见大势已去，就叫部下割下自己的首级回报楚王。沈尹戍部全军覆灭后，吴军一路畅通无阻，向郢都扑去。

郢都城内早已是风声鹤鸣，人心惶惶。楚昭王不顾主战大臣子西、子期的反对，放弃自己的责任，悄悄带上几名家眷开门出城，向云梦泽方向逃去。不想，楚昭王逃入云梦大泽后遭到强盗的袭击，不得不北逃到郧地，受到威胁后再逃到随地。小部吴军一路尾随，但就是猫抓老鼠一般，没有抓住楚王。

楚昭王弃城而逃的消息传到军中，尚存的楚军四处涣散。子期率部分军队去追随楚昭王，子西率部分残兵逃向西部。11 月 29 日，吴军在取得柏举之战的辉煌胜利十天后占领郢都。

吴楚相争最后以楚国的惨败和国都沦陷而告终。吴国完成了蛇吞象的奇迹。

四

吴国对楚国的巨大胜利给平淡的春秋后期历史投入了一个重磅炸弹。

一贯保持超级大国形象，支撑起南半边天的楚国轰然倒塌，受到了空前的创伤；在国际格局中声音低微的吴国声威大振，为吴国进一步争霸中原奠定了坚实的基础。春秋晚期的整个国际格局都因之改变。

吴国的胜利是军事奇迹。孙武以 3 万兵力，击败楚军 20 万，创造了中国战争史上以少胜多、快速取胜的光辉战例。战国时期军事家尉缭子称赞道："有提三万之众，而天下莫当者谁？曰武子也。"在吴军军事胜利的背后，是吴国国家战略的整体胜利。首先，这是吴国修明政治、发展生产、充实军备的结果。而楚国则限于内斗难以自拔，楚国君臣没有吴国君臣那样的团结进取的精神。其次，这是吴国外交的成功。吴国不仅争取到了晋国的支持，也得到了唐、蔡两国的协助，得以组成联军。在整个伐楚战争中，吴国都没有给与外国任何援助楚国、干涉吴楚斗争的机会。最后，吴国在具体斗争中妙计连出，一气呵成，展现了高超的斗争技巧：先是"疲楚"策略，让楚军疲于奔命，并且松懈戒备；再是毅然乘隙蹈虚，实施远距离的战略袭击，牢固掌握了战略主动权。如果按部就班地进攻，庞大的楚国领土会让吴军不敷使用，并陷入旷日持久的战争；最后在击败楚军后，吴军战略追击，不给楚军以任何重整旗鼓反击的机会。任何奇迹都是一连串成功的累积，吴国就是一步步从胜利走向辉煌的。

楚军的失败也是它国家发展的整体失败。春秋后期的楚国政治腐败、内乱不止、将帅不和。更可怕的是，楚国貌似平分了天下霸权，不可一世，实际上是四面树敌，陷入到各国在楚国即将灭亡的时候都不施援手的孤立境地。楚军在战争中一败即溃的表现正是楚国政治、外交全方位失败的反应。

所以说，任何奇迹都是有必然性可循的。

崛起东南的霸国

一

每个国家在他危难存亡之时，都会出现赤子忠臣。在生死线上挣扎的楚国也不例外。

楚国的忠臣就是伍子胥的朋友申包胥。当年，伍子胥出逃吴国的时候对申包胥说："我一定要灭亡楚国。"申包胥说："你能灭亡楚国，我也一定能让它复兴。"后来楚昭王在随国避难，伍子胥对楚平王掘墓鞭尸，申包胥就长途跋涉，去秦国请求出兵。春秋中后期，秦国和楚国关系相对较好。

我们来看看申包胥是怎么劝说秦国君臣的。他说："吴国是洪水猛兽，它多次侵害诸侯，楚国只是最先受到侵害的国家而已。现在我们国君不能保守祖国，流落在荒野沼泽之中，特派遣小臣来告急求救。楚王说：'吴国的贪欲无法满足。它吞并楚国后就成为了秦国的邻国，就会对秦国的边界造成危害。趁现在吴国还没有平定楚国全土，秦国可以出兵夺取部分楚国的土地。如果楚国不幸灭亡了，这一部分领土就是秦君的土地了；如果凭借君王的神威安抚楚国，楚君将世世代代侍奉君王。'"秦哀公不敢和风头正盛的吴国作战，婉言谢绝说："我知道楚国的情况了。大夫暂且去客馆休息吧，我们再考虑考虑，研究研究。"申包胥回答说："我们国君还流落在荒野沼泽之中，无法安身。我为臣的怎么能去客馆休息呢？"说完，申包胥就在秦宫的高墙下痛哭，哭声日夜不停，连续七天水米不进。哭到最后，申包胥感动了部分秦国大夫。这部分大夫还一起来为楚国求情。秦哀公也很感动，当着申包胥的面唱起了秦国的《无衣》歌谣，同意出兵。秦国派遣子蒲、子虎率兵车 500 乘援救楚，和楚国的残余部队汇合一处。

这是公元前 505 年的事情。

二

吴军在楚国的成功真应了"其兴也勃焉，其亡也忽焉"的描述。

秦军已经压制很久没有参予诸侯争斗了，楚军则是哀兵作战，没有退路。秦楚联军很快在稷地打败了吴军，连续取得了几场胜利。同时秦楚联军灭亡了唐国，迫使蔡国退出了吴国阵营。阖闾攻占郢都后，忙于庆功作乐，在富庶的楚国腹心流连忘返；吴国大军在胜利面前迅速腐化，军纪败坏，和楚国百姓的关系很差。最要命的是，吴国因为倾国而出，大军盘踞在楚国，内部空虚，南边的越国国王允常乘机袭吴国；而吴王阖闾的弟弟夫概悄悄溜回吴国，自立为王，阖闾面临着后方被端，成为无源之水、无土之木的危险。吴王阖闾被迫跟楚国讲和，匆忙回师，赶跑夫概，保住王位。楚国正式复国。

收复郢都后，楚昭王论功行赏。申包胥功劳最大，楚昭王要给与他重赏。申包胥坚持入秦求救是为了国家百姓，隐居山中拒绝受赏，安渡余年。

我们再从宏观上考察吴楚的斗争，吴国虽然受到了重大挫折，但国家毕竟处于上升阶段，始终掌握对楚国战争的主动权。回师的次年，吴国又以舟师打败楚军，俘虏了楚国两个水军将领和七个大夫。楚国不得不迁都鄀（今天湖北宜城县东南），以避锋芒。在这个时期，吴国用伍子胥、孙武的战略，向西打败了强大的楚国，向北威镇齐国、晋国，向南降服了越国，俨然成为了新的霸国。

三

东南地区还有一个国家，就是地处现在浙江地区的越国。

越国是古代越族建立的国家，和吴国一样来历不明。越国人传说自己的祖先是大禹的后裔，被封于会稽（今浙江绍兴），“文身断发，被草莱而邑”，历二十余世而至允常。越国的活动最早出现在春秋历史上，是在公元前601年，楚国灭群舒，越国和吴国一道同楚国会盟了一次[1]。此后越国又销声匿迹了几十年。就是在这个时期，越国和吴国结成了世仇，交战不断。吴王余祭就是被一名越国的战俘刺死的。公元前510年，吴国大举攻楚国前，为了解除后顾之忧，也为了惩罚越王允常对吴国的不顺从，大举进攻越，占领槜李[2]。当时越国的实力落后于吴国，被吴国打败。五年后，当吴军主力滞留在楚都郢时，越国乘机侵入吴境，给予吴国巨大威胁。两国矛盾日趋激化。同时，复国的楚昭王接受了痛苦的教训，开始励精图治。楚国外交上的重要举措就是采取“联越制吴”的策略，多少有点亡羊补牢，向晋国学习的味道。

吴国要争霸中原，必先征服越国。这是历史和现实对吴国的要求。公元前496年，吴王阖闾率军大举攻越，意图一战灭越。两国主力战于槜李。当时的越王勾践在决战前，让一队死罪刑徒跑到吴军阵前，集体

1　王贵民等著：《春秋史话》，第184页。

2　今浙江嘉兴地区。

自刎，引起吴军骚动。勾践趁机驱动大军猛攻，大败吴军。吴王阖闾在战斗中受伤，归国后创伤发作，病情严重。临终前，阖闾对太子夫差说："你能忘掉勾践杀你父亲吗？"夫差回答说："不敢忘记。"阖闾死后，夫差成为新君主。

吴越之间的仇恨是越结越深了。

四

夫差即位之初，就只有一个目标：报仇。

二年后，夫差亲率大军攻打越国，在夫椒歼灭了越军主力。勾践带着残兵败将逃到会稽山上，被吴军重重包围。越国似乎到达了亡国灭种的边缘，山上仅余少数老弱病残和残兵败将，国土被占领分割；山下是如狼似虎，志在灭越的夫差大军。在危如累卵之时，越国君臣决定死马当作活马医，派大夫文种用重礼贿赂太宰伯嚭请求媾和。越国承诺将国家政权托付给吴国，甘心做吴国的殖民地。

吴王夫差得到越国的乞求后，心里很想答应越国。其实在他的心里，他已经满足于将越国打得奄奄一息，并没有将越国从地图上抹去的坚定决心。伍子胥强烈反对保留越国，认为"今不灭越，后必悔之"。伯嚭满足于越国的已送的和承诺继续送达的贿赂，建议保留越国。夫差很想看看作为殖民地的越国是什么样子，认为越国已经完全不会对吴国构成威胁，再加上他本人急于北上中原争霸，否决了伍子胥的意见，同意保留越国。但是夫差也不笨，提出要求越王勾践作为人质去吴做奴隶，越国每年缴纳繁重的赋税作为条件。勾践答应了如此屈辱的条件，穿上奴隶衣服，进入吴国。吴国又解散了越国所有军队，拆除越国首都会稽的城墙，留下镇压军队后，这才撤军回国。

此后三年，勾践夫妇和陪同的大夫范蠡为吴王驾车养马，执役三年。勾践不仅将夫差的马养得好好的，出门时任凭夫差踩踏，据说在夫差生病时还亲口品尝夫差的粪便以查明病因，赢得了夫差的信任。越国境内的文种等人高度配合，不仅年年满足吴国的赋税要求，还不时地多交一些金银、钱粮和器皿等。越国送给伯嚭的贿赂和送给夫差的珍宝，不绝于路。文种还在国内发现了绝色美女西施，进献给夫差。夫差终于高兴了，将勾践等三人释放回越国。

在这三年中，吴国的国际地位不断提高。在艾陵，夫差把传统大国齐国的军队打得大败，还慑服了邹国和鲁国，凯旋回国。中原诸侯越来越承认吴国的强国地位了。

那一边，归国的勾践整天睡在薪条上，身边总放着一个苦胆，坐卧饮食不忘先尝苦胆，借以牢记会稽之辱。勾践每天都让卫士定时问自己："勾践，你忘记了会稽之辱了吗？"范蠡和文种为勾践制定了一套富国强兵的复仇方针。勾践亲自耕田，夫人亲自织布，食不加肉，衣不重彩，礼贤下士，赈贫恤死，深得民心。越国很快富强起来。

勾践还制造了一对竹简，上书"十年生聚、十年教训"，概括了兴越灭吴的长期战略，同时随身携带。这十年中，越国在内政上实行发展生产、奖励生育及尊重人才等政策，安定民生，充裕兵源，收揽人心，巩固团结，从而增强综合国力；在军事上，勾践实行精兵政策，加强训练，严格纪律，以提高战斗力。笔者的家乡在浙东山区。老家的山区至今还有当年勾践偷偷冶炼、锻造兵器的遗迹。春秋时，弩刚出现在作战中。战车、战船等庞然大物在兵弩面前失去了往日的威风。尤其是大规模的弓弩连发，杀伤力让人胆战心惊。勾践于是聘请精于弓弩射法的人教授越军弩射技术，包括瞄准、连续发射及掌握弩力与箭重最佳比例等方法，结果"军士皆能用弓弩之巧"。春秋时，战斗胜败关键往往取决于最后的冲锋。勾践又聘请了善于剑戟格斗的人教授越军手刃格斗技术，结果军士"一人当百，百人当万"，单兵战斗力很强。

暗中的复仇是最可怕的复仇。勾践就像一只红着眼睛的恶狼，注视着毫不知情的夫差。

五

文种曾经将越国的复仇计划归纳为"九策"：

第一是相信天佑越国，要有必胜之心。第二是赠送吴王大量财物，既让吴国信任越国，疏于防范，又让夫差习于奢侈，丧失锐气。第三是先向吴国借粮，却用蒸过的大谷归还。夫差见越谷粗大，就发给农民当谷种，结果第二年根本生不出稻谷，导致吴国大饥。第四是赠送夫差美女，让他迷恋美色，不理政事。夫差宠爱的西施和郑旦就是越国赠送的。第五是向吴国输送能工巧匠、巨石大木，引诱夫差搭起宫室高台，空耗国家财力民力。第六是贿赂吴王左右的奸臣，败坏吴国朝政。这个奸臣主要是伯嚭。第七是离间夫差和忠臣的关系。这个忠臣主要是伍子胥。第八是越国积蓄粮草，充实国力。第九是铸造武器，训练士卒，寻找机遇攻吴灭吴。

这是文种为勾践和越国策划的综合内政和外交的整体战略。在中国古代历史上，这也是少有的详细战略方案。越国如实实施的结果果然是助长了夫差原本隐藏的享受欲望，爱好宫室，大兴土木，沉溺女色，耗费国力；扩大了吴国统治集团的内部矛盾，朝政昏暗。吴国不复是阖闾时那个上下团结一致、积极进取的吴国了。吴王夫差在讲求享受的同时，放松对越戒备，对外野心膨胀，北上中原争霸。十年之后，越国“荒无遗土，百姓亲附”，国力复兴。越军成为了一支装备精良、训练有素且“人有致死之心”的精锐部队。

到现在为止，我们对吴越争霸的胜负已经相当清楚了。

春秋道德的谢幕

一

我们有必要跳出吴越具体的争斗史实，关注越国在其中透露出的非道德的外交思想。

文种和范蠡是在吴越争霸过程中，提出了一整套现实到惊人、坦白得不能太坦白的外交观念和外交思想。他们以国家复兴、复仇和霸权为最高目标。为了实现这一目标，越国外交可以不择手段，不受任何道德礼义的约束。违心品尝仇敌的粪便、用煮过的谷子还贷、进献美女软弱对方、表面恭顺暗地里加紧锻造兵器，这些在春秋前期都是难以想象的。现在越国全都做了。千年后意大利的马基雅维利如果能够看到文种、范蠡的思想和实践，一定会认为发现了远古的知己。叶自成老师将以文种、范蠡为代表的，主要体现在吴越争霸中越国外交言行中的外交理论学派成为“超限制外交学派”。

文种这个大夫号称“远以见外”，深谙霸王之术。文种和范蠡在越国战败的情况下，认为保全越国的存在是日后复兴的基本条件。为此，越国可以不惜接受任何屈辱的条件，包括勾践到吴国为养马奴。文种看来，抛弃道德束缚，用一切手段迷惑吴国，根据夫差的喜好，采取各种手段搅乱对方的发展等等都是理所应当的。现实目的是最终归宿，通向目的地的道路是次要的，无论是现实的、理想的都无所谓。

文种、范蠡的超限制现实主义外交为了达到目的，完全抛弃一切道德束缚，采用贿赂、离间、迷惑等手段扰乱对方，大搞阴谋诡计，这与中国传统文化中重信用，重礼义，重道德的主流外交思想格格不入，应该摒弃。但是这一学派外交思想中一些相当深刻的反思精神对后世影响很大，如忍辱负重，君子报仇十年不晚；韬光养晦，避免锋芒毕露；卧薪尝胆，以图日后振兴等等。

在中国古代历史上，文种和范蠡是第一次，也可能是唯一一次在国家战略层次公开地宣现自己的现实主义思想，在整个历史车轮上刻下了惊世骇俗的痕迹。

二

我们再来看看吴越两国的最后命运。

吴王夫差在征服越国后将外交战略转变为“北进争霸”。伍子胥依然建议“定越而后图齐”，认为越国才是吴国的心腹大患，而“齐鲁诸侯不过疥癣”之疾。吴国应该彻底从地图上抹去越国再北上也不晚。夫差没有采纳，从此吴国的国家战略和伍子胥的思路相差越来越远。伍子胥在国家决策层中被边缘化了。

公元前489年，吴国进攻陈国。陈国降服。吴国解除了北进时来自侧翼的威胁。接着，吴国马不停蹄地打败鲁国，打开了进军中原的大门。为建立北进战略基地及打通北进军事运输交通线，吴国于此期间在长江北岸营建了规模宏大的邗城（今江苏扬州），开凿了由今扬州经射阳湖至淮安的邗沟，沟通长江和淮河水域，并进而与泗、沂、济水联结。一千多年后，邗沟成为了隋炀帝建造的京杭大运河的重要组成部分，又过了一千多年，邗沟依然在南北水运上发挥着重要作用。

万事俱备后，吴国把进攻的矛头对准了有大国之名，却没有大国之实的齐国。夫差率鲁、邾、郯等国联军由陆上攻齐；吴国大夫徐承率水军由长江入海，向山东半岛迂回，攻齐国侧后。吴国的水军海上作战失利，陆上联军随之退回。两年后，吴国再次攻齐，终于在艾陵（今山东莱芜东北）全歼齐军精锐。吴国的霸国地位得到极大巩固。

举件小事来说明吴国的外交威势。公元前483年秋季，子贡随叔孙氏陪同鲁哀公、卫出公与吴国会盟。夫差扣留了看不顺眼的卫出公。卫国人请子贡出面调解。子贡就对吴国太宰伯嚭说，卫出公坚持主张来与吴国会盟，是吴国的朋友，而卫国国内有人阻止卫出公来会盟。现在吴国扣留了卫出公，恰恰帮了那些反对吴国的人。吴国不应该做这种令亲者痛仇者快的事，应该释放卫出公。伯嚭转告夫差，夫差这才释放了卫出公。能够将二流诸侯国的国君玩弄在股掌之间，吴国不是霸国又是什么呢?

公元前482年，吴王夫差约晋定公、鲁哀公等中原诸侯到黄池（今河南封丘县西南）会盟，计划正式明确自己的霸主地位。为了炫耀兵威，夫差出发时将吴国精兵强将都带走了，只拨了部分军队留守。在黄池盟会上，原本的霸国晋国已经无力和吴国争当盟主了，将首歃权让给了夫差。最后的歃血顺序是先吴后晋，鲁、邾等小国也分别“赋于吴八百乘”和“六百乘”。夫差得到了梦寐以求的霸主称号。

与晋及中原诸侯的会盟让吴国的霸业达到了顶点。

三

万丈光芒之中往往存在盲点。吴国的外交辉煌的基础其实并不牢固。

对于夫差一心追求中原霸主地位，伍子胥是坚持反对的。伍子胥对人说：“越国十年生聚，十年教训。二十年之后，如今辉煌的吴国宫室就要被废毁为沼池了。”吴国将伐齐的时候，越王勾践谦卑地率领越国文武朝见夫差，并贿赂吴王及其左右。夫差很高兴，提前以为自己天下无敌了。大臣们都纷纷向夫差道贺，只有伍子胥恨恨地说：“这是越国在纵容吴国犯错。”伍子胥建议夫差停止伐齐，夫差不理，伯嚭趁机进谗言。夫差赐伍子胥自尽。伍子胥在自杀前说：“把我的眼睛剜下来吧，挂在姑苏城的东门，让我看看越国是怎样灭掉吴国的。”夫差更加生气了，下令将伍子胥的尸体放在鸱夷革中，漂浮江上，不许入土。一代传奇人物伍子胥就这么告别了政治舞台，为越国的最后一击扫平了障碍。后人为了纪念他，将今天江苏苏州城的东门称为胥门。吴人还命名了胥江、胥口、胥山等地名以示对忠臣的永久纪念，并立祠庙祭祀。

伍子胥自杀是公元前484年秋天的事情。当年，同样心灰意冷的孔子回到了故乡鲁国。

朝拜完夫差的勾践回国就率兵倾巢而出，调动士兵4万，水兵2000，加上近卫精锐6000，兵分三路杀向国内空虚的吴国，以灭亡吴国为目标。其中范蠡领兵入海，负责截断吴军归路；前锋轻装快骑，直逼姑苏；勾践自率中军随后。吴国留守军队在今天苏州附近的泓水迎战，大败。越军焚烧了姑苏，夺取了吴军留在国内的船只。吴国告急！

败讯传到黄池的时候，夫差主导的诸侯盟会还没有开始。夫差决定封锁消息，将在场听到消息的七个官吏全部就地斩首；同时晓谕全体将士，秣马食士，明天一定要争得盟主地位。吴军整顿军队，摆开一副玩命也要争得盟主地位的架势。其他诸侯，包括晋国在内见状都惴惴不安。第二天开会的时候，夫差颐指气使，强硬地说，这个应该怎么办，那个应该怎么做。晋国不知底细，十分惶恐。大夫董褐悄悄告诉赵鞅说："吴王面带墨色，估计国内有大忧。也许是越国偷袭吴国后方了。这种亡命之徒可以许为盟主，让他去吃苦头。"于是晋国让出了首歃权，将霸主的位置让给了夫差。可见，当时还保持着同盟关系的晋吴两国其实也是勾心斗角，毫无诚信可言。也许这是面对现实利益时，所有盟国的共同反应。

夫差会后迅速班师回国。沿途他怕列国知道越军败吴的消息，做出不利吴军回师的举动来，竟然焚烧了宋都的外郭示威。回国后，夫差向越国求和。越国自度不能马上灭吴，同意和谈。越国第一次伐吴就此结束。但越国再也不是吴国的殖民地了。

四

夫差对勾践恨得牙痒痒，之所以与越国和谈是为了争取喘息时间。

当夫差集中精力，将国家大政方针转移到内政建设上去时，突然发现这是不可能完成的任务。吴国经过夫差多年的荒淫、昏暗、暴虐统治后，经过多年的战乱和越国最新攻击后，满目疮痍，短时间内难有起色。公元前478年，吴国发生了饥荒。越国再次趁机进攻。越军一如既往地快速进军，甚至夜半渡江。吴国分兵抵御。勾践充分发挥越军的格斗能力，率众军突击，一举歼灭吴军主力。越军一直打到苏州城下才撤退。从此，越军牢固掌握了战场主动权。

公元前 475 年，越军最后一次伐吴。勾践这次立志灭亡吴国，因此徐徐进取，发兵占领统治吴国领土。对吴国首都姑苏，越军采取了长期围困的战术。连续的围困使姑苏山穷水尽，同时在吴国的地位作用逐步降低。两年后的冬天，越军发起强攻，一举占领姑苏。夫差等人被围困在姑苏台。夫差派伯嚭向勾践乞降，愿意成为越国的藩属。就在勾践犹豫的时候，范蠡对伯嚭说："上次，上天给吴国下达了灭亡越国的命令，可惜你们没有遵守。现在，我们不能不遵守上天要求我们灭亡吴国的命令。"越国坚持要灭亡吴国，只同意在甬东划出一块土地和几百口人给夫差安身。夫差苦笑着说："我已经老了，服侍不了越国了。"夫差最终自杀身亡。吴国被越国吞并。

吴国的迅速衰落为我们观察强国的兴衰提供了极好的案例。我们只能笼统地认为吴国的失败是内政外交的一系列失败的综合后果。这其中，能力出众、志向不俗的夫差的欲望膨胀是国家败亡的催化剂。后人多有将恶果归咎为西施。唐朝罗隐的诗歌写道："家国兴亡自有时，时人何苦咎西施！西施若解亡吴国，越国亡来又是谁？"任何国家的兴衰都不能归咎为某个领域的简单失败，而要从总体上、深层次寻找。

再说吞并吴国后的勾践继续率军北渡江淮，与齐、晋等诸侯会盟于徐州。中原诸侯刚刚被貌似强大的吴国震慑住，现在很容易地接受了越国对吴国地位的继承。甚至连周元王也公开封勾践为伯。"越兵横行于江淮东，诸侯毕贺，号称霸王"，越国终于成为春秋时期的最后一任霸国。这时的越国相对强大，墨子说："今天下好战之国，齐、晋、楚、越。"可见越国在时人的眼中是与晋国、楚国一样的霸国。

越国的崛起也可算是一个奇迹。

五

当越国进攻吴国的时候，作为与吴国有盟约的晋国，本应该"好恶同之"，对吴国施以援手。但黄池之会已经完全暴露了晋国的力不从心，也将晋国和吴国的矛盾暴露得一览无余。在吴国即将覆灭时，晋国采取了两面派的手法。一方面晋国派人去越国对勾践说，吴国侵略中原各国多次了，各国听说越军讨伐吴国，都很支持，晋国愿意去吴国帮忙打探虚实。到了吴国，晋国却实话实说晋吴两国是有盟约，现在吴国有难了，晋国本该援助。但是晋国力量有限，爱莫能助。临走前，晋国使节硬是挤出了几滴眼泪，说：亲爱的吴国兄弟，你们一定要顶住啊。

吴国最后还是灭亡了，想必晋国君臣不是不屑一顾，就是长嘘了一口气。

童书业先生对越国的作为给以了高度评价："春秋末年南方混战的局面，对于整个的中国史是很有关系的。因为当时北方诸国的政局不定，倘若南方形势稍为安稳，楚吴必乘晋霸衰微，起来并吞中原。这样一来，或许为中国文化基础的战国文化便会大变换个样子。"[1]

不幸的是，越国在达到国势巅峰后也迅速跌落了。重臣范蠡就在越国最为辉煌的时刻，潇洒返身而去。范蠡是楚国人，出身于布衣之家，有匡世奇才，但楚国人都以为这个人疯了，难以理喻。因此范蠡在楚国混得很不好。他就琢磨楚国不能用自己，自己不能去报效越国，以越制吴，也可以消除楚国东顾之忧。于是，范蠡邀请好友文种一起告别了楚国，踏上东去越国的道路。他和文种两人是越国称霸的最大功臣。但是范蠡发现勾践的为人，只可与共患难，难与同安乐，又相约文种离去。文种不愿离开成功的事业。范蠡就更名改姓，泛舟齐国。据说范蠡到了陶地，操计然之术以治产，成为巨富，自号陶朱公。因为经商有道，民间尊陶朱公为财神。范蠡最终在外交和经济两界都取得了巨大的成功。

后人梁辰鱼的著名昆曲《浣纱记》就是通过范蠡与西施的虚构爱情故事，串演了春秋时期吴、越两国兴亡的全部历史。再加上"伍子胥吹箫"、"专诸刺王僚"、"孙武练兵"等传说，吴越春秋的历史一直是中国人嘴边的头等谈资之一。

当年的范蠡就乘着扁舟远去三江，遁入五湖烟水。云雾苍茫中的那个孤帆远影，标志着一个时代的结束。

1 童书业著《春秋史》，第268页。

第十一章

弱国更要讲外交

大学·两则

诗云："穆穆文王，于缉熙敬止。"为人君，止于仁；为人臣，止于敬；为人子，止于孝；为人父，止于慈；与国人交，止于信。

见贤而不能举，举而不能先，命也。见不善而不能退，退而不能远，过也。

卫国：典型的内政不修

一

没有任何一个国家从一开始就是强国、霸国。所有的强国、霸国都是从小国发展起来的。但并不是所有的小国都能成功地崛起，称雄天下。每一次崛起的道路都是独特的，不可复制的。历史上的小国数量远远少于强国的数量，成功崛起的案例也要远远少于发展失败的例子。春秋时期就有许多起点很高的诸侯国，在大浪淘沙的残酷竞争中被逐步淘汰，最后湮没在漫漫黄沙中。

卫国就是起点很高却没发展起来的诸侯国之一。

卫国的领土是春秋时期最为重要、也最为繁华的河、淇地区，大致在今天的河南北部和河北南部。卫国的始封君是王室贵胄、周文王的儿子、当时的天子周成王的叔叔康叔。西周初，周公平定东方殷商故土的叛乱活动后，任命其弟康叔封坐镇以控驭东方。卫国定都朝歌，是控制商朝旧地、拱卫王室的东方诸侯之长。后继的卫国君主在整个西周时期继续充当方伯，为维护西周在东方的统治做出了贡献。春秋之初，卫国仍是东方的大诸侯国。周王室东迁的庞大工程就是在卫武公为首的各诸侯支持下完成的。卫君因功晋封为公爵。

应该承认，卫国在春秋外交揭幕的时候，起点是很高的。卫国东邻鲁、齐，西接晋国，南接郑、宋等国，占据黄河南北。这就给与了卫国广阔的外交纵横空间，加上卫国相对实力较强，如果战略措施得当，必将呈现给后人精彩的外交表演。当然了卫国也有外交劣势。因为它是晋齐两国进军中原和楚国北上的要道，因此卫国是当时诸大国必争之地。而且卫国领上与周围诸国犬牙交错，边邑与齐、晋、宋、鲁、曹等国接壤。在春秋诸侯兼并情况下，零散的地形，加上国内无险、易攻难守，卫国的崛起道路上也有许多需要克服的障碍。

当然了，任何国家的外交前途都不会是一帆风顺的，关键是看你怎么看。

二

对于卫国这样机遇和障碍并存的国家来说，一个稳定团结的内政是极其重要的。

卫武公时期的卫国比较强盛，政治也很清明。武公在位的55年时各诸侯国还比较老实，卫国也没有多大的作为。卫武公之后即位的是卫庄公，再之后是卫桓公。这时候，卫国就出现了内政危机。卫桓公溺爱弟弟州吁，导致卫国在公元前717年爆发了州吁之乱。

事情得从卫庄公说起。卫庄公一共有三个儿子，长子完、次子晋、三子州吁。州吁生性暴戾好武，善于谈兵。卫庄公很喜欢州吁，进而偏爱起来。州吁的性格本没有什么错，但他依仗父亲的偏爱为所欲为起来就是他的错了。为人耿直的大夫石碏看到了其中的危险，他对州吁的作为很不满，多次劝谏卫庄公说："臣闻爱子，教以义方，费纳于邪。夫宠过必骄，骄必生乱。"君主和普通百姓不同，老百姓对子女有所偏爱不会起什么大的坏影响，尽管这样会导致那个受偏爱的孩子骄横无理起来，对孩子的将来不见得有利。但君主对孩子的偏爱不仅对孩子的成长不利，而且可能使这个子女对国家权力产生不恰当的联想，进而对整个国家的发展不利。但是卫庄公没有明白这个道理，不听忠言，对州吁放任自由，为国家埋下了祸根。卫庄公时期，春秋早期的争霸行为已逐渐兴起，恰恰是要求卫国集中精力和国力参予诸侯争霸的时期。卫庄公死后，长子完继位，就是卫桓公。卫桓公生性懦弱，对弟弟州吁也放任自由。州吁肆无忌惮，更加的骄横奢靡。

大夫石碏年纪大了，再加上国君不用其言，便告老辞职。他的儿子石厚与州吁交情甚密。两人时常通车出猎，骚扰百姓。气愤的石碏把儿子关在家里的小屋子中，鞭打责骂，不许他出门。石厚越墙逃出家门，住进了州吁的府中，与父亲决裂了。终于，贪婪骄横的州吁和石厚合谋刺杀了卫桓公，州吁自立为卫君。之后州吁采取的外交行动在郑庄公一章中有所描述。州吁弑兄而立，又穷兵黩武，并没有得到卫人的拥戴。州吁后来想出一招，让石厚去请他的父亲、在卫国很有威望的石碏出面支持自己，巩固自己的君位。石碏早就想除掉二人，于是将计就计，建议由石碏去陈国求陈桓公，让陈桓公引荐石碏去朝觐周天子安定其位。因为州吁的登基是不合法的，现在如果周天子公开以诸侯之礼接见了州吁，就在事实上追认了州吁的谋逆行为。那为什么选择陈桓公的引荐呢，一来是因为州吁不能自己跑去求见天子，万一被拒绝了怎么办，二是陈桓公和周天子关系很好，和石碏的关系也很好。石碏暗地里写了一封信给陈桓公，介绍了卫国国内的情况，请求陈国拘留二人。

州吁和石厚不知有计，兴高采烈地去找陈桓公了。陈国宫门口有一块牌子：不忠不孝者禁止入内。州吁两人看着有点别扭，没细想就进去了，结果被陈桓公当场拿下。石碏则在卫国国内召集大臣们说明情况。最后卫国派遣右宰去陈国将州吁杀死在濮，石碏派遣自己的家臣獳羊肩杀掉亲生儿子石厚，为卫国除掉了二害。石厚之前还希望老父亲能看到亲情上饶过自己，谁知道迎来了父亲的利刃。这就是成语“大义灭亲”的典故来历。

卫国立卫桓公的次子晋为卫君，称卫宣公。卫宣公的即位完全是国内大臣力量扶持的结果，给卫国的发展埋下了一丝不和谐的色彩。原来卫宣公是卫桓公的弟弟，卫庄公的次子，为人淫纵不检。作公子的时候，卫宣公就和其父的小妾夷姜私通，生下一子，叫做伋，寄养在民间。成了国君后，夷姜得宠，私生子伋也可以登场入室，被立为太子。卫宣公和夷姜又生了两个儿子，一个叫牟，一个叫硕。太子伋成年后，约定迎娶齐僖公的女儿宣姜为妻。卫宣公听说未来的儿媳妇宣姜长得国色天香，贪念她的美色，竟然将宣姜占为己有，在淇河之畔建了新台，金屋藏娇起来了。卫宣公和宣姜在新台生活三年，连生二子，长子叫做寿，次子叫做朔。有了新人后，夷姜失宠，太子伋自然也失宠了。

却说公子寿和朔两个兄弟，虽然同父同母，但品行高低天差地别。公子寿生性善良孝顺，和哥哥、太子伋亲如手足；公子朔奸诈狡猾，阴蓄死士，对国君职位时刻觊觎，对权力继承序列排在自己面前的太子伋和亲哥哥公子寿都想除去。公子朔常常在母亲和父亲卫宣公面前诬陷几位哥哥。卫宣公对太子伋也起了杀心。为了杀掉太子伋，卫宣公与公子朔密谋，假装派遣太子伋出使齐国，暗中埋伏杀手在途中劫杀他。公子寿事先得到了消息忙去告诉太子伋，劝他别去齐国。太子伋说："为人子者，以从命为孝，弃父之命，即为逆子。"公子寿见劝不动太子伋，就冒名太子伋提前出发。途中，卫宣公埋伏的刺客们将公子寿当作太子伋诛杀。恍然大悟的太子伋迅速赶到现场，见亲爱的弟弟公子寿倒在血泊中，悲愤恸哭，向还未散去的刺客们表明自己的真实身份。刺客们接着杀了他。于是卫宣公立公子朔为太子。太子朔继立后就是卫惠公。果然卫惠公执政时，国内政治不稳，曾经丧失了权力，后来又复国。

卫惠公是靠谗害兄长太子伋和公子寿被立为国君的。原来辅佐太子伋的右公子职和辅佐公子寿的左公子泄也反对卫惠公即位，阴谋废黜他。卫惠公即位的第四年，左右公子向卫惠公发难。卫惠公不敌，逃往齐国。太子伋的庶弟黔牟被立为卫君。八年后，齐襄公以王命为名联合诸侯讨伐卫国，诛杀左右公子，扶持卫惠公复位。黔牟逃往周地。卫惠公亡命他国八年，其间卫国都处于动荡之中。

卫惠公死后继位的是卫懿公。卫懿公本应该扭转石碏和父亲时期的国内不稳的状况，迎头追赶国际竞争。但是卫懿公是个极其有个性、有爱心的国君，都不能用穷奢极欲来形容他。他喜欢上了宠物仙鹤，不理朝政，天天养鹤。卫懿公不仅和仙鹤们称兄道弟（估计是自己也想成仙），还按照大夫的标准给与仙鹤们优厚的待遇。卫国的朝歌成为了仙鹤们的乐园，它们乘坐大夫的马车，饮食也和大夫们一样。结果卫懿公在位的第九年国家遭到北狄的侵犯。敌人逼近朝歌了，卫懿公要武装国人去迎战。人们讽刺他说："你叫你的鹤兄鹤弟去抗敌吧！"没有人愿意替卫懿公卖命。卫懿公只好硬着头皮迎战，结果一战被杀，朝歌失陷，卫国差点亡国。

我们只能替卫国感到可惜：在春秋诸侯刚起跑的时候，卫国就摔倒了。

三

卫国之后一直没有逃过内乱的阴影。

卫懿公之后的卫文公在齐桓公的帮助下复国并迁都楚丘。卫文公是一位不错的守成之君。他艰苦创业，发展生产，使卫国的国力从谷底回升，并完成了吞灭邢国（今山东聊城地区）的功绩，国势复兴。卫文公去世后儿子卫成公即位。卫成公原本是一个普通的君主，直到他遇到了逃亡的晋国公子重耳之后。卫成公对这位之后的春秋霸主非常无礼，让重耳成为晋文公后一直对卫成公恨得牙痒痒。当时晋国已经崛起，逐渐挣脱了山西山区的束缚，开始了东进战略。卫国于是成为了晋国争霸天下要扫除的第一个障碍。

公元前632年，晋军一举灭卫。卫国再次落入了发展的谷底。卫成公逃亡各国，最后还是落入了晋军手中，还差点被毒死。后来卫成公成为晋国附庸后，才被放回。卫国复国，接受了晋国划定的疆域范围。卫国经过这次沉重打击，一蹶不振。公元前629年，狄人再次大举进攻卫国。卫成公打不过，只得迁都帝丘（今濮阳南）避其锋芒。

之后的卫国依然没有静下心来，稳定国内政治，全力对外，奋起直追那些早已跑到前头的诸侯国。公元前492年到前477年这16年间卫国继续爆发大规模内乱。蒯聩、卫出公父子不顾名分争夺君位，闹得国内乌烟瘴气。卫出公去世后，他的叔叔竟然攻打自己的孙子辈、卫出公的太子，成为卫悼公。卫悼公去世后儿子卫敬公即位，卫敬公去世后儿子卫昭公继位，都碌碌无为。卫昭公只在位6年就被卫怀公杀死，卫怀公在位11年又被卫慎公杀死。

卫国的统治者们内乱忙得都没有时间去看看国外的形势了。等他们猛然回头后，春秋外交已经谢幕了，战国的大幕已然揭开。

四

卫国是内政不修最终失败的典型案例。

卫国作为西周分封的诸侯大国，起点很高，地位较齐、鲁、宋、晋等国远为重要。但整个春秋卫国史几乎是一部内乱史。卫国的国君鲜有不腐化堕落、骄奢淫逸之人，君臣父子争权夺利互相残杀景象的一再出现。卫国处于天下四方的交叉口，交通便利，对当时在各国轰轰烈烈兴起的图强称霸的新信息了如指掌。如果卫国统治者准确把握春秋政治发展的大趋势，励精图治，卫国拥有得天独厚的优势。但事实并非如此。卫国统治者缺乏改革意识，也没把精力放在改革发展上。卫国并没有沉心发展生产，自然没有足够的物力和财力去扩充军力，自然不能勇敢自信地参予外交竞技了。

我们在卫国外交上也找不到任何一个可圈可点之处。“卫国多次遭到晋国进攻，却得不到楚国援助。春秋初期卫企图依靠齐国，结果遭到齐国的进攻。鲁国原是卫国之友，卫却帮郑攻鲁。卫联陈抗郑，陈却与郑结盟。外交上之失利导致诸国交相侵伐，卫国由大变小，由强变弱，直至灭亡。”[1] 在城濮之战前，卫国舍近求远，亲近楚国，采取了联楚抗晋的对策。它靠拢楚国靠得太近了，一点余地都没给自己留下。结果楚国大败，卫国被晋军灭亡。城濮之战后，晋国致力使卫国顺服，采取了暗杀、进攻、驻兵等手段。在晋国霸业持续不衰的情况下，作为晋国邻国的卫国即使不采取向晋国“一边倒”的战略，也不应该去招惹晋国。谁想在晋国霸业确立后，卫国仍作无力的抗争，数次与晋国作战。公元前 626 年，各诸侯国朝见晋侯，卫成公不但不去，反而派孔达侵袭郑国。晋国率领诸侯联军攻占卫国的戚地，俘虏了孙昭子。卫国服软了，请陈国出面以孔达为人质化解这次晋卫危机。长期与晋国为敌的结果是，卫国的百泉、河内、朝歌、邯郸、五鹿等大片领土都被晋国占领。卫国最后还不得不归顺晋国。

春秋初期的大国卫国是以三流国家的身份进入战国的。战国时期，卫国遭到继承晋国的赵国的不断蚕食，国土日削。而卫国依然没有澄清

---

1 丁善科：《卫国衰亡原因探析》，载于《殷都学刊》2000 年。

政治，腐败依旧。但卫国地理位置处于韩赵魏齐等大国之间，地理位置极其重要，卫国的存亡将影响大国，尤其是赵魏两国间的均势。所以魏国采取了攻赵救卫的战略，使卫国侥幸保存下来，卫国不得不成为了魏国的附庸。卫君多次自我贬低，将爵位从公爵一直降到君[1]。秦王嬴政六年（公元前241年），秦国攻灭魏国，占领濮阳一带设置了东郡。秦人将卫国迁徙到野王（今河南沁阳）一带，使卫国转受秦国的保护。秦国统一天下，卫国独因弱小缘故继续存国。直到公元前209年秦二世废卫国末代君主君角的爵位，卫国才灭亡。卫国竟然因为地理位置成为了最后灭亡的周代封国。《史记》以“宣纵淫嬖，伋生伋、朔。蒯聩得罪，出公行恶。卫祚日衰，失于君角”来概括卫国大半时间的乱史。

卫国实在是一个研究内政和外交关系的绝好案例。

宋郑：都是位置惹的祸

一

下面我们要看看宋国和郑国这两个地处中原腹心的诸侯国的春秋外交历程。

宋国的统治区域大致相当于今江苏徐州以西，安徽宿县以北，河南开封、杞县以东，山东菏泽、定陶以南一带。这一片地区是中国历史上的“四站之地”。因为这块地区地势平坦、无险可守，容易被四周的敌人进攻，却难以四周反攻。本地区肥沃的土壤和发达的经济只能成为更加吸引四周敌人进攻的目标。从整个地理环境来看，宋国是东方国家进入中原腹心、中原各国通往东南吴越的交通要道，可谓是兵家必争之地，战略位置十分重要。

20世纪末宋国商丘的城墙经过考古队的挖掘，向我们呈现出了两千多年前的宏伟景象。宋国将首都的城墙修建成顶宽12到15米，底宽25到27米，高11.5到12米的规模。而在同一时期魏国的城墙高才2

1 君从严格意义上来说并不能算是封爵。很多领有采邑的封建主都可以自称为君。

到6米，墙基厚13到15米；鲁国的城墙高4.5米，城墙底部宽20米。[1]宋国的城墙无疑是各诸侯国中最难以攻破的。修筑城墙虽然劳民伤财，却也发挥了固守的作用。楚庄王曾经以优势兵力围困宋国城墙长达九个月都没有攻破。城池的坚固无疑是坚守成功的大功臣。

宋国人为什么热衷于修建高墙大城呢？这是和宋国人的品行和素质密切相关的。肥沃的土壤和充足的水源使宋国人发展出了高度的农耕文明。农耕文明下的人追求的是安定的生活，品行温柔。在残酷的竞争状态下，农耕文明的国家习惯于修建高墙大城，而不会想到用耗费在里面的财力和物力来装备、训练一支强大的军队，主动出击。因此宋国有“守株待兔”，同样农耕文明的郑国有“郑人买履”；因此国际裁军的和平行动才会由宋国人出面发起主持。如此性格的国家守成有余，强盛不足。

二

春秋初期，宋国的外交活动是相当活跃的，不过马上就沉寂了下来。

在春秋两强郑国和宋国的争斗中，宋国被郑国打败了。客观地说，这一时期的宋国或与对手郑国结盟，或与摇摆的鲁国结盟，或参予齐鲁郑在不同场合下召集的会盟，外交技巧很高超，编织的外交关系错综复杂。虽然在外交竞争中失败了，宋国仍不失为春秋初期的强国之一，没有出现像以后那样较长期地追随霸主的情况。齐桓公时期，宋国开始了追随强国的路程。齐桓公之后宋襄公组织起了宋国最后的力量，希望重复齐桓公的霸业之路。可惜他采取了“蠢猪式”的战略战术，遭到了惨败。强国的光辉只在宋国的头上停留了并不长的时间。

更长的时间中，宋国主要是追随齐桓公、晋文公等不同霸主，失去了外交独立性，直至成为大国附庸。在“从强附庸”的外交阶段，宋国主要是亲晋。“宋成公继襄公即位后，虽然修复了宋与楚的关系，但不久因为晋国日渐强大即叛楚附晋。宋成公、昭公、文公、共公、平公曾不断追随晋国参加不同的会盟。综合起来，这一时期宋参予晋国组织的会盟约有二十三次。宋国在这一时期也曾参予了与楚的结盟，不过，仅

1 刘海燕：《春秋宋国未能称霸中原的原因初探》，载于《中州大学学报》2005年7月。

有鲁成公二年蜀之盟这一次。”[1] 直到晋楚两国平分天下霸权的时候，宋国才稍微扭转了一下重晋轻楚的程度。宋国为什么轻晋了，除了宗法亲近的原因外，还在于宋国和晋国比较邻近，晋国的霸业比较持久。亲晋外交加强了晋宋两国关系，宋国多次得到晋国的援助。

当和平成为春秋中后期外交主流时，宋国的实力有所恢复，开始表现出对晋国的离心倾向。但晋楚衰微，加上宋国的离心倾向并不明显，和平态势并没有被打破。进入战国后，与卫国自我贬爵不同，宋国在战国七雄纷纷自称为王的浪潮中也称宋王，可见宋国当时还是很有自信的。但当宋王开始挑衅周边国家，扩张领土的时候，韩魏等强国让他的自信心彻底粉碎。宋国很快就被吞并。

宋国在战国的随起随灭表明了没有强国依靠的小国的安全环境是多么的脆弱。

三

后人在论及宋国的亡国时，主要归咎于四方面的原因。除了宋国作为农耕国家的内敛平和的心态不适应残酷疯狂的春秋外交之外，宋国顽固恪守周礼，同时继承了一整套殷商遗留下来的宗法，任用公族执政。宋国的世禄世官制度在国内形成了权力很大又世代相袭的宗族势力集团。国内政治因循旧规，由强宗大族擅权。春秋时宋昭公曾经想采取措施革除强宗的力量，不仅没有实现，反被祖母襄夫人杀死。国内的政治斗争牵制了统治者的目光，外交事务在国家事务中被边缘化了。

第三个原因是宋国的地理位置实在太差了，战争频仍，缺乏致力内政独立发展的时间。在春秋前期，宋国是南北强国争霸拉锯的主战场；在春秋中后期，宋国因为处于中原和吴越的交通要道，大战稍息，小战依然不断。在前三方面原因的作用下，宋国的外交相当糟糕。任何国家身处宋国那样的情形都会步履维艰，更何况是内乱纷扰的宋国了。

1　岳红琴：《春秋时期宋国与列国的盟誓关系试探》，载于《河南师范大学学报（哲学社会科学版）》2005 年 9 月。

四

郑国的外交处境与宋国相似，外交进程也相似。郑国地理位置也决定它既是军事战略要地，也是大国相互争雄的焦点。春秋国际风云变幻中，郑国给人的感觉就是左右摇摆，两面讨好，又往往成为众矢之的。

郑国的开头很好，从郑武公开始经郑庄公到郑厉公的近百年时间是郑国的全盛时期。在这个阶段，郑国左右出击、纵横捭阖，成就了“春秋小霸”郑庄公的事业。到了有力回天的郑厉公执政时期，郑国极不情愿地进入了衰落路途。郑国的历史、实力和人才不能支撑一个国际强国。春秋的多数时期，诸侯争郑的活剧一再上演。先是齐楚争郑，齐胜而郑归齐；再是宋楚争郑，郑国始终站在楚国一边；后来秦晋争郑，郑国很艰难地在秦晋之间寻求平衡；最后是晋楚争郑，郑国的压力不断增大。郑国在威服于楚庄王后，晋国增援的大军还在路上。郑国派人向晋国无奈地表示：“郑之从楚，社稷之故也。”在郑人看来，保存社稷，继续获得参予外交活动的资格是最重要的，外交尊严是其次的。郑国的外交政策可以是“唯强是从”来概括，大致就是谁最强、谁胜利，郑国就投靠谁。即使奉行这样的政策，郑国仍然多次受到强国的进攻，并不能保证安全。谁让郑国的位置极其重要，又没有保持国家安全的实力呢？

子产相郑也许是郑庄公之后郑国最大的亮点。子产较为成功地约束国内贵族权力，解决国内矛盾，恢复发展生产；同时在对大国的态度上不再唯命是从，而是以不卑不亢的态度，有理有力地尽可能维护国家利益。需要注意的是，郑国对于自己对等或更加弱小的国家，采取兼并扩张的政策，有一种“己所不欲，仍施于人”的感觉。在世界大战不再出现的情况下，郑国稳定与大国的关系后，开始了对小国的征讨兼并。弭兵之后，郑国依然小规模地进行兼并扩张战争。郑国多次对东方的宋国和南方的许国用兵，扩张领土。郑国的国家血液中还是有扩张称雄的因子，抓紧时机扩张壮大始终是春秋诸侯处世的法宝之一。

郑国勉强进入了战国，最后亡于韩国。

鲁虢：故步自封的悲哀

一

鲁国是春秋时期的文化强国。宋国保留的是殷礼，鲁国保存的则是典型的周礼，即所谓“周礼尽在鲁矣”。

鲁国都城是曲阜，大概拥有今山东省泰山以南地区，兼有河南、江苏、安徽三省的一隅。鲁国既为姬姓，又为周公之裔，故在诸侯位次序列中有“班长”之称，被列为首席。春秋时期，“政由方伯”，但在各诸侯国会盟等的班次上，并不强大的鲁国往往位居前列。宋襄公受楚成王侮辱的时候，还是爵尊礼强的鲁国出面解救的。文化和礼仪是鲁国的骄傲，可惜鲁国人没有将它们转化为国力，却因过度拘泥于礼仪规章，严重影响了国家的行政效率。它留给后人的最大教训是“礼仪之邦”的称号固然光荣，却并不是切实的国家实力，中间的转化是微妙、艰巨的，切不可坐在光荣簿上不思进取，空喊口号。

鲁国可能过于注重内部文化建设了，在外交上乏善可陈。鲁国外交主要是围绕着与齐、晋、楚、宋、卫等大国的关系展开的，并把国内的道德规范和周礼周制引到了外交中。在对各国的态度方面，鲁国与卫、晋走得比较近，因为鲁国与晋、卫乃兄弟之国。小国交鲁，鲁国也往往亲近同姓。在诸小国中，曹、滕与鲁同姓，邾、莒、薛、杞皆为异姓。故曹太子朝鲁，鲁以上卿相宾；滕、薛争长，鲁国偏向滕侯。而邾、莒为鲁国近邻，杞、邾频频朝聘鲁国，但这些小国一旦不敬，鲁国就去征讨。邾、莒等小国最后和鲁国的关系也不太好。因为鲁国的宗法观念是：“凡今之人，莫若兄弟”，“兄弟阋于墙，外御其侮”。鲁国自春秋以来外交日窘，没有一个和平友好的睦邻环境就是一大导因。

鲁国最重要的双边外交关系就是与齐国的关系。齐国和鲁国是近邻，在国家发展上存在不可调和的矛盾。春秋时期，两国战争不断，鲁国不能独自对抗齐国。因此，鲁国引入其他强国来与齐国抗衡。实际上，鲁国外交的重点很大程度上转移到了遏制齐国的目的上。鲁国最先选择的强国是楚国，后来则一心投靠晋国。在晋楚两国达成势力均衡后，山东半岛基本恢复了平衡。力量削弱的齐国不再侵鲁，鲁国也不敢去招惹齐国。这是一种微妙的平衡。

鲁国在春秋后期也没有逃脱在内争中衰落的命运。《礼记》艳称鲁国“君臣未尝相弑也，礼乐、刑法、政俗未尝相变也。天下以为有道之国，是故，天下资礼乐焉。”鲁国的内乱将这些赞誉无情地击碎了。三桓[1]长期把持朝政，在鲁襄公十一年（公元前562年）三分公室，建立三军，各领一军。鲁昭公五年（公元前537年）三桓又四分公室，季孙氏独得二分。鲁昭公时期，三桓发兵攻击国君，鲁国公室从此名存实亡。鲁昭公之后的定公、哀公都是被三桓逼到国外流亡死去的。孔子曾经短期执政鲁国，对强大的公卿力量略一试探，就不得不挂冠而去，周游列国。孔子年老后回到鲁国，虽被尊为“国老”，但仍得不到重用。他也不再求仕，乃集中精力继续从事教育及文献整理工作。幸亏孔子的努力，我们才能够凭借信史对春秋历史指手画脚。

这也许是鲁国这个文化强国给后人的最大财富。

三

最后我要挖掘一个被深厚历史迷雾所掩盖的小国：虢国。

春秋历史初期的虢公石父、林父等人就是虢国的国君。虢国为后人留下许多脍炙人口的故事，如神医扁鹊救太子、虢公拜神、假虞灭虢等。但是之前人们对虢国投注的目光实在太少，以至于上世纪90年代大量虢国的墓地和古迹挖掘出来的时候，人们对春秋上到底存在几个虢国、虢国的疆域等基本问题都没有闹清楚。春秋史书中一共出现五个虢国：东虢、西虢、北虢、南虢和小虢。能够确定的情况是，西周王朝建立时周文王分封给他的弟弟虢仲和虢叔建立诸侯国，称虢国，结果却出现了五个同名的国家。有一个国家在陕西宝鸡附近的雍，称为西虢；封在今虎牢关东汜水一带的虢叔之国，史称东虢，后来被东迁的郑国灭亡了；还有一个小虢阻挡在秦国东进的路途上，被秦国灭亡了。西虢只是封邑，而不是国家；东虢和小虢的国家都比较确定。有问题的是北虢和南虢。北虢在平陆，在黄河北岸；南虢在三门峡，在黄河南岸。北虢和

1 季孙氏、孟孙氏、叔孙氏皆为鲁桓公的后代，所以被称为“三桓”，在政治上互相支持，联合执政。

南虢隔河相望，其实只是一个虢国。北虢后来扩张到了南岸，往南迁都，后来改称南虢。因此有人提出了四个虢国的说法。但有人考证出南虢和北虢其实是西虢的后代随周平王东迁后建立的国家，提出了三个虢国的说法。

虢国为什么东迁到三门峡一带呢？因为虢国在当时是一个重要的诸侯封国，是周王室的重要依靠。虢国国君长期在朝中担任公卿重职。虢国跟随王室来到三门峡后，被王室赋予了监视和征伐北方的夷狄和南邻的卢、伊洛、陆浑戎，以确保洛邑东、西、南界的安全和南殽道的畅通的使命。虢国从三门峡立国到公元前655年被晋国所灭，先后有八位国君在位，历时近200年。我们论述的重点就是这个虢国。

虢国的国力达到了相当的高度。1990年以来，虢国贵族墓地出土的各类文物中不乏国宝级的珍宝。虢国使用的许多物品保持有我国文物挖掘多项第一："中华第一剑"将我国冶铁史向前推进了200年；真车真马成纵队进行墓葬的做法，开我国"军阵随葬"之先河，成为后来秦兵马俑的葬俗渊源；这里还出土了两套中国迄今为止最早的编钟，且刻有铭文60余字，可谓宝中之宝。国君虢季墓和虢仲墓、太子墓、贵妃墓除了发现大量的珍贵殉葬品外，还发掘清理了13座殉葬车马坑，其中虢季墓陪葬的车马坑长47.6米，葬有16辆车、70余匹马，遗迹明晰，十分可观。[1]虢国不仅物质发达、国力强盛，而且拥有一支强大的军队。虢国是一个以猛虎为族徽，崇尚武勇的诸侯国，立国之后频繁地参予战争。虢国人拥有良好的军事素质和优良的军事装备。虢国的战车、武器和甲胄都是天下闻名的。从三门峡地区挖掘出土的虢国贵族墓葬车马坑群是我国迄今发现的规模最大、车马最多、年代最久的车马坑群。陪葬车马坑更是规模宏大，形成一个庞大的战车军阵，战马战车成队，气势恢宏。

虢国国力很强，和周王室的关系很好，作用很重要，但就是没有发展成强国。

1　资料根据《历史上的"虢国"》，载自《陕西审计》2000年第6期。

三

虢国的失败可以归咎为两大因素：一是盲目追随周王室的外交路线，僵化不知变通；二是贵族阶层沉溺于享受，缺乏进取精神。追根究底，还是那么一个词：故步自封。

周王室是将地处三门峡的虢国作为王室的西部屏障。虢国占据的位置极其重要，易守难攻。作为关中和关东之间惟一的水陆“双轨”通道，虢国拥有“一夫当关，万夫莫开”的天险函谷关，还占据着陡峭险峻的崤山古道、巍巍的秦岭及晋国南下必经的黄河要津。周王室将虢国分封在如此咽喉之地，一是出于对虢国的信任和器重，希望便利虢国贵族参政；二是希望便于利用虢国强大的军队，护卫王室。虢国的确没有辜负周天子的期望，自始至终唯周王室马首是瞻。虢国始终紧跟周王室的外交步骤，是最听话的诸侯国之一。王室发生王子颓之乱时，虢国就和郑国密谋，出兵平乱。虢军从北门进入周朝，杀死了王子颓及叛乱的五个大夫，扶持周惠王复位，巩固了周朝政权。后来，樊皮叛乱，虢国又奉命讨樊皮。虢公攻入樊，将樊仲皮抓到洛邑。

虢国的“守纪律”是不计自身实际，不看国际形势变化的盲从。结果，虢国的外交变成了周朝外交，并没有起到为虢国国家利益服务的作用。正是因为虢国的盲从，周朝也特别愿意指挥虢国（周朝能指挥得动的诸侯国也不多了）。春秋初期，晋国爆发了公室争权之乱。在翼的大宗与曲沃的小宗公开武装冲突。周朝出于维护宗法制度的目的，支持晋国的大宗。虢国多次奉命讨伐晋国，扶翼而抑曲沃。公元前 718 年，虢公奉命进攻曲沃，在翼扶持了晋哀侯；公元前 704 年，虢公又奉命讨伐曲沃，立晋侯缗在翼。第二年，虢仲又和芮伯、梁伯、荀侯、贾伯一起讨伐曲沃；公元前 668 年，虢国接收晋国的流亡公子，再次讨伐晋国，秋天一次，冬天又打了一次。[1] 翼地的晋国大宗很大程度上是受周王室和虢国扶持的。虢国屡次干预晋国内政，激化了晋国国内矛盾，也没能阻挡曲沃小宗势力的发展。最终曲沃小宗消灭了翼地的大宗，夺取了晋国政权。虢国的国家利益要求虢国和相当强大的晋国保持良好的关系。

1　转引自刘社刚：《试论虢国在中国历史上的地位》。

晋国内部的权力斗争与虢国并没有直接关系，虢国完全没必要参予晋国内争。虢国的一再出兵在晋国看来就是侵略，只能恶化虢晋两国的关系。加上虢国战略重要，晋国扩张的拳头很快就落在了虢国的身上。

虢国统治者的政治品质也乏善可陈。周幽王时的虢石父就是“谗馅巧从之人”，结党营私，废太子宜臼，是诱发犬戎入侵导致西周灭亡的罪魁祸首之一。虢公林父不敬畏神灵，不爱护百姓而只会横征暴敛，使虢国出现了衰败迹象。虢国的亡国之君虢公丑以无德和穷奢极欲著称。“民疾其君侈”，“民疾其态”，致使“宗国既卑，诸侯远己，内外无亲”。上梁不正下梁歪。虢国贵族政治保守，抱残守缺，把主要精力都放在追求享受上。考古挖掘的虢国贵族坟墓的奢侈豪华情况令人震惊。其中一墓出土文物3200件，其中青铜器1700多件，金器13件，玉器121件、组；另一墓出土文物3600件，其中大型青铜器200多件，玉器近千件。[1]西周春秋时期的大墓并不罕见，但随葬物品如此丰富的基葬却极少。虢国贵族生前的贪图享乐可见一斑。低劣的政治素质，保守的政治立场导致虢国重大决策屡屡失误。虢国君臣故步自封，放弃了发展大业，而把精力倾注在享乐和日益衰微的周王室身上，不顾历史发展潮流，盲目干涉他国内政，最终把虢国引向了灭亡。

四

公元前661年秋，一道流星白光落到虢国莘原。虢公向史官询问是什么缘故，史官为了取悦国君胡诌说：“这是先主虢仲的神灵从天而降，保佑国君治理国家。”虢公转忧为喜，耗费大量人力物力建造了宏伟的国家工程：社稷坛。社稷坛上塑造了虢仲的高大神像，虢仲遗留下来的卷宗档案都放置到塑像前的香案上，被奉为至圣天书。虢国遇到重要决策，君臣们就来神像前烧香祷告，然后打开圣书。圣书上面怎么写，国君就怎么做；如果遇到的新情况新问题在圣书中没有提到，国君就视而不见。

远在洛邑的周惠王听到虢国故步自封至此，只能连连叹息。

1 张彦修：《虢国人素质考》，载于《河南师范大学学报（哲学社会科学版）》1994年第21卷第二期。

三年后，晋献公命里克、荀息率军攻伐虢国。晋国先用国宝好马和玉璧虞国借路。虞君贪图珍宝，同意晋军通过虞国去攻打虢国。晋军很快攻陷虢国北方军事重镇和首都下阳，占领虢国北方领土。虢国渡过黄河南迁，定都上阳，改称南虢。虢国在下阳失陷之后，并没有加强对晋国的防务工作，反而继续向西线用兵，同犬戎在桑田[1]作战，从而给晋人以可乘之机。虢公丑战胜了犬戎，大肆庆祝。虢国大夫舟之侨从暂时的胜利中预见到了“虢难将至”，对虢公丑的执政进行了猛烈抨击。又是三年后（公元前655年），晋献公亲自统军，再次向虞国借路伐虢。贪财的虞君不顾大夫宫之奇“辅车相依，唇亡齿寒”的劝谏，再次向晋军敞开了国土。晋军很快围困了上阳。虢国进行了三个多月的抵抗，最终在这年十二月被灭亡。

虢公丑在国亡后逃奔洛邑开展过复国活动。虢公丑死后，虢国贵族为晋国和生活所迫，停止了复国行动。原本很有大国潜力的虢国就此退出了历史舞台。

五

春秋外交是大国外交和强权政治横行的外交。小国从来就没有成为过外交舞台的主角，大国牢固掌握着外交主动权。

强国对小国的欺压和控制是全方位的。分兵讨伐小国；扶持、联合小国的敌人，共同对付该国；占领边境要冲，驻兵防守，威慑小国；在小国统治阶层内部进行人事活动，清除异己、扶持傀儡、扣押人质等等；直接在小国国内留驻监视的军队。缺乏实力的小国只能逆来顺受，稍有不顺就会遭到打击。因此就有人提出了“弱国无外交”的观点。

其实，弱国更需要讲求外交。每个强国都有一个由弱到强的过程。如果每个国家都放弃了努力，那么这个世界就是静止的，就永远是强者更强、弱者更弱；如果每个国家都消极应付，那么外交的窗口将会灰蒙蒙一片。这里的弱国外交概念主要是指对外交局势的准确把握，对现行游戏规则的认同和遵守，外交技巧的高超运用。目的就是给弱国创造一个相当稳定的发展环境，为弱国逐步发展成强国提供可能。小国外交的

1　灵宝市稠桑村，现已被三门峡水库淹没。

重点就是对现行弱肉强食的外交游戏的精通和熟练运用。任何外交现状都是实力对比的反应，只要小国尽到自己的义务，就可以把自己的权利和义务限定在固定范围之内，就可以为崛起创造可能性。高超的外交技巧则应该是小国外交成功的工具。在没有硬实力公然说不的情况下，技巧可以弥补力量的不足。这些都是从中国古代外交中提炼出来的血泪教训。

从卫国到虢国的一系列小国都是失败的国家。它们失败的原因各异，但都有一个共同点：外交的失败。成功的外交对小国尤为重要。

第十二章

回眸春秋大外交

诗经·曹风·下泉

洌彼下泉，浸彼苞稂。忾我寤叹，念彼周京。
洌彼下泉，浸彼苞萧。忾我寤叹，念彼京周。
洌彼下泉，浸彼苞蓍。忾我寤叹，念彼京师。
芃芃黍苗，阴雨膏之。四国有王，郇伯劳之。

人的面容最鲜艳

一

春秋外交中最宝贵、最醒目的内容是什么？是人，是人的外交谋略和外交实践。

外交人员是外交的根本。外交的筹划、进展和反馈都离不开人的执行。古今外交人员承担着外交运转和纷繁复杂的外交事件。从业者的素质高低决定着外交质量的高低。对于统治者来说，在用人环节就开始了外交过程。用人着实是首要的、最大的外交谋略。春秋和之后的战国时期是中国人的面容最为生动的时代，更多的闪耀着人性光辉和智慧火花的故事记载于书。在回眸春秋外交的开始，我们先来看看春秋外交人物的鲜艳面容。

从管仲、百里奚到文种、范蠡，一个国家因为人才运用得当而兴起的例子在春秋非常多。春秋各国有许多礼遇人才、厚待人才的例子。因为属于国内政治的内容，书中没有就此展开论述。比如吴国堂邑人专诸原本只是社会闲散人员，因为公子光（即吴王阖闾）的看中而受到了多年的礼遇款待。专诸由社会底层跃升了社会地位，最后成为了春秋第一刺客。又比如齐国的孙武在本国不能被用，就前往潜力巨大的吴国做了大将，训练了一支强大的军队，终于造就了以三万弱师几乎灭亡泱泱大国楚国的奇迹。与吴国善于招揽人才为我所用形成鲜明对比的是楚国。楚国在中后期在人才流动中长期处于“入不敷出”的“出超”状态。吴越争霸中的主角伍子胥、文种、范蠡就都是楚国人。正是发现了人才的重要性，春秋各国或多或少地尊重人才、招揽人才。比如齐国就兴建了国家工程“稷下学宫”，聚众招贤，合则留用，来去自如。恰好春秋时期“士散于野”，文化开始普及，人才辈出。在各国政府政策的配合下，春秋人才东来西往，喧喧嚷嚷，好不热闹，被后人艳称为百家争鸣。

在众多外交人物的故事中，我们先讲讲孔子的弟子子贡“存鲁，乱齐，破吴，强晋而霸越”的一气呵成的外交杰作。子贡，姓端木，名赐，字子贡，是卫国人，比孔子小三十一岁。子贡这人见识广，反应快，巧舌如簧。孔子曾经贬斥子贡，但在关键时候又常常使用他。

这不，公元前484年，齐国的权臣田常企图夺取齐国君主之位，因为畏忌国内高、国、鲍、晏等卿大夫的势力，就计划通过发动国际战争来转移国内矛盾，实现野心。他派遣了许多卿大夫去伐鲁，意在立威，也想借机削弱卿大夫们的力量。作为鲁国人的孔子知道情况后，决定挑选弟子展开外交斡旋，拯救明显不是齐国对手的鲁国于危难之中。

孔子选中的弟子就是子贡。

二

子贡的对策就是利用各诸侯国的矛盾，借力打力，将齐国的军锋从鲁国身上移开。这个策略在外交战场上最常用，难度也最高。子贡是怎么做到的呢？

子贡首先到了齐国，见到田常，给他分析了攻打鲁国不如攻打吴国有利的道理。子贡游说田常说：“您伐鲁很难成功。鲁国的城墙又矮又薄，又缺乏回旋的领土；国君愚昧不义，大臣狡诈无用，老百姓都讨厌打仗，所以很难战胜。您不如让齐军去进攻吴国。吴国城墙高大，地域广阔；兵甲新而坚固，士卒精干，供应充足。吴国既有重器精兵，又有贤明的大夫守卫，很容易征伐。”田常听到这话勃然大怒：“子贡，你当我是傻子啊？哪国强，哪国弱是明摆着的事。你这么说是什么意思？”

子贡回答：“我是根据您的实际情况做的判断。忧患在内部的要攻打强国，忧患在外部的要攻打弱国。您的忧患在内部。您多次想进封都没有成功，大臣中存在不服从您的势力。破鲁的确很容易，但结果只能是增加齐国领土，增加领兵大夫们的功绩，对您来说有什么好处呢？只会壮大敌人的力量，和君主的交情日渐疏远，想要图谋自己的大事，就更难了。齐国真的不如去攻打吴国。齐国进攻吴国不会胜利，部队会受损，朝廷会空虚，但同时会削弱那些与您过不去的大夫的力量，便利您孤立君主、控制齐国政权。”

田常恍然大悟道：“你说的有道理。但是齐国进攻鲁国的军队已经出发了，中途让大军离开鲁国而去伐吴，引起朝廷的骚动怎么办？”子贡建议：“齐军可以在鲁国按兵不动。我去见吴王，说动他救鲁攻齐，然后齐军再派兵迎战。”田常同意了，并让子贡去说动吴国救鲁。

短短的两个回合，子贡就说服了田常。子贡的成功是因为他准确抓住了田常的私心。田常根本就不在乎本国对鲁国战争的胜负。子贡就是从田常希望消耗、削弱政敌的利益出发进行诱导，快速达到了拯救鲁国的危局，将战火引向吴国的目的。

子贡到了吴国后，对夫差说：“现在强大的齐国要吞并弱小的鲁国，是为了以后和吴国争强。您如果救鲁，打败齐国，就能够扬名立威，安抚泗水之滨的诸侯，威慑强大的晋国。同时吴国才能保存鲁国，既获得一个忠实的盟国，又能遏制暴虐的齐国，名利双收。”夫差早就有心进攻齐国，问鼎中原了，但是他还是有所顾忌：“你说得有道理。然而吴国和越国是世仇，我国要分出力量来防范越国的报复。如果吴国大军北上，越国发动突袭，我们的战略目标就难以实现了。还是等吴国灭了越国再按你说的办吧。”子贡不以为然地说：“越国的力量不超过鲁国，吴国的强大不超过齐国。您不顾齐而去伐越，等您凯旋回来后齐国早就吞并了鲁国，更加强大了。机不可失，失不再来。吴国不灭越国能向诸侯展现仁义之心；救鲁伐齐，就能威慑晋国，迫使诸侯群起朝拜吴国。吴国的霸业就成功了。大王如果实在担心越国，我愿意去见越王，让他出兵随从。名义上是让他跟随大王伐齐，实际上可以削弱越国。”夫差大喜，认为子贡为自己解决了难题，就授权子贡出使越国。

第二回合，子贡抓住了夫差称霸的野心和好大喜功的虚荣心，连连用霸业诱惑，让吴国也接受了自己的思路。吴国当时正处于上升时期，夫差迫切需要寻找到宣泄力量、树立权威的机会。但是夫差对越国的担心是有道理。勾践卧薪尝胆，越国实力逐渐增强，的确对吴国形成了威胁。只是时机没有成熟，勾践才没有动手。

三

子贡来到越国，受到勾践的隆重欢迎。

越国地处偏僻，极少有中原名人光顾。现在子贡千里前来，在勾践看来是天大的面子。勾践清扫道路，到郊外迎接子贡，并亲自驾驭着车子到子贡下榻的馆舍问候客人：“越国是个偏远落后的国家，大夫怎么屈尊光临啊！”子贡对勾践说：“我知道大王有报仇雪耻之心，但千万不要暴露在吴王面前。现在就有一个机会，吴国要进攻齐国了！您应该主动向吴王请求出兵助战，用厚礼和美言迷惑他的心窍，让吴国对越国放松戒备。吴王暴虐，民愤很大；国内奸臣当权，君臣二心，吴国正在走向灭亡之路。吴王攻打齐国，战败了，是越国之福；战胜了，吴军必然转而攻打晋国。那时，我去说服晋国国君，让晋国出兵与越国作战。吴国精锐兵力将长期困在了齐国和晋国之间，到时越国趁机兴兵，灭吴将是轻而易举的事情。”勾践非常高兴，答应照计行动。临行前，勾践还送给子贡黄金百镒，宝剑一把，良矛二支。子贡都没有接受。

子贡先回到吴国，报告夫差说：“越王很惧怕你，断不敢轻举妄动。”这一边，勾践按照子贡的计策，假装向吴王请求出兵助战，并向吴王君臣重礼行贿。夫差对子贡的话确信不疑，转过来问子贡可否让越国参战。子贡说：“不可。那样既不仁义，又会让越国分享战功。”夫差于是拒绝了勾践的“好意”，集中全国之兵北上进攻齐国去了。在这里，子贡保留了越国的军队，没有让吴国征召越军一起北上，是为了激化东南方向的矛盾，等待吴越爆发大规模的战争。

紧接着，子贡马不停蹄地前往晋国，对晋国国君说：“我听说，有备无患。不事先谋划好计策，就不能应付突然来的变化，不事先治理好军队，就不能战胜敌人。现在齐国和吴国大战在即，如果吴国不能战胜齐国，越国必定会趁机袭击吴国；如果吴国战胜了齐国，吴王为了争霸一定会带领大军逼近晋国。”晋国在春秋后期最不愿意打仗了，惊慌地问子贡怎么办。子贡说：“整治具备，训练士卒，以逸待劳，迎战吴军。”晋国于是下令全国军备。

至此，子贡成功完成了一连串的复杂外交布局，环环相扣，堪与德国俾斯麦 19 世纪末在欧洲构建的德国外交布局相媲美。

四

夫差北上争霸的结局，我们在上一章已经了解了。

子贡回到鲁国以后，吴国和齐国就大打了起来。吴军大破齐军，俘虏了国书（田常的政敌）等五位大夫，缴获兵车八百乘，斩首三千，献给鲁哀公。失败的田常反而对子贡很感激。而得胜的夫差果然没有收兵回国，而是调头去进攻晋国，结果被早有防备的晋军遏制。同时，勾践对吴国发动突袭，获得大胜。夫差迅速回头迎战越军，连战连败。吴国从此盛极而衰。子贡的祖国鲁国安然无恙，在一旁观战而已。

凭着这一场外交杰作，子贡完全可以跻身于中国古代大外交家之列。战国时代的苏秦、张仪等人只能算是子贡的后来者而已。子贡导演这场大戏成功的原因，固然和当时交通不发达，信息传播速度慢，各国信息相对闭塞有关；固然和子贡个人的精湛游说技巧有关；最主要的还是子贡对各国、各派政治力量利益所在的准确判断和把握。子贡顺应利益流向，巧妙安排，成功地使时局朝着有利于自己的方向发展。齐国、吴国、越国、晋国都按照子贡的设计展开了战争，最后的结果也在子贡的预料之中。鲁国保存了，齐国的田常和晋国都高兴了，吴王夫差和越王勾践都感激他。

能够令所有被利用的人都感激自己，子贡不愧为是春秋大外交家。

五

我们再来看看春秋各国的人才争夺战。

对于杰出的人才，各国都不遗余力地争夺。我们来说说晋国士会的事例。士会的表现在之前几章中我们有目共睹。晋襄公死后，士会等人被派到秦国去迎接公子雍回国即位。谁想士会护送着公子雍回国的途中，遭到了晋军的伏击，败逃回秦。原来士会在秦国的时候，晋国国内政治发生了戏剧性巨变，赵盾等人反悔，扶立了新国君。结果士会只能成为国内斗争的牺牲品了。士会有国不能回，只好滞留在秦国做大臣。

士会在秦国的表现很不错，很快受到秦康公的重用。晋秦河曲之战时，士会给秦康公出谋划策，诱使赵穿出战，差点破坏了晋国的坚守策略。这件事，再加上当时晋国因为内争导致的人才短缺，促使执政的赵盾决定招揽士会回国。于是赵盾就派遣魏寿馀假装割据魏邑叛变。为了表演逼真，晋军装模作样地进攻魏邑，还把魏寿馀的妻儿都拘押了起来。魏寿馀落荒逃到秦国，向秦康公投降。秦康公见了大喜。有他国的大将主动投靠，怎么能不让人高兴呢？更何况魏寿馀还愿意带领秦军渡河去进攻自己的老巢魏邑，归附秦国。秦康公当即同意。

退朝的时候，魏寿馀偷偷踩了士会一脚，又默默走开。聪明的士会立刻就明白了。他毕竟有心归国，立刻判断出魏寿馀是来掩护自己回国的。

之后秦康公带着大臣，整顿了军马，来到黄河西准备接受河东的魏邑。秦康公让魏寿馀先过河回魏邑准备，自己兵马随后过河。魏寿馀坦率地说："请国君派人和我一同过河，以示我魏寿馀没有二心，同时也可以协助我的劝降工作。"秦康公觉得有理，开始想派谁去好。魏寿馀趁机说："请国君最好派遣熟悉晋国情况，会说晋国话的人与我同去，可以方便工作。"秦康公立刻觉得这样的人选非士会莫属了，就让士会和魏寿馀一起过河。

士会日夜希望渡河回晋国，可又怕自己回国之后秦国为难他留在秦国的家属，于是装出很不情愿的样子说："晋人都怀有狼虎之心，不能轻易信任。如果我不幸工作失败，死在晋国或者活着被晋国俘虏。到时候，请国君您一定要善待我的妻儿。不然我也不放心过河啊。"秦康公做人很厚道，爽快地说："你放心，寡人这就当着黄河发誓，如果你在晋国殉难，或者滞留晋国，寡人一定把你妻子儿女，都送回晋国！"士会这装出勉强为难的样子说："既然国君都发誓了，我就勉力前行了。"

士会和魏寿馀的这场表演虽然骗过了秦康公，却没有骗过秦国的大臣们。士会、魏寿馀两人憋住内心的狂喜准备上船，正要登舟解缆时，忽然有一个大夫一把扯住士会，冷笑道：“大胆的士会，今日此去，就永不再回了吧！”士会大惊失色，一看原来是秦国大夫绕朝。只见绕朝冷笑道：“你们瞒得了国君，也瞒不了我！可惜啊，主公憨厚老实，执迷不悟，也算是老天成全你们全家。我这里有一根马鞭赠与士会。来日睹此赠物，你们晋国莫欺秦国无人！”士会接过马鞭，和魏寿馀千恩万谢，渡过河去。

士会、魏寿馀一行人刚到黄河东岸，就被接应的晋国人接住。大家抬着士会和魏寿馀，给予了英雄般的欢呼。晋国人根本就不理什么魏邑，径直登车而去了。晋国人的欢呼鼓噪之声声震九霄，连黄河西岸苦苦相等的秦国人都听得一清二楚。秦康公这才明白，自己被士会和魏寿馀给骗了，气得差点背过气去。秦军白白奔波了几百里路，空费钱粮，还让国君空欢喜了一场。对于自己对士会的誓言，秦康公严格遵守，把士会的家小全都送回晋国，与士会团聚。

士会，出身晋国官宦世家，年轻时即步入政坛，任晋国大夫，辅佐晋文公、晋襄公称霸中原。在晋楚城濮之战中，士会勇猛奋战终于使晋军以弱胜强，大败楚军，奠定了他在晋国政治舞台上的牢固地位。《国语·晋语》评价士会说“佐文、襄为诸侯，诸侯无二心”。之后，士会在秦国流亡了长达 7 年之久。当时晋国大臣们一致认为士会“能贱而有耻，柔而不犯，其知足使也，且无罪”，不仅为士会平反昭雪，还妙计将他弄回晋国。士会返回晋国后，马上受到重用，出掌上军。公元前 593 年，士会因消灭赤狄有功，被晋景公封为中军元帅，兼太傅之职，从此成为晋国三军统帅，开始执掌晋国国政。士会辅佐晋成公和晋景公，对外战争中没有发生败绩，在国内明确刑法，贯彻训典。晋国在他的治理下依然维持着霸国地位。

秦国用五张羊皮从楚国赎回了兴秦的百里奚，晋国则巧计“赚回”了士会。这是春秋历史的两大佳话。

六

晋国也有使用人才失败的惨痛教训。

大家还记得不听军令，牵制荀林父，导致晋国在邲地大败的先縠吗？在邲大败后，晋景公原本要严惩一系列责任人。后来在大臣们的劝说下，觉得正是用人之际，晋国没有处理任何责任人。先縠依然在做他的官。为了扭转大败后晋国国内动荡和国际地位衰落的局面，先縠曾建议晋国与宋国、卫国、曹国会盟，以稳定内部，尽量解决国家的困难。晋国就授权先縠到清丘主持了这次会盟，但效果并不理想。清丘会盟原本应该是尽可能团结中小诸侯，扭转外交不利。谁知先縠竟然命令宋国去讨伐不太听话的陈国。当宋国执行晋国的命令讨伐陈国，对晋国不满的卫国居然出兵去救。先縠不仅破坏了整个清丘会盟，还暴露了晋国难以控制中原诸侯的境况，更加恶化了晋国的外交局面。

公元前 596 年秋，先縠居然勾结外面的翟人攻打晋国。我们不知道他为什么要这么做。或许他想借动乱掩盖责任转移压力，或者他仍然觊觎荀林父的元帅位置，想掀起动乱顶替荀林父的职位。结果事机不密，先縠的阴谋泄密。国家追究他招引翟人的责任，并追究他在邲之战中的责任。二罪归一，先縠在当年冬天被处死，先氏家族也惨遭被灭门之祸。从此，先氏家族彻底退出晋国的政治核心。先縠的不当行为不仅为国家带来了灾难，也株连了整个家族。

谈到用人，春秋时期的生活环境对人们的性格，进而对国家的外交行为有很大的影响。以宋国为例子。宋国境内缺乏山川之饶、鱼盐之利，人民以农耕为获取生活资料的主要方式。宋国人日出而作，日落而息，春耕夏耘，秋获冬藏，周而复始，在这样一种有规律、有秩序、宽缓安定的生活环境中，逐渐形成了文质彬彬的性格和尚文习礼的风俗。他们忠厚质朴，讨厌战争，所以春秋时期两次重要弭兵大会都由宋人发起，并在宋地召开。消极的一面就是宋国鲜有主动、积极的外交行动，总是被动处理外交难题，备受打击。而秦国地处西戎，即使人民养成了团结强悍的民族精神，又为秦国独霸西方创造了有利条件。

从人，到国家，再到外交，这是连续不断的影响链。人始终是最根本的要素。

子产和小国处世

一

公元前 542 年，子产陪郑简公出访晋国。

郑国君臣朝拜晋国，是尽霸权秩序下小国的义务。当时的晋平公轻视郑国，刚好鲁襄公死了。晋平公就以为鲁襄公致哀为借口，迟迟不予接见郑国使团。不接见也就算了，晋国还将郑国君臣安排在一所简陋的宾馆里。那个宾馆虽然没有到让人晚上睁着眼睛数星星的地步，但也好不到什么地方去。宾馆的地方很小，郑国随行的车辆财物等都只能暴露在宾馆外的露天下。随行的子产不管三七二十一，就命令随从人员推倒宾馆围墙，赶进车马，将财物礼品都挤满馆舍。

晋大夫士文伯跑来责问子产："你为什么毁掉宾馆围墙？"子产回答说："郑国是个小国，时刻都听大国的吩咐，不敢怠慢。这次我们国君亲自带着礼品朝拜贵国，你们有事一直不安排会见，我们理解，也耐心等待。可招待我们的宾馆实在太简陋了，车辆和送给贵国国君的礼品都暴晒在露天下。我怕礼物风吹雨打受到损坏，受到晋国的怪罪，所以就只好把围墙拆了。"接着子产又说："我听说晋文公主盟天下时，自己住的宫室低矮简陋，而接待诸侯的宾馆却高大恢宏。宾客到达时，样样事情都有人照应，给人宾至如归的感觉。可我在晋国看到晋君的铜鞮宫廷绵延数里，而朝拜的诸侯只能住在下人的居所。门不容车，也不能自由进出；盗贼公行，又缺乏警戒；接见的日子遥遥无期，如果礼物受到损失，那罪可就大了。鲁国有丧，也是我们郑国的忧丧。如果能和贵国国君面谈，修葺院墙，处理丧事，这些事情哪敢劳烦贵国大夫过问？"

子产在这里用巧妙的言辞坦白了毁坏馆墙的原因，又委婉地表达了对郑国的不满。郑国遇到的不满代表了当时中小诸侯的心声。士文伯无言以对，只好回去劝晋平公安派会见。晋国这才隆重宴请了郑国君臣，给了丰厚的回赠礼物，并下令建造接待诸侯的新宾馆。

子产以自己的勇气和智慧，维护了中小国家的尊严。

二

这里要隆重推出中小诸侯国的杰出外交家——子产。子产背后是春秋时中小诸侯的不满、牢骚和据理力争。

子产是春秋后期郑国的执政，郑穆公之孙，名侨，亦称公孙侨。在子产成为郑国执政后，宋国弭兵之会的威力依然存在，晋楚之间保持了较为巩固的和平局面。郑国夹在晋楚两国之间，作为二等诸侯勉强矗立在中原腹地。郑国的国力大不如以前，如今面临着外交平衡和稳定发展内政的双重任务。子产的政治任务是很重的。

子产打心底里是亲晋的，他为卿时就曾数次骋晋。他担任执政后，就必须在晋楚之间保持平衡，维护国家利益。在宏观格局上，子产承认霸权秩序，并恪守郑国应尽的职责义务。我们不能简单地从奴性来概括郑国的行为，子产谦恭服侍强国的目的是要借助国际格局的力量来压制强国的过分要求，将郑国的压力限制在一个固定的范围内。在微观操作上，子产用巧妙的外交辞令和利用周礼，在朝聘和轻币等具体问题上尽可能的维护郑国的利益。

公元前551年，晋国以盟主的身份命令郑国去晋国朝聘。子产就去了。晋平公责问郑国为什么老和楚国勾勾搭搭的。子产回答郑国有时不能不接好楚国，很大一个原因是晋国没有尽到保护藩属小国的责任。接着，子产正色说如果大国能够安定小国，那小国自然会朝夕去朝见晋国；同样，如果大国不怜恤小国的难处，不考虑小国的经济困难，那么小国负担不起剥削，也只能选择背离大国。这是大国和小国都感到忧虑的事情。晋平公听了子产这番话之后，自知理屈，再也不责备郑国了。

在弱肉强食的外交格局中，弱国、小国能做到这一步已经相当不错了。

三

在与大国打交道的过程中，子产不敢有半点马虎。小国经受不起任何额外的压力，不能因为一些次要的枝节开罪大国。

郑国的公孙段曾经出使晋国。晋平公很喜欢他，就把州的一块土地赐给了公孙段。州在晋郑交界之处，已经历过多次主人。晋国国内的韩宣子、范宣子、赵文子三家都对它垂涎已久。公孙段不得不接受后，等于是给郑晋关系埋下了一颗定时炸弹。所以公孙段一死，子产就劝公孙段的儿子丰施把这块土地归还给晋国。丰施同意了。当时晋国是韩宣子执政。子产对韩宣子说："公孙段因为能任其事，蒙赐晋国的州田。现在公孙段无禄早死，不能享受晋国的大恩达德。他的儿子不敢继续领有州地，所以私下送给晋国的诸位大夫。"子产直接将州地送给了晋国的大夫们，排除了一颗定时炸弹。

公元前 526 年，韩宣子出使郑国。郑君举行了隆重的欢迎仪式，并举行宴会。在仪式开始之前，子产宣布：“苟有位于朝，无有不共恪！”要求朝野高度重视对韩宣子的接待工作，不能马虎。谁料郑国的大夫孔张还是在宴会时迟到了，只能立在客人中间。司仪纠正了他。孔张就想绕道客人的后面进去。晋国来的人故意不让他进去。孔张只好站到了悬挂着的钟磬等乐器之间。主人在欢迎客人时，站在乐器中间在周礼中是严重的失礼行为。晋国人看到这种场景，忍不住笑出声来。大夫富子因此向子产谏议道：“国而无礼，何以求荣？孔张失礼，吾子之耻。”他建议子产惩罚孔张，以讨好于韩宣子。子产为了保持郑国的尊严，虽然严厉批评了孔张的外交失礼行为，但对富子的媚外态度也加以怒斥。

在整个子产执政时期，郑国没有因为未尽礼数职责，或者举止失措而引发外交冲突。

四

同时子产对大国始终保持着强烈的戒备心理，提防大国对郑国内政的干涉和国家利益的侵犯。小国在恭事大国的时候，很容易恭敬有余，防范不足。子产纠正了这一倾向。

在保存晋郑良好关系的同时，子产对楚国也保持和平的关系。公元前 541 年，楚公子围和公孙段氏两家联姻，来到郑国。将入馆舍时，郑国人发现楚国人带着兵器。子产忙让行人子羽与楚人交涉，暂时阻止公子围一行进入首都。最后公子围让步，倒挂着箭橐进入馆舍，表示没有携带武器。这个公子围为人凶暴不驯，巧言令色，缺乏政治诚信。即使是结姻娶妻他也是暗怀祸心，并不是无意携带武器的。迎亲之日，公子围其实是计划暗藏兵甲，直入郑都而轻取郑国。幸亏子产警惕性强，婉言推辞，严密防范，才使公子围被迫答应在郊外迎亲。郑国避免了一场血光之灾。

公元前 524 年的一个时期，宋、卫、陈、郑四国同时发生严重的火灾。作为北方霸国的晋国人没有组织任何救济活动。各诸侯国也不对晋国抱任何希望，各自奋力救火。火灾发生当天，子产不先救火，反而发放兵器，整备军队，命令各地先登城戒备，以防不测。晋国方面对郑国的举动感到不快，说：“郑国有灾，晋国的君臣十分着急，天天忙着为郑国占卜、祈祷、祭祀。我们如此为你们的灾难担心，你们却在两国边境加强警戒，装备部队，这是针对谁啊？晋国的边防长官很恐惧很不解，不得不来告诉你们。”子产回复说：“敝国的灾难导致晋君的忧虑了。这是敝国政治有失，所以上天降灾惩罚。火灾发生后，我们恐怕国内某些阴险谗言之辈趁机活动，勾结国外的贪婪之辈，做出对国家不利的事情，不得不事先防范。如果郑国火灾的同时，又加重了内乱，那岂不是让晋国君臣更加‘牵挂’了。如果发生了内乱，我国幸免于亡国，还好说；郑国万一不幸亡国，就会有大量难民投奔晋国。到时候，晋国君臣就不仅仅是占卜、祈祷这么简单了。”子产的话说得晋国人无话可说。子产最后还宣誓：“郑国既然事奉晋国，就不敢怀有二心。”事实证明，子产的做法是十分必要的。

两年后，楚国的太子建逃亡宋国，宋国发生内乱，又来到郑国，受到郑国的厚待。谁料太子建又跑到了晋国，与晋国人密谋里应外合偷袭郑国。阴谋败露后，郑国方面果断杀死了太子建。

子产对大国君臣的许多非分要求，也都能做到坚决抵制。公元前549年，晋国范宣子执政。当时诸侯朝见晋国时缴纳的贡品很重。贡赋让郑国背上了沉重的负担。当年郑简公朝拜晋国，子产便托随行的子西带信给范宣子，劝他减轻诸侯朝聘的负担。子产在信中说：“掌管国家和大夫家室事务的，不是为没有财货担忧，而是为没有美名担忧。诸侯的财货都在晋国国君的宗室，诸侯就离心。如果您过分看重财货的积累，晋国人就会离心。诸侯离心，晋国就会垮台；晋国人离心，您的家室就会垮台。德行，是安定国家和家室的基础。您应该致力积累德行和美名。如果人们都说‘范宣子养活了我们’，而不是说‘范宣子榨取了我们来养活自己’，您和您家室的地位就会永远巩固了。”范宣子觉得很有道理，减轻了诸侯朝聘的贡品。

公元前526年，韩宣子到郑国聘问。他有一只玉环，很喜欢，非常希望能够凑成一对。另一只玉环在郑国商人手里。因此这次他来郑国的一个重要目的就是要求子产给他配成一对。郑国子太叔、子羽等人怕得罪晋国，认为应该满足韩宣子的私事。子产却坚决不同意。他说郑国先祖就和商人有过盟誓，只要商人不叛国，官府就不干涉商人的经营活动，不强买强卖。这是郑国的基本国策。因为执行得好，所以商人在郑国的国民经济中发挥着越来越重要的作用。现在我们不能强迫商人把玉环卖给韩宣子。同时，子产严肃地对韩宣子说："今天您以私人的好恶，要求敝国强夺商人的商品，是让敝国背弃盟誓，是绝对不可以的。不然，您即使得到了玉环，也失信于诸侯了，得不偿失。"韩宣子听了子产的话，不再坚持强要玉环了，还表示："我考虑不周到，差点因为一个玉环失信于诸侯，还差点得罪了郑国。"

试想，在外交史上，像子产这样巧妙维护国家原则和利益的小国外交官能有多少？

五

所有这一切都是建立在子产对国际形势洞若观火的基础之上的。

楚国公子围派公子黑肱、伯州犁在楚郑边境修筑犨、栎、郏三城。郑人以为楚国要来进攻祖国，都害怕起来。子产却叫大家不要害怕，指出这是公子围篡位野心的暴露。公子围的目的是为了转移国人的目标，而不是真正要攻郑。公子围修筑城垒是为了支开黑肱和伯州犁。"祸不及郑，何患焉！"果然几个月后，公子围弑杀楚王，自立为楚灵王。郑国人对子产的形势洞察力都很佩服。公元前536年，楚国的公子弃疾赴晋过郑。郑国子产、罕虎、游吉三人陪同国君在相地欢迎他。公子弃疾很有礼貌。郑君送给公子弃疾八匹马作为礼物；公子弃疾按照自己见楚王的礼节，以上卿之礼拜见罕虎，以马六匹作为礼物；送给子产马四匹，送给游吉马二匹，并且下令他的随从士兵不刍牧，不进入田中，不砍伐树木，不强买等等。这是过去楚人进入小国境内所没有过的现象。因此子产断定公子弃疾有为王的野心，现在是在收买人心。后来楚灵王被弑，公子弃疾果然登基为楚平王。子产的预测又对了。

因此子产在郑国朝野得到了料事如神的赞誉。

六

在《史记》中，子产是以"循吏"的身份出现在《循吏列传》中的：

"子产者，郑之列大夫也。郑昭君之时，以所爱徐挚为相。国乱，上下不亲，父子不知。大宫子期言之君，以子产为相。为相一年，竖子不戏狎，斑白不提挈，僮子不犁畔。二年，市不豫贾。三年，门不夜关，道不拾遗。四年，田器不归。五年，士无尺籍，丧期不令而治。”子产除了在外交方面多有建设，在内政上也将郑国治理成为了路不拾遗，夜不闭户的乐土。虽然郑国没能发展成大国，但郑国在春秋后期的日子相对还算过得不错。子产执政郑国26年之久。他死的时候，青年号哭，老人悲啼，都说：“子产抛弃我们走了，我们应该怎么办？”

一个政治家能做到这个份上，即使没能富国强兵，也称得上是极其成功了。

在大国争霸的历史背景下，小国们的生存处境每况愈下。在这样的情况下，小国更要挖掘所有的资源，发动所有的途径来保障自己的利益。外交的努力能够为小国的发展壮大提供强有力的保护。现在的游戏规则虽然对小国不利，但是小国没有能力打破旧的外交格局，营造新的对自己有利的国际政治经济秩序，倒还不如运用好现有的游戏规则，尽可能的追求国家利益的最大化。其中对秩序的遵守，对霸国的承认，对规则的运用等的成功是子产给与我们的有益启示。以子产的郑国为例子，春秋的小国们就没有坐以待毙。它们尽力去挖掘自己的生存潜力，克尽职责，量力而行，有理有节的展开斗争。很多时候，小国生存和大国兴衰一样，值得关注。

小国更需要外交。谁说弱国就一定无外交的？

春秋外交的轨迹

一

我们在梳理春秋外交遗产的时候，很容易就能淘出霸权学派、仁义学派、自然学派、超限制学派等大金子来。

霸权学派的代表人物是管子管仲。管子霸权论的核心是秩序，简单说就是维护周礼的秩序。管子认为，中原诸侯都应该在周礼的框架下，继续保持与周王室的传统关系，尊重周王室。尽管周王室已经衰弱，实力落后于一些大的诸侯国，但是还应该承认天子与诸侯之间的君臣等级秩序。诸侯国应该继续承担对周王室的义务，尤其是根据分封制确定的义务，保护周王室安全，阻止外夷对周王室和中原诸侯的攻击。这就是所谓的“尊王攘夷”。在管仲设计的秩序中，齐国既是支撑者，又是制片人兼导演，其他诸侯都要服从齐国的指挥。齐国为霸权秩序的建立和维护持续付出代价，同时也从各国的服从中获取巨额的回报。

齐国霸权的基础在于国家的富强。管子认为地大国富，人众兵强是一国称霸的基本条件。齐桓公即位之初，两次仓促对鲁国用兵，结果都没有取胜。管仲没有劝阻，也是为了让齐桓公明白霸权是急不来的，必须建立在强大的国力基础上。他首先花了多年时间来改革齐国内政，发展生产，训练军队，再出兵争霸。而外交在管子看来是成就霸权的重要手段。管子在重视恩威并施的霸权外交思想的同时，特别强调仁、义、礼和忠信廉耻等原则在霸权的获取、实施和维持中都有着极其重要的地位。管子还主张对地缘接近的国家在互利基础上实行开放政策，在注意自身实力的积蓄基础上，尤其注意经济资源的短缺与利用外源的问题。这可能是中国最早的对外开放思想。在齐国的主持下，周朝一度出现了“诸侯甲不解累，兵不解翳，服无矢，隐武事，行文道，帅诸侯而朝天子”的和平景象。

从思想高度来讲，管子是理想主义与现实主义兼具的大政治家。他设计的天下霸权秩序虽然带有理想成分，但是以权力秩序为核心的。而以孔子为代表的仁义学派则整体充满了理想主义色彩。

孔孟学说的中心内容是主张与人为善，以德治国，行仁义于天下。人与人之间，国家与国家之间都应该遵循“仁、义、礼、和、信”等道德原则。孔子和孟子以儒家哲学为基础，从人性出发，逐步推演到社会和国家层面，对国家的外交政策提出了一系列的评论和主张，构建了理想主义的仁义学派。只要所有的国家全部、立即、无保留地推行仁义学说，周天子的天下就会成为世外桃源，人间乐土。孔子的一生，几乎没有具体参予外交决策和外交活动，但是，他周游列国，每到一处，都会关注所在国的政治并提出一些自己的看法。和平思想是孔子外交思想的核心。孔子指出，“礼之用，和为贵。先王之道，斯为美，小大由之”。但是在弱肉强食的争霸环境下，孔子的主张被束之高阁，只是在三百多年后才开始受到推崇实践。

老庄的自然学派也出现在春秋时期。老子学说以道为核心，“道”是独立存在的客观实际，它以自身独有的方式和规则运转，衍生万物。“道”是宇宙间最理想的存在模式，国家与国家之间的关系也应该遵循道的原则。他在外交思想上追求一种无为自然的秩序，是一种自然主义的外交哲学。老子既反对追逐权力和名利的现实主义外交，也反对以仁义为核心的理想主义外交，认为二者都是对自然存在的道的人为修改。老子反对强权政治，反对一切战争，希望天下回复到小国寡民与世无争的状态。最后，老子自己干脆骑着一头牛去过不知所踪的隐居生活了。要不是见过他的一个秦国将领恳求他写下几千字的教科书式的《道德经》，我们几乎难以观察分析这一外交流派。和仁义学派一样，自然学派也是到了两百多年后才受到后人推崇，付诸实践的。

文种、范蠡的超限制学派我们已经在前一章论述过了。超限制学派在中国的兴起是值得我们深思的。它往往成为弱者报复强者的思想利器。令人欣慰的是，与前三个流派不同，超限制学派并没有在中国流传发扬起来。

在先秦诸子百家中，与儒家并列为显学的还有墨家。墨家的代表人物墨子在当时也与孔子齐名。墨子，名翟，宋国人，可能当过工匠或小手工业主，后来上升到士阶层，具有相当丰富的生产工艺技能，又自发思考出了一套尚贤、尚同、兼爱、非攻、节用、节葬的思想主张。墨子后来“日夜不休，以自苦为极”，长期奔走于各诸侯国之间，宣传他的政治主张。相传他曾止楚攻宋，实施兼爱、非攻的主张；南游使卫，宣讲蓄士以备守御；多次游历楚国，献书楚惠王，拒绝楚王赐地而去；晚年到齐国，企图劝止伐鲁，未成功。越王曾邀墨子做官，并许以五百里封地。墨子以“听吾言，用我道”为前提条件，而不计较封地与爵禄，目的是为了实现他的政治抱负和主张。遗憾的是与孔子一样，墨子的思想主张也是听的人多，做的人没有。他反映得基本上是处于常年战乱之下的劳动阶层的呼声，和统治阶层称霸图强的目的相差甚远。《墨子》是记载墨子言论和墨家学派思想资料的总集，但在后代远没有获得孔子学说那样的待遇。因此，墨家学派作为一个春秋外交学派的实践活动基本可以忽略不计，但它在春秋史上留下的思想印痕不能不令人印象深刻。与墨家情况相同的还有孙武为代表的兵家等思想流派，在此就不一一列举了。

二

我们来看一张春秋外交思想流派的分类表。表中增加了战国时期出现的两个外交思想流派：外交谋略学派和权力学派。

表1　春秋战国外交思想流派分类对比表[1]

	霸权学派	仁义学派	自然学派	超限制学派	谋略学派	权力学派
对国际环境的认识	险恶	险恶	险恶	极其险恶	极其险恶	极其险恶
暴力的作用	大	小	反作用	极大	极大	极大
道德规范的作用	大	大	小	无	无	无
外交目的	称霸并维护周礼	维护周礼	自然状态	复仇与兼并	兼并	兼并
外交策略	礼、力并重	遵守周礼	无为	结盟和阴谋	结盟	力
对应的国际关系理论流派	结构现实主义与建构主义	理想主义	无	进攻性现实主义与古典现实主义	进攻性现实主义与古典现实主义	进攻性现实主义与古典现实主义

我们分析这张表格会发现，春秋战国时期所有的外交思想流派均认为国际环境是险恶或极其险恶的。这基本符合春秋战国时期的实际情况。但各派学者在如何应对体系压力的外交原则和政策选择上存在着分歧。仁义学派重道德规范而轻物质实力，认为只要各国君主按"周礼"行事，国际环境就会由险恶转为友善。自然学派既认为暴力不能有效地解决国际争端，也反对把某种特定的仁义道德强加于各国。超限制、谋略和权力三个学派都否认道德规范在外交实践中的作用，他们与仁义学派构成两个极端。霸权学派恰好居于其中。管仲认为道德规范和物质实力不可偏废，二者作用都很大。霸权、超限制、谋略和权力等四个外交思想流

1　引自叶自成、王日华：《春秋战国时期外交思想流派》。

派的基本外交目标大致相同，都主张国家应该称王称霸，建立帝业，统一天下。不过霸权学派主张称霸也是为了恢复和维护周礼秩序，而不是另起炉灶。

春秋时期，对诸侯争霸影响最大的是霸权学派和仁义学派。这两个学派几乎代表了现实主义和理想主义思想在整个中国历史交叉发展的大概情况。两派在外交目的上有共同之处，即恢复和维持周礼秩序，不同的是二者在策略上有所不同。仁义学派强调道德教化，主要依靠各国自省和自律；霸权学派则强调礼力并举、恩威并施。诸侯国君们明显更青睐霸权学派。鼓吹仁义和理想的孔子周游列国，无功而返的失败其实就是仁义学派的命运写照。

整个中国外交历史似乎都没有脱离春秋外交设定的这个轨迹。

三

春秋外交的故事马上就要结束了。

“春秋战国时期的外交思想具有明显的理想主义和现实主义分野，在春秋时期主要偏重于理想主义，而在战国时候，尤其是后期则表现出鲜明的现实主义特色。”[1] 现实主义外交思想的核心——国家利益观念在春秋时期也有很大的发展。“君子讳言利”的论断虽然常常挂在仁义学派的嘴边，但真正放在心中的人却像恐龙一样难以发现。周王室的衰落是理想主义影响力逐步减少的直接原因。等周王室的力量一丝一缕都被抽光的时候，外交的理想主义彻底没落，现实主义外交开始大行其道。

战国的门环被春秋外交叩响，叮咚作响，异常清澈。

1 叶自成、王日华：《春秋战国时期外交思想流派》。

春秋外交年表

年份	外交事件	外交人物
前770年	周平王自镐京东迁洛邑，春秋时期开始。	
	秦襄公被封为诸侯，获赐岐以西之地。	
	虢国立王子余臣为王，周朝二王并立。	
前760年	晋文侯杀余臣，周二王并立局面结束。	
前750年	秦文公伐戎获胜，收周余民而有之。秦地至岐，岐以东献于周。	
前740年	楚国熊通自立为王，开始征服“汉阳诸姬”。	
前722年	鲁国编年史《春秋》记事开始。	
前720年	周王室与郑国交换人质。	
	周桓王即位，周郑开始交恶。	
前719年	宋、卫、陈、蔡四国讨伐郑国。	
前715年	齐国和解宋郑争端，瓦屋之盟召开。	
前713年	这两年，郑齐联手，以王命讨伐他国。	
前707年	繻葛之战爆发。郑国打败周王率领的联军。	
前706年	山戎伐齐，郑国救援齐国。山戎被打败。	
前701年	郑国开始内乱。	郑庄公死。
前685年	齐国管仲为相，进行改革。齐国开始强大。	齐桓公即位。
前684年	齐鲁长勺之战，齐败鲁胜。	
前681年	齐桓公与宋、陈、蔡、邾之君召开北杏大会。	
前680年		郑厉公复位为君。

续表

年份	外交事件	外交人物
前 679 年	齐桓公会宋、陈、卫、郑之君于鄄。齐国霸业已成。	齐桓公成为诸侯长。
前 678 年	周王承认曲沃武公代替大宗成为晋侯。	
前 673 年	郑厉公联合虢国平定周王室内乱，获得虎牢以东土地。	郑厉公死。
前 671 年		楚成王即位。
前 663 年	齐桓公伐山戎以救燕。	
前 661 年	狄人进攻邢国。齐桓公伐狄就邢。	
前 660 年	狄人伐卫，杀卫懿公。齐桓公救援卫国。	
前 659 年		秦穆公即位。
前 656 年	齐桓公率诸侯之师伐楚。	
	齐楚召陵会盟。楚国承认齐国霸主地位。	
前 655 年	晋国假道虞国伐虢，灭虢虞两国，疆土跨过黄河。	
前 651 年	九月，齐桓公于葵丘大会诸侯。齐国霸业的巅峰。	宋襄公即位。
前 649 年	王子带引戎人进攻王城。秦、晋伐戎救周。	
前 647 年	秦国借粮给晋国，称“泛舟之役”。	
前 645 年	秦晋韩原之战。晋败秦胜；晋惠公被俘。	
前 643 年	齐国内乱。春秋第一份霸业结束。	齐桓公死。
前 639 年	宋襄公借助楚国召开盂地会盟，自取其辱。	
前 638 年	十一月，宋楚泓水之战。宋军大败。	
前 636 年	王子带再引狄人攻周。周襄王逃亡。	晋文公即位。
前 635 年	四月，晋文公出兵助周襄王，杀王子带。	
	晋国获赠阳樊、温、原、欑矛四邑，势力深入中原。	
前 633 年	楚军联合陈、蔡攻宋，围商丘。	
	晋军灭曹、卫，以求宋国。	
前 632 年	城濮之战。四月，晋国联合齐、宋、秦，大破楚军。	晋文公死。
	周襄王命晋文公为侯伯。晋文公会盟诸侯于践土。晋国霸业已成，持续近百年时间。	
	晋国作三行，将原来的三军扩展为六军。	
前 627 年	秦国偷袭郑国，商人弦高巧计救国。	
	秦晋崤山之战。晋胜秦败。	

续表

年份	外交事件	外交人物
前 625 年	秦晋彭衙之战。晋胜秦败。	楚成王死。
前 624 年	秦师渡河伐晋，取王官及郊。	
	秦穆公为春秋时期秦国确立向西发展的国家战略。	
前 623 年	秦伐西戎，开地千里，称霸西戎。	
前 621 年		秦穆公死。
前 613 年		楚庄王即位。
前 607 年	郑宋大棘之战。宋败。	
前 606 年	楚庄王伐陆浑之戎，陈兵周郊，问周鼎大小轻重。	
前 597 年	楚伐郑，爆发楚晋邲之战。楚国大胜。	
前 594 年	晋国坐视楚国围宋国不救。宋国投降楚国。	
前 591 年		楚庄王死。
前 589 年	晋齐鞌之战。齐国大败。	
	楚、鲁、蔡、许、秦、宋、陈、卫、郑、齐、曹、邾、薛、鄫等十四国在蜀地结盟。楚国为霸国。	
前 584 年	晋国联络吴国，实行联吴抗楚战略。	
前 579 年	宋国华元发起弭兵大会。停战协定没有得到遵守。	
前 576 年	晋国会诸侯于钟离。晋吴正式结盟。	
前 575 年	晋楚鄢陵之战。楚败。	
前 573 年	楚国、郑国伐宋，在彭城扶持宋国叛臣鱼石，断绝晋国和吴国的交通。	
前 572 年	晋国进攻彭城，囚禁鱼石等人。	
前 571 年	晋国修筑虎牢关威胁郑国。晋国最后争夺到了郑国，成就了春秋后期最大的外交成果。	
前 569 年	晋国大夫魏绛提出和戎政策。	
前 567 年	齐国灭莱国，领土扩大一倍以上。	
前 564 年	晋国联合诸侯，兵分三部，轮番进攻楚国，取得疲劳楚军的效果。	
前 557 年	晋鲁等 11 国会盟于溴梁，大夫主盟。	
	晋楚湛坂之战。楚败。	
前 555 年	晋鲁等 12 国伐齐，爆发平阴之战。齐败。	
前 551 年		孔子生于鲁国。

续表

年份	外交事件	外交人物
前 549 年	晋国同意减轻诸侯对晋国的贡物。	
	楚吴两国时有交战，互有胜负。	
前 546 年	宋大夫向戌倡弭兵。	
	晋楚等 14 国会盟于宋国，达成停战协议。	
前 543 年		子产主政郑国。
前 534 年	楚国灭陈，弭兵盟约遭到破坏。	
前 529 年	晋国会盟诸侯于平丘。	
前 520 年	周王室争位。王子朝乱起。	
前 517 年	鲁三桓逐昭公，昭公出奔于齐。	
前 516 年	晋君助周王讨伐王子朝。王子朝奉周朝典籍逃奔楚国。	
前 515 年		吴王阖闾即位。
前 514 年	吴王阖闾任命伍员共谋国事。	
前 510 年	吴国伐越。吴越混战开始。	
前 506 年	吴楚柏举之战。楚国大败，吴军攻入楚国都城郢。	
前 505 年	申包胥入秦求援。秦军救楚。吴军战败。	
	越军攻吴。	
前 500 年	齐鲁夹谷会盟。孔子相鲁君与会，取得外交胜利。	
前 497 年	晋国赵氏、范氏、中行氏之战开始。	孔子开始周游列国。
前 496 年		吴王阖闾伐越战死。
前 494 年	吴越夫椒之战。越国大败求和，几乎亡国。	
前 493 年	晋赵鞅与郑国战于铁。郑败。	
前 485 年	吴鲁联军伐齐，其中吴国从海路进军。这是中国使用海军的开始。	
前 484 年	齐吴艾陵之战。齐败。	孔子归鲁。伍子胥自杀。
前 482 年	吴王夫差会诸侯于黄池，与晋国争当盟主。	
	越国乘虚进攻吴国，焚烧吴国首都姑苏。	
前 479 年	鲁《春秋》记事结束。	孔子卒
前 473 年	吴王夫差自杀，越国灭亡吴国。	

后　记

青山远黛看春秋

感谢读者购买、阅读本书。

请允许我抽出书中的一首打油诗作为本篇后记的开头。这首诗出现在第一章作为对春秋外交起始格局的概括，我贯以《春秋大外交》之名：

自西向东百余国，犬戎西秦与巴蜀。
晋卫郑虢护东周，南楚北上随蔡地。
燕国在北连齐鲁，西南三恪宋为大。
吴越争霸东南角，小国存隙列强间。

春秋乱世的魅力

一

乱世往往能引起人们无尽的遐想，进而让人无可救药地喜爱上它。这就是乱世的魅力所在。春秋战国、三国风云和隋唐英雄传说是我国城镇乡间流传甚广的三大乱世故事。我想大多数的同龄人都有过小时候看成套的《三国演义》、《东周列国志》和《隋唐英雄传》连环画的经历。这三套历史演义小说反映的都是中国古代乱世的景象，也是给与年少的我无限遐想和向往的作品。可能是因为年纪的原因，我最先喜欢上的是三国题材的内容，其次才喜欢上春秋战国历史。也许是因为三国的乱世线索相对比较简单，容易把握，故事连贯且可读性强。而与三国和隋唐相比，春秋战国时期的乱世景象就过于纷繁复杂，略显零碎，难以“参透”了。简单往往是复杂的基石，精读简单往往是品味复杂的基础。随着年纪的增长，我们的认识触角应该向中国历史的纵深发展，投向散发着智慧光芒的春秋和战国了。

就图书市场而言，三国题材的作品几乎达到了汗牛充栋的程度，隋唐题材图书的热度也有增无减。而出版商和读者对春秋战国领域的关注远没有达到前两者的热度。我坚信春秋战国题材迟早也会获得三国题材那般的成功。

必须承认的是，春秋战国历史的时间跨度实在太长了，历史资料实在太复杂了。我在本书中只截取春秋时期的约三百年历史风云，尝试着从外交的角度去看待、分析春秋的外交政局和外交人物。乱世的一个亮点就是它所提供的丰富多彩的外交案例和隐藏其后的闪光思想。春秋时代几乎具备了外交行为体、国际制度、国际组织、外交活动等所有可以与现代外交相类比的要素；春秋外交的风采丝毫不逊于当今的外交光彩。在书中，我没有过多地关注春秋各国的国内政治（当然这些也是精彩纷呈的），而只是讲述外交捭阖。过去，我们因为思想观念的原因，对春秋时的外交实践和外交思想还没有进行充分的挖掘。现在随着国家的持续发展，随着人们对外交的关注，随着读者对中国古代历史和传统文化反思的升温，对春秋外交的挖掘已经成为了可能。这也是这个选题策划的大背景。

二

从春秋的金戈铁马中走出来的人们，沉浸在精彩绝伦的外交纵横中的人们越来越发现春秋历史文化的可亲和可品之处。

在苏州的茶楼、公园和街头巷尾，春秋吴越争霸的故事是最常听到的声音之一。这一段历史是苏州人对外地人炫耀性介绍的主要内容之一，丝毫不逊于唐伯虎点秋香、桃花坞年画、周庄的快船、昆曲的传承等等热门文化事物。我们中国人成语词典中的许多词条都是在春秋时丰富的，烽火戏诸侯、尊王攘夷、问鼎中原、一鸣惊人、卧薪尝胆、老马识途等等。读者诸君都可以在本书中找到这些典故的出处。我再来说说成语“三令五申”的出处。孙武入吴国为将的时候，阖闾想观察孙武的实际军事才能，将180名嫔妃和宫女交给孙武操练。孙武将宫女分作两队，让阖闾的两个宠姬分别担任队长。孙武向宫人们交待了阵法和口令后击鼓传令。不想宫人们始终嘻嘻哈哈，队伍难以成列。孙武再三严厉下令，宫人们只觉好玩不听号令。孙武宣布号令既已下达，队伍不听令是首领之罪，下令将两名队长处死。阖闾慌忙传令不能斩杀他的宠姬。孙武义无反顾地当场斩杀了两个王妃，然后重新操练宫女。这次再也没有人敢不听号令了。孙武的兵法思想通过操练得到了完整展现。这些春秋的典故、人物越来越多地出现在现代人的案头和嘴边。

从口口相传和新兴媒体，越来越多的人来讲春秋，品历史，春秋历史文化的热潮俨然已经形成。

三

现在写完了这本书，我可以“事后诸葛亮”一下了。实事求是的说，我对自己的每部书稿都不太满意，总觉得如果再给我一次从头开始的机会，我一定会写得更好。我希望把所有的遗憾都留给自己，希望读者朋友们能够在阅读时增加一些见闻，对春秋外交内容有一个轮廓的了解。如果读者能够在阅读时发出会心的微笑，那将是我最大的成功。

在后记中，我要讲一些与外交有关，但是在书稿中并没有阐述完整或者缺失的内容。

在我看来，春秋之所以吸引人，重要原因是点缀其中的先秦人物鲜明、可敬、可爱的音容笑貌。人是这一阶段的财富，人的行为和思想是这一阶段的宝藏。不管是出身尊贵还是落魄士人，不管是世袭贵胄还是贩夫走卒，不管是白发硕儒还是粉嫩童子，只要有真才实学，都有可能被春秋乱世的历史机遇砸中，在外交和历史舞台上拥有自己的曲目。诸侯君王是春秋舞台上最耀眼的角色。后人对主导春秋前期历史的“春秋五霸”的确切人选争论不休，但大体没离开郑庄公、齐桓公、宋襄公、秦穆公、晋文公、楚庄王、吴王阖闾、越王勾践这八个人选。他们每一位各领风骚十数年或数十年，不仅将治下的国家带上了国际地位的巅峰，也将各阶段的春秋外交剧目推向了一个又一个的高潮。遗憾的是，我在书中对人物的处理必须服从于对整个春秋外交历史的宏大叙述，并不能完整地叙述所有的外交人物。这不能不说是一个遗憾。

春秋时期的人物远比之后的政治人物真实、简单。他们没有后人那样复杂的政治算计、阴谋诡计，但饱含其中的政治智慧更直接，精彩不逊后人。这使他们显得可敬可爱。我们单说说春秋的谥号。所谓谥号，就是后世依据王、公、卿、大夫生前事迹所给予的追认称号。虽然后代谥号纯属为谄媚帝王将相所设，但在先秦，谥号从各个角度客观地浓缩了君王的一生。直白地说，当时的人还是挺在乎谥号的公正性和褒贬作用的。楚庄王的谥号是“庄”。楚庄王的“庄”字在谥号中的意思是：兵甲亟作曰庄、叡圉克服曰庄、胜敌志强曰庄、死于原野曰庄、屡征杀伐曰庄、武而不遂曰庄。我们完全可以从中看出楚庄王在刀光剑影中度过的一生。以管窥豹，春秋人物可说、可写的事情还很多，可惜篇幅有限没放上去。

其次，在春秋时期三百年的历史上，华夏族与夷、蛮、戎、狄等少数民族之间逐步融合。随着周朝的衰落，脱离周天子实际控制的是同一种文化、同一种语言、种族和民族相同的地域政治实体。但也有另外一种情况，那就是一些与周朝没有血缘关系的周边的小方国逐渐吸收周文化而成长起来，它们的民族性在一开始是与周朝的诸侯国完全不同的，但受到周朝的强烈影响，在与周朝诸侯国的战争与和平的进程中，逐渐以新型独立国家的身份融入到周朝这个联合国中。叶自成老师在《春秋战国时期的中国外交思想》中认为秦国的成长就是其中的第一代表。

民族问题在春秋外交上占有重要的地位。春秋早期少数民族军事威胁问题对中原诸侯来说是相当严重的：居住在今天淮河流域的少数民族被称为淮夷，他们经常侵犯中原的杞国、缯国等小国。齐桓公联合诸侯攻伐淮夷，把杞国内迁到缘陵，还召集诸侯为杞国、缯国修筑了城墙。对于在今天河南西部一带伊、洛流域各个经常侵犯周王室的戎族，齐桓公调遣诸侯轮流驻守，又为周王修复了被戎人毁坏的城墙和城门。公元前661年，狄人进攻邢国。管仲对齐桓公说：“戎狄豺狼，不可厌也；诸夏亲昵，不可弃也。宴安鸩毒，不可怀也。诗云：‘岂不怀归，畏此简书。’简书，同恶相恤之谓也，请救邢，以从简书。”管仲的认识和态度在春秋时期具有代表性。各国，尤其是中原边缘各国，都有各自的民族问题和民族政策。本来我是希望能够专门以“夺门而入的家人”为一章，专题介绍春秋时期的民族问题。我的基本认识是这些少数民族最终在混战与和平中融入了中华民族，在春秋时期采取的民族交流方式主要还是“夺门而入”式的。最后考虑到资料的繁杂和内容相对枯燥，考虑到读者可能不太感兴趣，只好忍痛割爱了。

当然了，书中还有其他不尽如人意的地方。比如写的是外交政局和外交事件，但我并没有将外交、军事和政治三者严格区分清楚。尽管三者的关系交叉性很大，但其中的区别对外交的阐述和分析的影响是存在的。又比如我本想将外交历史和外交理论分析结合在一起。现在回过头来看，历史的堆积有了，但理论分析却远远没有跟上。

参考文献与感谢

一

在下面的篇幅里，我想把本书的参考文献向读者“坦白”一下。感兴趣的读者也可以找来阅读一下，加深对这段历史的了解。

春秋的史料庞杂、分散，遴选不易。任何史料上的疏漏，都可能造成对外交过程和结果理解的失误，都可能造成对外交人物，尤其是决策心理的错误理解。本书采取的基本“原典”是司马迁的《史记》。书中的原文多处引自《史记》。但《史记》的内容远远不足以提供分析春秋外交的完整原料。因此，本书还主要参考了王贵民、应永深、杨升南著的《春秋史话》(中国国际广播出版社 2007 年 1 月)，童书业著，童教英校订的《春秋史》(中华书局 2006 年 8 月)，钱宗范、徐硕如、朱淑瑶著的《春秋战国史话》(北京出版社 1981 年 12 月)，李玉洁著的《先秦史稿》(新华出版社 2002 年 6 月)，作为通史参考文献。本书的主要史实和年表参考《春秋史话》比较多。当参考文献中的史实发生冲突时，本书采用多数书本上的材料。如果读者朋友想对整个春秋历史有一个总体了解的话，我推荐这四本书。

本书参考的其他通史类读物还有：李学勤主编的《中国古代历史与文明：春秋史与春秋文明》(上海科学技术文献出版社 2007 年 4 月)，翦伯赞著的《先秦史》(北京大学出版社 1999 年 5 月第二版)，白寿彝著的《中国通史》第三卷第四章(上海人民出版社 1993 年版)。冯梦龙、蔡元放著的《东周列国志》(海峡文艺出版社 1996 年 1 月)也在书中出现了，但并不作为史实依据。如果读者想对春秋历史有个通俗的了解的话，我强烈推荐经典中的经典:《东周列国志》。

具体到国别史，本书参考的图书有:李孟存、李尚师著的《晋国史》(山西古籍出版社 1999 年 9 月)，李玉洁著的《楚国史》(河南大学出版社 2002 年 6 月)，郭克煜等著的《鲁国史》(人民出版社 1994 年 12 月)。另外中国历代政区沿革编写组编的《中国历代政区沿革》(河北教育出版社 1996 年 8 月)是本书的国家疆域的依据来源。

在各个章节的写作过程中，我还参考了从中国学术期刊网(中国知网)上下载的一系列学术论文。主要有刘志玲的《论春秋时期郑国的外交政策》(载于《鄂州大学学报》2002 年 4 月)，薛向群的《论春秋初期齐鲁争夺纪国的斗争及其结局》(载于《学海》2006 年 5 月)，陈筱芳的《论春秋霸主与诸侯的关系》(载于《西南民族学院学报·哲学社会科学版》1995 年第 3 期)，王云鹏的《浅谈宋人之“愚”》(载于《中州学刊》，2005 年第 4 期)，朱凤祥的《宋襄公“仁义”之举新诠释》(载于《商丘职业技术学院学报》2002 年第 2 期)，杨范中的《论春秋时期楚国兴盛的军事原因》(载于《武汉大学学报·社会科学版》1990 年第 6 期)，王雷生的《秦穆公述论》(载于《敦煌学辑刊》1998 年第 2 期)，杨秋梅的《试论晋吴联盟》(载于《山西师大学报·社会科学版》1992 年 1 月)，李薇、杨英杰的《论春秋时期吴国的霸业》(载于《学术月刊》1995 年第 5 期)，叶自成、王日华的《春秋战国时期外交思想流派》(载于《国际政治科学》2006 年第 2 期)，官性根的《春秋时期小国的生存策略探析》(载于《成都师专学报》2002 年 9 月)，丁善科的《卫国衰亡原因探析》(载于《殷都学刊》2000 年)，岳红琴的《春秋时期宋国与列国的盟誓关系试探》(载于《河南师范大学学报·哲学社会科学版》2005 年 9 月)，刘继刚的《浅析公族大国——宋国衰弱的原因》(载于《河南教育学院学报·哲学社会科学版》2001 年第三期)，刘海燕的《春秋宋国未能称霸中原的原因初探》(载于《中州大学学报》2005 年 7 月)，宋杰的《春秋时期的诸侯争郑》(载于《首都师范大学学报·社会科学版》1996 年第 6 期)，梁宁森的《关于虢国历史的几个问题》(载于《河南大学学报·社会科学版》2003 年 1 月)，蔡运章的《五个虢国的历史纠葛》(载于《中原文物》1996 年第 2 期)，张彦修的《虢国人素质考》(载于《河南师范大学学报·

哲学社会科学版》1994年第21卷第二期）。另有三篇论文：顾久幸的《春秋初年楚国军事扩张的战略战术》，林剑鸣、刘宝才的《论秦穆公》和刘社刚的《试论虢国在中国历史上的地位》没有查明原始出处。因为我在中国学术期刊网上的用户名离开了校园网就不能登陆，而新的账号又欠费了，所以没能查出两篇文章的具体出处和年月。各章前面的先秦诗歌则引自灵石岛古诗库。

最后要隆重推出的参考文献是我的导师叶自成教授2003年8月在香港社会科学出版社出版的《春秋战国时期的中国外交思想》一书。这应该是国内有关春秋战国外交的“开山之作”。在书中叶老师对春秋战国时期中国外交条分缕析，做了开拓性的尝试。叶老师指出：“春秋战国时期的外交思想是中国传统外交文化的基石，直到今天还深深地影响着中国的外交理念和政策。”[1] 叶老师对春秋外交进行了系统梳理，提出了许多在今天已经成为定论或公理的观点。我对春秋外交的整体理解和思路，全书的理论框架都是由叶老师的这本书奠定的。之前，我在叶老师思想的指导下写作出版了《三国大外交》一书，本书将讲述的触角延伸到了春秋时期。从一定意义上来说，本书是《三国大外交》的姐妹篇。

二

在此，我对所有的春秋外交研究和写作领域的前辈表示感谢。他们逢山开路、遇水搭桥的辛勤付出为我们后人更好地观察春秋、理解外交提供了极大的便利。

全书分为12章。其中第一章是带有总括意思的，介绍春秋外交起点的章节；从第二章到第十章分别就不同时期的外交历史进行了介绍，力图阐述背后的外交规律，总结经验教训。前六章结合从郑庄公到楚庄王的英雄事迹写作。这部分包括了脍炙人口的“春秋五霸”和其他大国崛起的故事。后三章介绍南北对峙的两极格局和东南地区轰轰烈烈的吴越争霸；第十一章分别通过卫国、郑国、宋国、鲁国和虢国的外交失败例子强调“弱国更要讲外交”；最后一章对春秋外交进行了一次回眸，希望能够加深读者对书稿内容的理解。时间不太充分的读者可以简单阅

1 叶自成、王日华：《春秋战国时期外交思想流派》。

读第二章到第十章这九章，对春秋外交史有一个简单的印象。书稿中的所有错误应该由作者本人负责。本人不是历史科班出身，对春秋外交史的资料遴选、观察和观点提炼难免有这样那样的疏忽、错误，欢迎读者们就书中的错误和问题与我交流。

本书初版由中国友谊出版公司出版，现由群言出版社再版。我要感谢责任编辑盛利君的辛劳付出，感谢群言社同仁的专业工作。我要特别感谢唐琳娜。

谢谢大家！

张　程

二〇〇七年秋初稿于六合园

二〇一五年七月改于王府井